Über uns

Ulla Gschwandtner ist Juristin, diplomierte Aromafachberaterin, Trauerbegleiterin, Lebens- und Sozialberaterin in Ausbildung unter Supervision und Reiki-Lehrerin.

Robert Gschwandtner ist Techniker, Pädagoge, medialer und spiritueller Begleiter, Lebens- und Sozialberater in Ausbildung unter Supervision und Energetiker.

Ulla und Robert sind seit 2016 verwaiste Eltern und haben nach dem Verlust ihrer Tochter wieder in ein glückliches und erfülltes Leben gefunden.
Als Wegbegleiter mit Herz und eigener Erfahrung begleiten sie nun verwaiste Eltern bei ihren Schritten aus dem grauen und dunklen Tal der Tränen und Schmerzen, damit auch ihr Leben wieder heller und bunter werden kann.
Sie sind seit über 30 Jahren ein Paar, haben gemeinsam drei Kinder und einen Hund.

W0237639

Vernetze dich mit uns!

Komm in unseren Seelen-Kreis: Unser Online-Austausch für verwaiste Mamas und Papas findet in regelmäßigen Abständen statt. Die Termine findest du auf unserer Homepage.

Facebook-Gruppe:
VON GRAU ZU BUNT – Begleitung nach dem Tod deines Kindes
www.facebook.com/groups/728743854375287
(ausschließlich für verwaiste Eltern)

Instagram:
von.grau_zu.bunt

Youtube-Kanal:
von grau zu bunt – Begleitung für verwaiste Eltern
https://www.youtube.com/channel/UCMtLxfRcDaA1uUugvLuaQOA

Wir stehen für Lesungen, Seminare, Workshops und Vorträge zur Verfügung.

Inhalt

Alle Übungen auf einen Blick

Überblick Symbole

Damit du dich im Buch besser zurechtfindest, verwenden wir verschiedene Symbole:

ULLA ERZÄHLT

ROBERT ERZÄHLT

ÜBUNGEN

PARTNERÜBUNGEN

MEDITATIONEN

DOWNLOADS

An diesem Symbol erkennst du, dass es auf unserer Website weitere Informationen oder Vordrucke, zum Beispiel für Übungen, als Download gibt. Du findest alles unter:

https://von-grau-zu-bunt.com/downloads

Die Zugangsdaten findest du am Ende des Buches (siehe S. 313).

Wenn du bei Nacht den Himmel anschaust,

wird es dir sein, als lachten alle Sterne,

weil ich auf einem von ihnen wohne,

weil ich auf einem von ihnen lache.

Du allein wirst Sterne haben, die lachen können!

Und wenn du dich getröstet hast

(man tröstet sich immer),

wirst du froh sein, mich gekannt zu haben.

Antoine de Saint-Exupéry

Einladung zu einer Heilreise

Oder: Wie wir nach dem Verlust unseres Kindes wieder zurück ins Leben(sglück) gefunden haben

Unsere gemeinsame Geschichte begann am 1. August 1990. An einem Baggersee in der Nähe von Linz haben wir uns beim Baden mit gemeinsamen Freunden „zufällig" getroffen. Für Ulla war es Liebe auf den ersten Blick. Robert hat noch ein paar Monate gebraucht, bis er sich sicher war. Dass wir über 30 Jahre später noch immer ein Paar sein und ein bewegtes gemeinsames Leben haben werden – wer hätte das gedacht?

Nachdem wir unsere Ausbildungen abgeschlossen hatten, heirateten wir im September 1999 und zogen bald darauf in unser erstes Eigenheim. Als wir beide sichere und gute Jobs hatten, sollte unsere Familie wachsen und so kam 2005 unsere große Tochter Nina zur Welt.

Doch Eltern zu sein, hatten wir uns irgendwie anders vorgestellt. Bald sind wir an die Grenzen der Belastbarkeit unserer sonst so soliden Beziehung gestoßen. Auch der unerfüllte Wunsch nach einem zweiten Kind trug seinen Teil dazu bei. Wir ließen uns von einer Kinesiologin unterstützen und haben uns selbst und als Paar besser kennengelernt. Unsere Ehe war „gerettet", doch unser so sehr gewünschtes zweites Kind ließ immer noch auf sich warten. Als wir die Hoffnung schon aufgegeben hatten, wurde Ulla doch noch schwanger. Unsere Freude war riesengroß, als unsere Tochter Emilia im Januar 2015 zu uns kam.

Eine Woche nach Emilias Geburt äußerte die Kinderärztin bei einer Routineuntersuchung den Verdacht, dass unsere Tochter Trisomie 21 (Down-Syndrom) haben könnte. Die Vermutung wurde durch eine Genuntersuchung bestätigt. Auch der oft damit verbundene Herzfehler wurde bei Emilia diagnostiziert. Unsere Tochter sollte vier Wochen später operiert werden – das ließ uns kurzfristig verzweifeln. In der Zeit bis zur Operation haben wir mit der Unterstützung von großartigen Freunden viele Hebel in Bewegung gesetzt und vor allem an das Wunder geglaubt, dass Emilia ihr Loch im Herzen selber wieder heilt.

Und tatsächlich konnte der Arzt bei der Voruntersuchung zur Operation feststellen, dass der seltene Fall eingetreten ist und Emilia selbst Gewebe gebildet hat, um das Loch kleiner werden zu lassen. Die Operation konnte abgesagt werden!

Auch ansonsten entwickelte sich unser kleiner Sonnenschein anders, als von den Ärzten vorhergesagt: Emilia könne blau anlaufen, wenn sie sich anstrengt, könne lethargisch herumliegen oder schnell müde werden. Sie war jedoch quietschvergnügt, unternehmungslustig und strahlte eine unglaubliche Lebensfreude aus. Lediglich die Kontrollen bei der Kardiologin erinnerten uns daran, dass mit Emilia nicht alles in Ordnung war.

Als Emilia ein Jahr alt war, wurde bei einer Kontrolluntersuchung davon gesprochen, dass sie nun doch operiert werden sollte, damit ihr kleines Herz sich nicht so anstrengen müsse. Der OP-Termin wurde auf den 5. April gelegt. Wieder haben wir unsere Freunde gebeten, Emilia und uns energetisch zu unterstützen, und gehofft, dass Emilia ein zweites Wunder vollbringen würde. Als sie zwei Tage vor dem Operationstermin erkältet war, dachten wir uns: Unsere Maus braucht noch ein bisschen Zeit, bis sie alles wieder in Ordnung gebracht hat. Der Eingriff wurde natürlich abgesagt, weil er nur bei einem gesunden Kind durchgeführt wird.

Den 5. April 2016, also den Tag, an dem Emilia eigentlich operiert worden wäre, haben Ulla und Emilia gemütlich zu Hause verbracht. Unsere Tochter hat viel geschlafen. Und am Abend, als Robert von der Arbeit heimgekommen ist und wir alle vier in ei-

nem Zimmer waren, hat Emilia in den Armen ihrer Mama aufgehört zu atmen.
Nach fast zweistündigen Reanimationsversuchen durch den Notarzt war klar: Emilias Herz schlägt nicht mehr. Sie hat sich entschieden, im Kreis ihrer Familie diese Welt zu verlassen.
Im Krankenhaus kam noch mal die ganze Familie zusammen, die Großeltern, die Tanten, der Onkel und der Cousin, um sich von ihr zu verabschieden, sie noch ein letztes Mal im Arm zu halten. Irgendwann in der Nacht sind wir mit leeren Händen nach Hause, Emilias Körper haben wir im Krankenhaus zurückgelassen.
In einem intensiven Prozess haben wir uns Schritt für Schritt ins Leben zurückgekämpft. Direkt nach Emilias Tod überwog das Gefühl, funktionieren zu müssen. Auch für unsere große Tochter. Dann kam bald die Frage nach dem Warum. Warum muss es unsere Familie treffen? Wir waren auch wütend auf Emilia, die uns einfach ohne irgendwelche „Vorwarnungen" verlassen und in einem Schmerz zurückgelassen hat, den wir vorher überhaupt nicht gekannt haben. Ergab es überhaupt noch Sinn, hier auf dieser Erde zu sein, wenn doch ein so wichtiger Teil in unserer Familie fehlt?
Der Gedanke an unsere große Tochter hielt uns davon ab, Emilia nachzufolgen. Und wunderbare Menschen an unserer Seite unterstützten uns dabei, trotz und mit dem großen Schmerz weiterzuleben. Wir haben zwar drei Schritte nach vorne gemacht und wieder zwei zurück, aber es ging weiter. Dass es irgendwie weitergehen wird und wir geführt werden, haben wir von Anfang an gespürt. Und in uns wuchs die Gewissheit, dass es Emilias Entscheidung war zu gehen.
Emilia hat uns noch zwei Geschenke gemacht: Im Januar 2018 ist unser Sohn Felix auf die Welt gekommen. Und wir haben unsere große Herzensaufgabe gefunden. In unserem Seelen-Kreis, in Begleitungen und Workshops bieten wir Müttern, Vätern und

Familien, die einen Verlust erlebt haben, einen geschützten Raum an, um zu trauern, heil zu werden und wieder zurück ins Leben zu finden.
Dieses Buch erzählt von unserer Heilreise aus einer grauen und dunklen Zeit wieder zurück ins Helle und Bunte. Wir laden dich herzlich ein, diesen Weg mit uns zu gehen. Du findest hier einen geschützten Raum voller Liebe, Verständnis, Akzeptanz, Umarmungen – und viele kleine Einladungen und Übungen für ein schrittweises Heilen, Verarbeiten, wieder lachen und leben (dürfen) sowie Zeremonien des Gedenkens und Verbundenbleibens. Denn unser Kind – und auch dein/euer Kind –, es lebt und wirkt in uns weiter.
Wir begleiten dich gerne auf deinem Weg durch die Trauer und wünschen dir, dass du wieder ein Licht am Ende des Tunnels sehen kannst, selbst wenn du dir das im Moment nicht einmal ansatzweise vorstellen kannst.

Fühl dich von uns umarmt!
Ulla & Robert

Ulla, Emilia, Nina, Linus und Robert im November 2015

Es ist nicht wichtig,

wie langsam du gehst,

solange du nicht stehen bleibst.

Konfuzius

Für wen ist dieses Buch?

Wir haben dieses Buch geschrieben für:

- verwaiste Eltern
- verwaiste Geschwister
- verwaiste Großeltern
- verwaiste Tanten und Onkel
- betroffene Verwandte, Freunde und Nachbarn.

Das Buch ist für dich, wenn du:

- um dein verstorbenes Kind trauerst
- das Gefühl hast, in deiner Trauer zu ertrinken oder zu ersticken
- den Boden unter den Füßen verloren hast
- keine Perspektive für dein weiteres Leben mehr siehst
- das Gefühl hast, in deinem Trauerprozess festzustecken
- über den Verlust deines geliebten Kindes gedanklich nicht hinwegkommst
- für dich Hilfe suchst
- mit deinem Partner/deiner Partnerin gemeinsam trauern möchtest
- eine Distanz zwischen deinem Partner/deiner Partnerin spürst
- wenn du nicht weißt, wie du mit der Trauer deines noch lebenden Kindes/deiner noch lebenden Kinder umgehen sollst
- deine Lebensfreude und Leichtigkeit verloren hast.

Egal, wie lange der Verlust deines Kindes zurückliegt.

Es ist aber auch für alle Angehörigen, Freunde, Nachbarn usw. gedacht, wenn du

- ♥ den Verlust der Eltern zu verstehen versuchst
- ♥ Ideen haben möchtest, was den Eltern helfen kann
- ♥ eine vage Vorstellung davon haben möchtest, was Eltern nach dem Tod des Kindes durchmachen
- ♥ eine Idee haben möchtest, was den Eltern möglich ist und was nicht
- ♥ wissen möchtest, was Eltern nicht hilft.

Sieben Gründe, warum du das Buch lesen solltest:

- ♥ um wieder Impulse und Ideen zu bekommen, wie du trotz des Verlustes mit deinem Leben weitermachen kannst
- ♥ um zu erfahren, warum dein Partner/deine Partnerin in der Trauer so reagiert, wie er/sie es tut
- ♥ um Impulse zu bekommen, wie du mit der Trauer deiner auf Erden lebenden Kinder umgehen kannst
- ♥ um einen Einblick in die Sicht des anderen Geschlechts im Trauerprozess zu bekommen
- ♥ um wieder Möglichkeiten zu sehen, wie du wieder zurück ins Leben finden kannst
- ♥ um Anregungen zu erhalten, was Trauernden guttut und was du als Außenstehende/r unterlassen solltest
- ♥ um wieder eine lebendige Beziehung mit deinem Partner/deiner Partnerin führen zu können.

Wenn du dich zurzeit

- ♥ niedergeschlagen
- ♥ ohnmächtig

- hilflos
- verzagt
- alleine
- wütend oder
- schuldig

fühlst, können wir das sehr gut nachvollziehen. Wir begleiten dich und zeigen dir mit Übungen, Meditationen, Erfahrungsberichten oder Hintergrundwissen, wie du Schritt für Schritt in deinem Tempo weitergehen und deine Trauer verarbeiten kannst.

Du kannst unser Buch von vorne nach hinten lesen und dich mit uns auf die Reise vom Grauen ins Bunte begeben oder dir jene Kapitel herausgreifen, die dich gerade am meisten ansprechen.

Wir haben die vertraute Anrede gewählt, weil wir das Buch von Herz zu Herz geschrieben haben. Unsere Leserinnen und Leser mit „du" anzusprechen, ist für uns kein Zeichen mangelnden Respekts, sondern Ausdruck der Überzeugung, dass wir dadurch die Inhalte besser vermitteln können und mehr miteinander verbunden sind.

Im Buch wirst du immer wieder Übungen finden, bei denen wir dich einladen, Notizen zu machen. Wir haben für unsere Gedanken je ein kleines Büchlein, das uns gefällt und in das wir gerne schreiben. Vielleicht hast du ja schon ein sogenanntes Journal, in das du deine Erkenntnisse notieren magst. Wenn nicht, empfehlen wir dir, eines zu besorgen. Es ist immer spannend zu lesen, wie sich unsere Gedanken und Gefühle im Lauf des Trauerprozesses verändern. In so einem kleinen Buch kannst du deinen Weg gut verfolgen.

Mit dem Leben ist es

wie mit einem Theaterstück;

es kommt nicht darauf an,

wie lange es ist,

sondern wie bunt.

Seneca

Die vielen Gesichter der Trauer

Wie der Zeitpunkt und die Ursache des Todes unsere Trauer beeinflussen

Als Ulla 17 Jahre alt war, starb ihr Vater nach langer Krankheit mit 48 Jahren. Ullas Großmutter war eine resolute und eher harte Frau. Aber der Verlust ihres Sohnes hat auch sie mit fast siebzig Jahren schwer getroffen und es war das einzige Mal, dass Ulla ihre Großmutter voller Schmerz weinen gesehen hat. Der Tod des eigenen Kindes belastet uns Eltern physisch und mental deshalb so sehr, weil uns unsere Kinder emotional besonders nahe sind – immer. Unsere Kinder sind und bleiben immer unsere Kinder, egal wie alt sie sind.
Der Tod des eigenen Kindes zählt zu den schlimmsten Personenverlusten. Warum ist das so?

- ♥ Es ist von der Biologie nicht vorgesehen, dass Kinder vor den Eltern sterben, da dann der Erhalt der eigenen Art bedroht ist. Auch im Tierreich können wir starke Reaktionen bei den Eltern beobachten, wenn ein Kind stirbt.
- ♥ Unsere Kinder sind unser Fleisch und Blut: Gerade Mütter haben von der Schwangerschaft an eine ganz intensive Beziehung zu unseren Kindern, spüren von Beginn an die Verbundenheit und etwas später auch die Bewegungen in ihrem Bauch. Die Väter waren oftmals bei der Geburt dabei, haben den ersten Schrei gehört, ihre Kinder oft nächtelang herumgetragen und sie versorgt.
- ♥ Viele Jahre stecken wir für unsere Kinder zurück, denn sie sind unser wichtigster Lebensinhalt.
- ♥ Durch unsere Kinder leben wir selbst weiter, auch nach unserem eigenen Tod.

- ♥ Ein Leben lang begleiten uns Situationen, in denen wir daran denken, was unser Kind jetzt machen würde: Jetzt würde es in den Kindergarten, in die Schule kommen, den Führerschein machen, die Ausbildung abschließen, würde heiraten und selbst eine Familie gründen. Es geht uns mit seinem Tod die gemeinsame Zukunft verloren.
- ♥ Unsere Familie ist nicht mehr, was sie war: Wenn das einzige Kind stirbt, leben viele Eltern mit dem Gefühl, keine „richtige Familie“ mehr zu sein; wenn noch Geschwisterkinder da sind, fehlt ein wesentlicher Teil.
- ♥ Auch auf diese Fragen bekommen wir meistens keine Antworten: Warum musste gerade unser Kind sterben? Wieso stirbt ein Kind, wo doch manche alten Leute nicht mehr wollen? Es kommt das Gefühl einer Ungerechtigkeit in der Welt bei verwaisten Eltern hoch.

Der Zeitpunkt des Todes

Diesen Schmerz des zu frühen Endes tragen alle verwaisten Eltern. Dennoch reagieren wir unterschiedlich. Nicht zuletzt abhängig davon, woran unser Kind gestorben ist und wie alt es war. Ein plötzlicher Tod kann andere Reaktionen auslösen, als wenn wir die Möglichkeit hatten, uns zu verabschieden. Wobei niemand eine Wertung abgeben wird, ob ein Unfall schlimmer ist als eine langjährige Krankheit. Oder ob das Kind im Mutterleib verstorben ist oder schon selber Familie hatte.

Wenn ein Kind vor oder bei der Geburt stirbt, trauern die Eltern, dass es keine gemeinsame Zeit, keine gemeinsamen Erinnerungen gibt. Alle Hoffnungen und Zukunftsvisionen sind mit einem Schlag begraben. In unseren Gedanken malen wir uns aus, wie

das Leben mit unseren Kindern geworden wäre. Das bereits eingerichtete Kinderzimmer und die liebevoll vorbereiteten Kleider und Kuscheltiere sind von jetzt auf gleich bedeutungslos und sogar schmerzhaft.
Petra, deren erstes Kind kurz vor dem Geburtstermin im Mutterleib verstorben ist, erzählte uns, dass ihre Familie die Wiege und die Wickelkommode aus der Wohnung geräumt hat, noch während sie im Krankenhaus war. Sie wollten die verwaiste Mama damit vor noch mehr Kummer bewahren. Manchen Eltern wird bei sehr frühen Verlusten in der Schwangerschaft auch die Elternrolle abgesprochen, weil sie ja beispielsweise nie einen Kinderwagen durch die Straßen schieben. Das Leben beginnt jedoch schon, wenn sich die Eizelle und die Samenzelle vereinigen. Ab dem Zeitpunkt, wo Leben im Körper der Frau heranwächst, sind wir Mama oder Papa. Egal, wie alt das Kind beim Eintritt des Todes dann gewesen ist, hier liegt die Ursache für den Schmerz. Hilde hat vor über 50 Jahren in beiden Schwangerschaften ihre Kinder jeweils am Anfang verloren. Damals gab es noch keine Begleitangebote in ihrer Umgebung und so hat sie sich selbst mit der Situation arrangiert. Erst vor Kurzem haben wir darüber gesprochen und sie hat uns erzählt, dass sie jetzt mit Mitte 70 erneut Trauer aufkommen spürt, weil alle ihre Freundinnen und auch ihre Schwestern in der Zwischenzeit Großeltern geworden sind, was für sie nie möglich gewesen ist.
Unsere Emilia hat 14 Monate in unserer Familie verbracht. Wir haben einige Erinnerungen mit ihr gemeinsam sammeln dürfen. Im letzten Herbst hätte sie mit der Schule begonnen. Es gab keine Kindergartenzeit. Es gab nie Geburtstagsfeiern mit Freunden. Was für andere Eltern selbstverständlich ist, dass ihre Kinder Radfahren oder Schwimmen lernen, bleibt für uns eine Lücke, die wir mit Emilia gemeinsam nicht füllen konnten. Wenn andere Kinder weiterleben und neue Dinge entdecken, kann das für uns ver-

waiste Eltern ein Trigger sein, der den Schmerz wieder hervorholt und uns darauf hinweist, dass wir uns wieder mit der Trauer beschäftigen dürfen.
Wenn Kinder bereits erwachsen sind und schon eigene Familien haben, befinden sich die trauernden Eltern in einer doppelt belasteten Verlustsituation. Einerseits trauern sie um ihr verstorbenes Kind, andererseits fühlen sie sehr mit den Enkelkindern mit, die nun einen Elternteil verloren haben.

Die Todesursache

Auch die Art und Weise, wie ein Kind verstirbt, beeinflusst den Trauerverlauf. Wir trauern anders, je nachdem, ob unser Kind durch Krankheit, Unfall, Suizid, Gewaltverbrechen oder ungeklärte Todesumstände verstorben ist. Kinder können auch verschwinden und wenn ihr Körper nie gefunden wird, bleibt eine große Ungewissheit, die von der Überbringung der Todesnachricht bis zur plötzlichen Rückkehr reichen kann.
Emilia starb ganz plötzlich. Von der Erkenntnis „Emilia atmet nicht" über die Reanimation und den Weg ins Krankenhaus, bis zu dem Zeitpunkt, wo sie von den Ärzten für tot erklärt wurde, lagen ungefähr eineinhalb Stunden. Wir waren nicht vorbereitet und hatten überhaupt keine Möglichkeit, uns darauf einzustellen. Der Schock war groß. Wir fühlten uns am Anfang wie in Watte gepackt und hatten das Gefühl, gar nicht alles mitzubekommen. In

„Die gewandelte Trauer" beschreiben Annette Meier-Braun und Christiane Schlüter diesen Zustand als Schutzmechanismus für uns Eltern.[1] Die Watte oder die gefühlte Käseglocke, die um uns herum ist, schafft eine Distanz zwischen der Katastrophe und uns. Es wäre für uns unerträglich, wenn wir der vollen Wucht des Schmerzes ausgeliefert wären. Die Wahrscheinlichkeit, nachsterben zu wollen, wäre extrem hoch.
Genauso schilderte es uns auch Christine, bei der sich gerade der Todestag ihres fünfjährigen Sohnes zum 28. Mal jährte. Durch einen Unfall in der elterlichen Landwirtschaft lag der Junge zehn Tage im Koma, bevor die Maschinen abgestellt wurden, da der Hirntod eingetreten war. Christine, die zu Hause noch zwei kleinere Kinder hatte, verbrachte die Zeit im Krankenhaus bei ihrem Sohn. Sie und ihr Mann entschieden sich für eine Organspende, da dann ein Teil ihres geliebten Kindes weiterleben würde. Während der Operation wartete Christine im Schwesternzimmer, denn sie wollte sich noch von ihrem Sohn verabschieden. Doch es kam keiner, um sie abzuholen. Sie hat ihren Sohn nie wieder gesehen. Sie verließ dann das Krankenhaus, um nach Hause zu fahren. Christine verwendete für uns sehr starke Worte für den Zustand, dass im Schock gar nicht alles an einen herankommt: „Mein Mann und ich schlichen durch die Gänge des Krankenhauses, dem Ausgang entgegen. Ich trat aus der Türe und konnte es nicht fassen. Die Straßenbahn fuhr, als ob nichts gewesen wäre. Autos bewegten sich auf der Straße, die Leute gingen hin und her, stiegen aus und ein. MEIN KIND IST TOT!!!! Ich werde es nie wieder sehen, nie wieder im Arm halten, nie wieder küssen und umarmen können. Mein Sohn ist tot und ihr tut alle so, als ob nichts passiert wäre. Für mich stand die Erde still. Ich war stumm,

---

[1] Vgl. Annette Meier-Braun/Christiane Schlüter, Die gewandelte Trauer. Eine Ermutigung für verwaiste Eltern, München 2017, S. 38f.

leer und ohne Gefühl. Man hatte mich zu Boden geprügelt, das Leben hat mich gebrochen. Davon sollte ich mich jahrelang nicht mehr erholen." Sie sagt heute, dass sie jetzt anders mit der Situation umgehen würde, da ihr der tatsächliche und endgültige Abschied lange Zeit in ihrem Trauerprozess fehlte. Sie würde heute darauf bestehen, ihr totes Kind nochmals zu sehen, auch um zu begreifen, dass es tot ist.

Anders als bei einem plötzlichen Tod haben die Eltern bei einer Erkrankung die Möglichkeit, ihr Kind bis zum Ende zu begleiten. In dieser schwierigen Phase wechseln sich die Hoffnung, das Kind könne es doch schaffen, mit den Gedanken an den nahen Tod oftmals ab. Die meisten Eltern erleben es als erfüllend, sich bis zum Schluss um ihr Kind kümmern zu können, auch wenn dies sehr oft an den eigenen Kräften zehrt und die übrigen Familienmitglieder manchmal zu kurz kommen.

Eltern, die eine lebensverkürzende Diagnose erhalten haben, könnten sich schon vor dem Tod mit der Trauer auseinandersetzen. Die meisten beginnen ihren Trauerprozess erst mit dem Tod des Kindes, weil sie neben dem noch lebenden Kind nicht trauern möchten. Manuel, ein Vater aus dem Seelen-Kreis, erzählte uns: „Aus meiner Sicht hat bei uns die Trauer bereits mit der Diagnose begonnen. Ich habe aufgrund der schlechten Prognosen für unseren Sohn nach meinem Studium viel Zeit zu Hause verbracht und mir keinen Druck gemacht, eine Arbeitsstelle zu finden. Ich wollte im Ernstfall sofort zur Stelle sein, denn ich hatte immer die Angst im Hinterkopf, dass sich der Gesundheitszustand unseres Sohnes jederzeit verschlechtern konnte."

Ingrid, deren Sohn mit Mitte 30 an Krebs starb, erinnert sich, dass sie ihren Sohn fast eineinhalb Jahre in seiner Krankheit begleitet habe, wobei die letzten sechs Monate richtig heftig gewesen seien. Manchmal beschlich sie in dieser Zeit der Gedanke, dass es bestimmt leichter gewesen wäre, wenn beispielsweise ein Unfalltod seinem Leben ein schnelles Ende gesetzt hätte. „Ich tat mir selbst leid und das ist immer noch so. Aber wir konnten uns in dieser Zeit der Krankheit noch mal alles sagen, alles ausreden und uns verabschieden. Ich stelle gerade fest, dass beide Seiten unfair sind."

Trauer nach Suizid

„Suizid ist einfach das Schlimmste, was man Menschen, die zurückbleiben, antun kann." Mariannes Sohn hat sich ein paar Tage nach seinem 26. Geburtstag das Leben genommen. „Am schlimmsten für mich ist es, dass ich nicht weiß, warum er es getan hat. Er hat keinen Abschiedsbrief für seine Mama hinterlassen. Er wirkte glücklich, war verheiratet und hatte einen kleinen Sohn."
Der US-amerikanische Trauerforscher J. William Worden beschreibt, dass Hinterbliebene sich beim Tod durch Suizid oft mit Fragen und Gefühlen quälen, die bei anderen Todesarten keine Bedeutung haben oder nur in abgeschwächter Form auftreten:[2]

- ♥ Warum hat er/sie das getan?
- ♥ Warum habe ich es nicht verhindert?
- ♥ Wie konnte er/sie mir das antun?

Bei diesen Gefühlen geht es vorrangig darum, versagt zu haben (*Scham*), da die Hinterbliebenen die geliebte Person nicht im Leben halten konnten. Suizid ist immer noch ein Tabuthema und wird durch die Reaktionen des Umfeldes verstärkt.

---

[2] J. William Worden, Beratung und Therapie in Trauerfällen. Ein Handbuch, Göttingen ^{5}2017, S. 174.

„Ich bin die Mutter des jungen Mannes, der sich umgebracht hat. Auch drei Jahre nach dem Tod meines Sohnes meiden viele den Kontakt mit mir. Das erschwert meine Trauer sehr, wo ich mir doch selbst genug Vorwürfe mache, ob ich mehr für meinen Sohn hätte machen können oder ob ich ihm zu wenig in seinen Lebensrucksack eingepackt habe, damit er sein Leben meistern kann."
Marianne nennt hier auch gleich ein weiteres Gefühl, mit dem sich die Trauernden peinigen, nämlich sich verantwortlich zu fühlen oder verantwortlich zu sein (*Schuld*). Angehörige entwickeln auch oft eine große *Wut* auf die Person, die sich aus dem Leben verabschiedet hat. Die Wut auf ihren Sohn und auch auf die Gesellschaft beschreibt Marianne folgendermaßen: „Warum hat er uns so zurückgelassen? Ich bin auch wütend auf die Gesellschaft, weil Suizid immer noch ein Tabuthema ist. Auch wir Eltern von Kindern, die freiwillig aus dem Leben geschieden sind, haben ein Recht darauf, um unsere Kinder zu trauern. Wir vermissen und lieben sie genauso wie andere Eltern ihre verstorbenen Kinder. Denn das Schlimmste ist die Sehnsucht."
Intensive Trauerreaktionen können auch dadurch hervorgerufen werden, dass die Eltern annehmen, sie hätten dem Kind, das Suizid begangen hat, zu wenig bedeutet. Sie fühlen sich vom Kind abgelehnt, denn sonst hätte es ja nicht diesen drastischen Schritt getan. Diese Annahme kann zu geringer Selbstachtung und zum Einbruch des Selbstwertgefühles führen.

Positive Punkte

Als wir uns in unserem Seelen-Kreis über die unterschiedlichen Todesarten unterhalten haben, kam zur Sprache, dass einige noch von den Bildern belastet werden, wie sie ihr Kind tot aufgefunden oder die letzten Stunden beim Sterben begleitet haben. In solchen Fällen ist diese Übung wirklich empfehlenswert. Wir kennen sie aus unserer Kinesiologie-Ausbildung „Touch for Health", wo sie als „Emotionaler Stressabbau" (Emotional Stress Release ESR) bezeichnet wird.

Wenn wir uns gestresst fühlen oder angespannt sind, legen wir manchmal ganz intuitiv eine Hand auf die Stirn. Dies können wir auch bei Kindern beobachten, die sich während einer Schularbeit oder einem Test konzentrieren wollen: Sie legen sich die flache Hand auf die Stirn.

Was bewirkt diese Geste? Über unseren Augenbrauen in der Mitte unserer Stirn befinden sich die sogenannten Stresspunkte, die in der Kinesiologie als neurovaskuläre Punkte des Magenmeridi-

ans bezeichnet werden. Viele Menschen reagieren bei Stress gerne mit Magenproblemen (warum das so ist, werden wir im Kapitel über die Trauersymptome näher besprechen).
Durch die Berührung der Stirnpunkte kommen wir wieder in die Entspannung und es wird die Blutzufuhr zum Vorderhirn angeregt, wodurch leichter neue Erkenntnisse oder Ideen in uns entstehen können.
Den Stressabbau können wir für die Gegenwart, für die Zukunft und auch für die Vergangenheit durchführen. Der Ablauf ist immer der gleiche, nur die zu bearbeitende Situation ist zeitlich unterschiedlich entstanden bzw. entsteht erst (Stichwort Prüfungsangst).

- ♥ Setze oder lege dich bequem hin.
- ♥ Schließe deine Augen.
- ♥ Berühre mit der Handfläche deine Stirn – wenn du geübt bist, kannst du die beiden Stresspunkte auch mit zwei Fingerkuppen halten.
- ♥ Atme einige Male in deinem Rhythmus und komme bei dir an.
- ♥ Gehe gedanklich in die Situation, die dich belastet. Atme tief und ruhig weiter. Wenn die Szene, die du dir vorstellst, dich zu sehr aufwühlt, hole dir gedanklich nur ein Standbild her bzw. teile die Szene in ganz kurze Abschnitte und schaue dir nur einen kurzen Abschnitt an.
- ♥ Nimm alle Gedanken, Gefühle oder Empfindungen in dir wahr. Selbst wenn du nichts spürst, wird sich in deinem Körper etwas verändern.
- ♥ Gehe bei ganzen Szenen immer wieder an den Anfang zurück und lasse sie wie in einem Film ablaufen. Wiederhole dies so lange, bis du merkst, dass sich in dir etwas verändert.

- ♥ Halte dir die Stirnpunkte so lange, bis du merkst, dass dein Geist bzw. deine Gefühle wieder ruhig sind.

Du kannst diese Übung auch mit deinem Partner/deiner Partnerin oder einer anderen vertrauten Person machen und dich mit dieser darüber austauschen, was in deinem Körper und deinem Geist gerade vorgeht. Wenn du über belastende Situationen sprichst, kannst du dir auch während des Sprechens die Stirnpunkte halten.
Kinder sind besonders empfänglich für diese Übung. Sie können sie leicht selber durchführen oder wir können den Kindern die „Positiven Punkte" halten, wenn wir über schwierige Situationen oder Themen mit ihnen reden.

Nicht zum Ausdruck gebrachte
Gefühle werden niemals sterben.
Sie werden lebendig begraben
und kommen später
auf hässlichere Weise hervor.
Sigmund Freud

Alles im Umbruch

Warum (fast) jede Trauerreaktion normal ist

Wenn wir um unser Kind trauern, haben wir manchmal das Gefühl, verrückt zu werden:

- Wir können nichts essen – oder wir stopfen gedankenlos Essen in uns hinein.
- Wir können nicht schlafen – oder wir wollen nur schlafen.
- Wir können nicht sprechen – oder wir sprechen permanent.
- Wir können nichts tun – oder wir stürzen uns in die Arbeit.
- Wir können nichts verändern im Zimmer unseres Kindes – oder wir verändern sofort das Zimmer und geben schnell Dinge weg.
- Wir können nicht zum Grab unseres Kindes gehen – oder wir sind mehrmals täglich dort.

Die Liste der Gefühle und Verhaltensweisen während der Trauer lässt sich fast ins Unendliche fortsetzen, da jeder Mensch und damit auch jede Trauer individuell ist. Aber alles, was dir und anderen nicht schadet, ist normal und kann zu einem normalen Trauerprozess dazugehören.
William Worden gibt einen guten Überblick, was während des Trauerprozesses als „normal" angesehen wird.[3] Falls du dir Sorgen machst, ob du in der Trauer verrückt geworden bist, kann dich diese Auflistung vielleicht ein bisschen beruhigen:

---

[3] Zusammenfassung nach Worden, Beratung und Therapie in Trauerfällen, S. 25ff.

Gefühle	**Körperliche Reaktionen**
Traurigkeit	„Stein im Magen"
Wut	Beklemmung auf der Brust
Schuldgefühle und Selbstvorwürfe	Zugeschnürte Kehle
Angst	Überempfindlichkeit gegen Lärm
Einsamkeit	Das Gefühl, neben sich zu stehen
Erschöpfung	Atemlosigkeit, Kurzatmigkeit
Hilflosigkeit	Energielosigkeit
Schock	Mundtrockenheit
Sehnsucht	Selbstvernachlässigung
Erleichterung	Schmerzen (Kopf, Rücken)
Emotionale Taubheit	Müdigkeit
Befreiung	Muskelschwäche

Gedanken	Verhaltensweisen
Nicht wahrhaben wollen	Schlafstörungen
Verwirrung	Appetitstörungen
Intensive gedankliche Beschäftigung mit der verstorbenen Person	Zerstreutheit
Gefühlte Präsenz der verstorbenen Person	Sozialer Rückzug
Veränderte Gedächtnisleistung	Träumen von der verstorbenen Person
Denkverbote (nichts Schlechtes über die verstorbene Person denken)	Vermeidungsverhalten (Orte, Gegenstände, Erinnerungen)
Rationalisierungen („Da muss ich durch …")	Suchen und Rufen
Halluzinationen	Seufzen
	Rastlosigkeit und Hyperaktivität
	Weinen
	Aufsuchen von Orten oder Bei-sich-Tragen von Gegenständen, die an die verstorbene Person erinnern
	Sich in die Arbeit stürzen

Warum reagieren unser Körper und unser Geist auf diese Weise?

Wenn wir Stress ausgesetzt sind, lassen sich bestimmte Auswirkungen auf unser Gehirn und unsere Organe beobachten: Beispielsweise steigt die Herzfrequenz, unsere Gehirnaktivität verändert sich, Magenbeschwerden oder Kopfschmerzen treten auf. Der Psychoanalytiker Collin Murray Parkes bezeichnet Trauer als stärksten Stress, den ein Mensch überhaupt erfahren kann. Es ist daher nicht verwunderlich, dass unser Körper und unser Geist verrückt spielen. Astrid Laub erklärt in ihrem Buch „Du bleibst in meinem Herzen – Wie Sie Trauer verstehen und bewältigen" sehr eindrücklich, welche Vorgänge in unserem Organismus ablaufen:[4]

Fangen wir mit dem **Gehirn** an: Es ist unsere Kommandozentrale für unser Denken und Fühlen. Darüber hinaus werden unsere Erinnerungen im Gehirn bewahrt. Unser Hirn muss sich im Trauerfall einerseits an die veränderte Situation anpassen. Andererseits wird uns bewusst, dass es die Vergangenheit, in der bekannten Form, nicht mehr gibt. Einschränkungen in der geistigen und mentalen Leistungsfähigkeit sind daher völlig normal. Es fällt uns zum Beispiel schwer, uns auf die Arbeit zu konzentrieren.

Unser Körper ist ja ein wahres Wunderwerk – er hat daher einen Schutzmechanismus eingebaut, damit wir vor allem die erste akute Trauerphase überleben können. Der Verlust wird verdrängt, Erinnerungen und Emotionen werden gefiltert und teilweise im Unterbewusstsein abgelagert.

Je nachdem, wie weit unser Körper diesen Schutz hochfährt, lässt

---

[4] Vgl. Astrid Laub, Du bleibst in meinem Herzen – Wie Sie Trauer verstehen und bewältigen, Berlin 2020, S. 13ff.

sich erklären, warum manche Menschen gleich nach dem Begräbnis wieder ihrer Arbeit nachgehen und andere viele Wochen brauchen, um den Alltag wieder auf die Reihe zu bekommen.
In der Regel wird das Gehirn nur für eine gewisse Zeit beeinträchtigt. Je weiter wir unsere Trauer verarbeitet haben, umso mehr kann es wieder die ursprüngliche Leistungsfähigkeit erreichen. In einer akuten Trauerphase ist es also ganz normal, wenn wir uns geistig nicht so klar fühlen.
Auch unser **Körper** wird durch den erhöhten Stresslevel in einen Alarmzustand versetzt. Als erstes reagiert unser Verdauungstrakt. Weil der Sympathikus (Teil des vegetativen Nervensystems, der den Körper in Kampf- oder Fluchtbereitschaft versetzt) permanent aktiv ist und sich der Parasympathikus (der Teil des vegetativen Nervensystems, der für die Entspannung zuständig ist) nicht mehr durchsetzen kann, klappt es mit der Verdauung oft nicht mehr. Denn für die Verdauung ist die Entspannung enorm wichtig.
Durch die dauerhafte sympathische Aktivierung des Körpers wird unser Körper fortdauernd in einen Alarmzustand versetzt, auch wenn er eigentlich keine Energie mehr dafür hat. Dieser Zustand schwächt unseren Körper und macht ihn anfälliger für Krankheiten.

Auch beim Schlafbedürfnis kann unser Körper beide Extreme zeigen: von lang anhaltender Schlaflosigkeit bis zu einem überhöhten Schlafbedürfnis ist alles möglich. Wenn wir in der Nacht nicht zur Ruhe kommen, kann das mit unserem Unterbewusstsein zu tun haben, das immer noch mit der Verarbeitung der Katastrophe beschäftigt ist. Wir werden von unserem Körper quasi wach gehalten, um jederzeit auf eine lebensbedrohende Situation reagieren zu können. Erst wenn wir das Geschehene akzeptieren können, verändert sich auch unser Schlafverhalten wieder.
Jene, die nach einem Todesfall sehr viel schlafen, können dies auch als Abwehrstrategie verwenden, um so der Realität zu entfliehen. Der Schlaf gibt in diesem Fall nicht mehr Ruhe und Erholung, sondern ist eine Art der Situationsvermeidung, die uns bei unseren Schritten in der Trauer nicht weiterbringt.
Unser Körper und unser Geist leiden unter der massiven Veränderung in unserem Leben und sie zeigen uns dies durch unterschiedliche Symptome. Gott sei Dank kommt die Trauer meist in Wellen, sodass sich Körper und Geist in den Ruhephasen wieder erholen können. Die geschilderten Symptome bestehen in einem normalen Trauerprozess eben nur auf Zeit und verabschieden sich dann wieder.

Welche Symptome gibt es?

Einzelne Symptome, die wir aus eigener Erfahrung oder aus der Arbeit mit verwaisten Eltern kennen, möchten wir hier zusammenfassen:

Erschöpfung und Müdigkeit

Trauernde fühlen sich oft sehr müde und verspüren häufig eine nicht gekannte Antriebslosigkeit. Weil unser Körper während des Trauerprozesses enorm viel leistet, ist es absolut nachvollziehbar, dass wir uns erschöpft fühlen.

Frühling 2016: Ich bin tagsüber viel alleine im Haus. Meine Arbeit als selbstständige Energetikerin ruht, da meine Klienten natürlich um meine Situation wissen und sich viele nicht trauen, zu mir zu kommen. Das ist zumindest meine Wahrnehmung. Meine Beschäftigung beschränkt sich also darauf, mit dem Hund spazieren zu gehen und eine Mahlzeit zubereitet zu haben, wenn Nina oder Robert nach Hause kommen. An manchen Tagen sitze ich gefühlt den ganzen Vormittag in unserem Esszimmer auf der Bank und starre in die Luft. Ich kann mich gar nicht aufraffen, irgendetwas zu tun, obwohl natürlich im Haushalt einiges anstehen würde. Am Anfang verurteile ich mich selbst dafür und habe Robert und Nina gegenüber ein schlechtes Gewissen, da beide ja wieder ihrer Arbeit nachgehen und ich „nur" zu Hause sitze. Mit einer Freundin spreche ich darüber und sie bestärkt mich darin, dass es im Moment einfach so ist und ich mir meine Zeit nehmen soll, um meinen Gedanken nachzuhängen. Und tatsächlich: Nachdem ich diese Auszeiten für mich akzeptiert habe, war die Phase dann auch bald wieder vorbei und ich habe mir meinen Tag wieder anders einteilen können.

Im Gespräch mit Anita haben wir Folgendes erfahren: „Ich wollte nur schlafen, ich wollte mich für ein paar Stunden aus dieser Trostlosigkeit davonstehlen, zur Ruhe kommen, meine Gedanken rasten lassen, denn sie suchten immerzu und überall nach meiner verstorbenen Tochter. Der Schlaf vermochte mein Gedankenkarussell für einen Augenblick zu stoppen. Rückblickend weiß ich, dass mir mein Schlaf half, diese Zeit zu überbrücken, und mein Schlafbedürfnis normalisierte sich wieder."
Doch nicht nur zu Beginn des Trauerprozesses kann diese Müdigkeit auftreten. Martina erzählte in unserer Gruppe, dass die Urne ihres Sohnes aufgrund der Corona-Maßnahmen erst ein Jahr nach seinem Tod beigesetzt werden konnte. Ihr Sohn ist mit Mitte 30 an einer schweren Erkrankung verstorben und hat verfügt, dass seine Urne in Spanien im Meer versenkt werden soll. Martina, die nicht dabei sein konnte, fühlte danach eine unglaubliche Müdigkeit. Sie fragte die anderen in unserer Gruppe: „Kennt ihr das auch? Trauer nimmt Energie und lähmt, ich könnte nur mehr schlafen. Und es zerreißt mir meine Seele, dass mein Sohn ins Wasser versenkt wurde." Martina tut der Beistand der anderen verwaisten Eltern gut, die ihr versichern, dass auch sie diese unendliche Müdigkeit kennen.

Emotionale Taubheit

Auch emotionale Taubheit gehört, so sie nicht ungewöhnlich lange anhält, zu den normalen Trauerreaktionen. Wir fühlen uns von jeglichen Gefühlen abgeschnitten. Meistens tritt dieses Symptom zu Beginn des Trauerprozesses auf, weil wir sonst von unseren vielfältigen Gefühlen überwältigt werden könnten. Diese Reaktion ist wie ein Schutzwall, der uns davor bewahrt unterzugehen.
Heute kann Simone ihre Gefühle wieder spüren und auch ausleben. Doch kurz nach dem plötzlichen Tod ihrer Tochter war sie von ihren Emotionen abgeschnitten: „Ich fühlte nichts mehr, kein

Gefühl drang zu mir durch, nicht einmal Traurigkeit. Da war einfach nichts, eine Leere, als wäre jegliches Gefühl ausgelöscht worden. Ich war taub, von oben bis unten. Nicht einmal mein Baby konnte mir ein ‚echtes Lächeln' auf die Lippen zaubern."

Intensive gedankliche Beschäftigung mit der verstorbenen Person

„Mein ganzer Tag drehte sich um meine verstorbene Tochter, alle meine Gedanken waren bei ihr, von der Früh bis zum Abend. Es verging kaum eine Stunde, in der ich nicht an sie dachte." So beschreibt Anna die Zeit nach dem Tod ihrer Tochter. Oft drehen sich die Gedanken der trauernden Eltern auch darum, ob und wie der Tod des Kindes hätte verhindert werden können. Immer wieder blitzen auch Bilder auf, wie unser Nachwuchs gelitten hat bzw. wie die Umstände des Todes waren.

Appetitstörungen

„An manchen Tagen wollte ich nichts essen, wollte die Leere in meinem Magen ganz deutlich fühlen. So würde ich vielleicht zumindest etwas spüren. An anderen Tagen hatte ich das Gefühl, alles in mich hineinschlingen zu wollen, um mich besser zu fühlen. Im Endeffekt war es die Suche nach einem Gefühl, um diese Leere zu füllen. Doch nichts konnte daran etwas ändern", beschreibt Angelika ihre Essstörungen am Anfang ihres Trauerprozesses. Zu viel essen oder zu wenig – beide Extreme sind möglich. Wie das Beispiel von Angelika zeigt, auch in einer Person. Manchmal fehlt einfach auch die Kraft oder der Antrieb, für sich selbst Essen zuzubereiten. Vor allem, wenn der Partner in der Kantine und Kinder in der Kinderbetreuungseinrichtung essen, vergessen Mamas oft, auf sich selbst zu achten. Hilfreich können hier Nachbarn oder Freunde sein, die eine Mahlzeit vorbeibringen oder sich die Zeit nehmen, mit der Trauernden zu essen.
Sich darüber bewusst zu werden bzw. zu erkennen, dass es im Moment einfach schwierig ist, ist ein erster Schritt in Richtung Besserung. Meistens fehlt den Trauernden die Energie, um Hilfe zu bitten. Fürsorgliche Angehörige oder das nähere Umfeld sind

hier ein Segen. Und dies nicht nur während der ersten Wochen, sondern auch noch nach Monaten wird die Hilfe von außen gebraucht.

Sozialer Rückzug

Es ist absolut normal, dass sich Trauernde zurückziehen. Sie müssen erst mit der Situation und ihren Emotionen umgehen lernen, bevor an ein soziales Leben wieder zu denken ist. Wir fühlen uns wie unter einer Käseglocke, unter der wir mit unserer Trauer beschäftigt sind. Impulse von außen dringen oft gar nicht durch. Auch fehlt häufig die Kraft, selbst aus der Käseglocke hervorzukommen und wieder am Leben außerhalb der eigenen Trauerblase teilzunehmen. Doch auch, wenn das Leben anklopft und jemand anruft, um zu fragen, wie es uns geht, kann es sein, dass wir nicht in der Lage sind abzuheben, weil uns im Moment nicht nach Sprechen zumute ist. So beschreibt es auch Silvia: „Ich vermied sämtliche sozialen Interaktionen oder Telefonate. Manchmal konnte ich nicht einmal mehr meiner Familie gegenübertreten, so tun, als wäre alles normal, und weitermachen ohne meine Tochter."

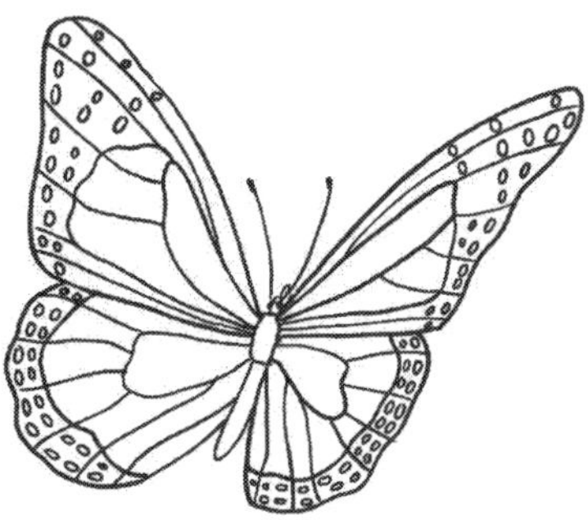

Juni 2017: Ein Jahr nach Emilias Tod ist in unserer Straße wieder das sehr beliebte Straßenfest. Dabei treffen sich immer alle Nachbarn und sitzen gemütlich bei Kaffee und Kuchen oder Gegrilltem beisammen und tauschen sich über alles, was sie gerade interessiert, aus. Ulla ist bei diesem Termin bei ihrer Reiki-Ausbildung in Berlin, Nina und ich sind zu Hause geblieben. Und dann beginnt das Fest, das direkt vor unserem Haus seinen Mittelpunkt hat. Ich sitze in unserem Keller, habe höllische Angst, den Nachbarn unter die Augen zu treten, und rede mir ein, den zu renovierenden Heizraum gleich heute noch fertig zu machen, um ja nicht hinausgehen zu müssen. Schließlich haben sich im letzten Jahr viele von ihnen einfach umgedreht und sind zurück ins Haus gegangen, wenn sie uns auf der Straße gesehen haben. Immer lauter und lustiger werden die Stimmen der bereits anwesenden Nachbarn. Es ist für mich fast nicht zum Aushalten, wie soll ich das „überleben", diesen krassen Gegensatz zwischen meiner Angst und der Lebensfreude in unserer Straße. Gott sei Dank ist da noch meine große Tochter Nina. Sie geht einfach mit unserem Essen zu unseren Nachbarn, setzt sich auf eine Bank und ruft mir zu, als ich unser Haus dann doch verlasse. Mit gesenktem Kopf setze ich mich neben sie. Ich habe ein dermaßen ungutes Gefühl im Bauch, wo ich doch vor drei Tagen noch ganz großkotzig Ulla erklärt habe, dass das Straßenfest für mich überhaupt kein Thema mehr ist. Wieder einmal hat mich meine Tochter „gerettet". Am späteren Abend bin ich total erleichtert, ein riesiger Stein fällt mir vom Herzen. Durch das Straßenfest fühle ich mich wieder in Verbindung mit unseren Nachbarn. Das erleichtert mich sehr. Es ist im Nachhinein gesehen einer der ersten Bereiche, in dem das Leben wieder wie gewohnt seinen Gang geht. Das war damals eine sehr große Unterstützung für mich.

Ein Geschwisterkind vom Kindergarten oder von der Schule abzuholen, entpuppt sich oft als echte Herausforderung. Andere Eltern schauen dich an, wissen genau, was bei dir Schreckliches passiert ist. Die wenigsten finden den Mut und kommen zu uns und fragen uns mit echtem Interesse, wie es uns geht. Selbst die Mitteilung, dass dem Gegenüber die Worte fehlen in dieser Situation, ist hilfreicher, als zu spüren, dass dich alle kurz anschauen, wie du ausschaust, welchen Eindruck du vermittelst und sich dann lieber schnell wegdrehen und sich anderen Dingen zuwenden.
Solche Erlebnisse machen es trauernden Eltern noch schwerer, sich unter der Käseglocke hervorzuwagen, weil sie nie wissen, was in der Welt draußen auf sie wartet und in welcher Situation sie an ihre verstorbenen Kinder erinnert werden.

Meditation – Körperwahrnehmung

(Eine Audio-Datei für diese Meditation findest du im Downloadbereich, siehe Seite 313)

Such dir einen ruhigen Ort, wo du in den nächsten zehn bis fünfzehn Minuten nicht gestört wirst. Schalte dein Handy aus, damit du dich ganz auf dich und deinen Körper konzentrieren kannst. Halte dir Zettel und Stift oder dein Notizbuch bereit, um nach der Meditation Erkenntnisse oder Impulse aufschreiben zu können. Wir erachten es als sinnvoll, diese Meditation öfter durchzuführen, vielleicht sogar mehrmals in einer Woche, um Veränderun

gen, im Trauerprozess erkennen zu können. Wir lesen heute noch gerne in unseren Tagebüchern und können dadurch unsere Schritte nachvollziehen.
Setze dich in eine für dich entspannte Haltung und schließe die Augen. Spüre noch einmal nach, ob alles in Ordnung ist und du dich wohlfühlst. Wenn etwas noch nicht passt, dann verändere es jetzt, damit alles für deine Entspannung optimal ist.
Konzentriere dich nun auf deinen Atem. Atme tief ein, halte die Luft für einen Moment an und atme dann langsam wieder aus. Auch am Ende des Ausatmens verweilst du kurz in der Ruhe und atmest dann wieder ruhig ein.
Bei jedem Einatmen atmest du Ruhe ein, bei jedem Ausatmen verteilt sich diese Ruhe in deinem Körper. Einatmen – Ruhe einatmen, ausatmen – Ruhe verteilen. Einatmen – Ruhe, ausatmen – verteilen.
Richte deine Aufmerksamkeit nun auf dein Herz. Du atmest Ruhe in dein Herz hinein und beim Ausatmen verteilt sich diese Ruhe vom Herz ausgehend auf deinen ganzen Körper.
Was nimmst du in deinem Körper gerade wahr? Ist es Wärme, ist es Druck, ist es ein Kribbeln? Alles, was gerade da ist, ist richtig. Versuche, nicht zu bewerten. Alle deine jetzigen Empfindungen wollen dich unterstützen, dir dienen.
Spüre noch einmal hin, was gerade da ist, und gehe mit diesen Empfindungen in ein Zwiegespräch. Was möchtest du diese Emotion, dieses Gefühl, diese Empfindung fragen oder gibt es eine Frage, die dich schon längere Zeit beschäftigt? Du wirst auf deine Frage jetzt eine Antwort erhalten. Erzwinge nichts, bleib einfach in deinem natürlichen Atemrhythmus.
Du hast nun auf deine Frage eine Antwort erhalten, und wenn das noch nicht der Fall ist, dann wirst du in der nächsten Zeit eine Antwort bekommen. Alles kommt zur richtigen Zeit.
Nun konzentriere dich wieder auf dich, deine Empfindungen, die

gerade in dir vorhanden sind. Alles, was gerade da ist, passiert genau zur richtigen Zeit und will dich unterstützen, will dir dienen. Auch wenn es Gefühle sein sollten, die dir nicht so gut gefallen oder die sich nicht so gut anfühlen, alles in deinem Körper will zu jeder Zeit nur dein Bestes.
Bedanke dich bei den Gefühlen, den Emotionen und gehe dann mit deiner Aufmerksamkeit in deinen Bauchraum. Spürst du, wie er sich bei jedem Atemzug hebt und senkt? Spürst du das Leben, das du mit jedem deiner Atemzüge deinem Körper und damit dir selbst zur Verfügung stellst? Dein Körper, dein gesamtes Sein ist darauf ausgelegt, zu jeder Sekunde deines Lebens das Beste für dich zu tun. Dein gesamtes Wesen arbeitet stets zu deiner optimalen Zufriedenheit.
Bedanke dich für dieses Tun, dieses Sein. Alles passiert immer, um dir bestmöglich zu dienen und dich für deinen Weg zu unterstützen.
Nimm noch einmal ein paar tiefe Atemzüge in deinen Bauchraum und bedanke dich bei dir für dein wundervolles Sein.
Komm nun in aller Ruhe wieder in diesen Raum zurück, reck dich und streck dich, gähne, wenn es für dich gut ist, und wenn es für dich richtig ist, öffnest du deine Augen.

Es ist eine Ferne,

die war,

von der wir kommen.

Es ist eine Ferne,

die sein wird,

zu der wir gehen.

Johann Wolfgang von Goethe

Alles hat seine Zeit

Die Trauerphasen nach Verena Kast

Es gibt viele unterschiedliche Modelle, die sich mit dem Ablauf der Reaktionen auf einen Todesfall beschäftigen. Diese Modelle helfen uns, unsere Trauer und unsere Reaktionen besser zu verstehen, und bieten Orientierung, wenn wir uns im Dickicht der Trauer nicht mehr zurechtfinden. Eins dieser Modelle ist das Modell der Trauerphasen der Schweizer Psychologin Verena Kast, an dem wir uns in diesem Kapitel orientieren und anhand dessen wir von unseren Trauerprozessen erzählen werden.
Natürlich können Modelle nie die vollständige Wirklichkeit abbilden. Es ist auch zu bedenken, dass die Phasen nicht zwingend linear durchlaufen werden, sondern dass man beispielsweise von der dritten wieder in die zweite Phase zurückkehren kann. Am Phasenmodell in der Trauer wird in der Literatur auch Kritik geübt: Es könne für die Trauernden der Eindruck entstehen, dass eine Phase nur abzuwarten bzw. dass kein aktives Tun erforderlich ist, damit die Phase vorbeigeht.
Wir finden das Phasenmodell als Orientierungspunkt sehr hilfreich und weisen auf den österreichischen Psychoanalytiker Sigmund Freud hin, der den Begriff der „Trauerarbeit" prägte und diese als einen aktiven innerseelischen Prozess beschrieb, um den Verlust einer Person zu integrieren, sich zu erholen und sich eine neue Lebensperspektive zu suchen.
Die Dauer und Intensität der Phasen können völlig unterschiedlich sein. Hier spielt u.a. auch die Persönlichkeit des Trauernden, die Beziehung zum Verstorbenen und die Umstände des Todes eine wichtige Rolle.

Erste Phase: Nicht-wahrhaben-Wollen

5. April 2016: Wir sind zu viert im Zimmer unserer großen Tochter. Ich sitze mit Emilia im Arm auf Ninas Bett. Plötzlich fällt ihr der Kopf nach hinten. Ich schaue sie an, bewege sie ein bisschen und sage: „Emilia atmet nicht mehr." Ich bin innerlich ruhig und gefasst. Robert ruft sofort den Rettungsdienst und informiert unsere energetischen Helfer, um Emilia beizustehen. Nina ist fast hysterisch und verschanzt sich im Schlafzimmer hinter unserem Bett.

Ich gehe ihr mit der leblosen Emilia im Arm nach und sage immer nur: „Alles wird wieder gut." Gott sei Dank ist meine Schwester im Haus und kümmert sich um Nina. Sie gehen in den nahen Wald spazieren. Ich lege Emilia auf eine Matratze am Boden, spreche sie an, klopfe ihr auf die Wangen. Sie rührt sich nicht. Ich gehe hinunter ins Wohnzimmer, da ich bald mit dem Eintreffen der Rettung rechne, und ohne nachzudenken beginne ich, sie wiederzubeleben. Sie erbricht ihr letztes Früchtchen und einen Babykeks und ich bin in Sorge, dass sie erstickt. Dann kommen schon die Männer vom Rettungsdienst ins Wohnzimmer. Ich informiere sie sehr sachlich darüber, was passiert ist, und sie beginnen sofort mit der Reanimation. Es kommen noch zwei Notärzte, zwei Polizisten und das Team vom Notarzthubschrauber. Alle sind auf einmal in unserem Wohnzimmer und versuchen alles Mögliche, um Emilia wieder aufzuwecken.

Und ich? Ich sitze ganz ruhig neben meinem kleinen Mädchen auf der Couch, halte ihre Hand, während sie von drei Männern gleichzeitig bearbeitet wird. Gleich zu Beginn wird ihr Pyjama und ihr Body mit der Schere durchgeschnitten, um schnell arbeiten zu können. Sie trägt an diesem Abend einen hellblauen Einteiler mit weißen Wolken darauf.

In Gedanken sage ich immer vor mir her, dass alles gut werden wird. Ich bin der fixen Überzeugung, dass Emilia ein erneutes Wunder vollbringen und in Kürze die Augen wieder aufmachen wird. Irgendwann wird mir mitgeteilt, dass sie Emilia ins Krankenhaus mitnehmen, da sie ihr dort besser helfen können. Ich darf auf dem Beifahrersitz der Rettung mitfahren. Es ist furchtbar, unsere Straße entlangzufahren. Am Ende der Straße steht auf einer großen Wiese der Rettungshubschrauber, der viele Schaulustige angezogen hat. Ich kenne sehr viele Menschen hier, die mir nun alle betroffen und fassungslos ins Gesicht schauen. Bei der Ausfahrt aus unserer Siedlung beschleicht mich zum ersten Mal das Gefühl, dass uns Emilia verlassen könnte. Ich rede in Gedanken mit ihr: „Emilia, ich liebe dich über alles und ich möchte so gerne, dass du bei uns bleibst. Aber, wenn es deine Entscheidung ist zu gehen, dann werde ich dich nicht festhalten."

Im Krankenhaus angekommen, geht es gleich in den Schockraum. Irgendwie bin ich wie in Watte gepackt und mache brav das, was man mir sagt. Eine Krankenschwester nimmt mich zur Seite, um mit mir alle Daten durchzugehen. Als wir fertig sind, drehe ich mich um und gehe die paar Schritte zur Liege, auf der Emilia liegt. Erst in dem Moment fällt mir auf, dass keiner mehr sie behandelt, dass alle einen Schritt zurückgegangen sind und dass sie da ganz friedlich und ruhig in ihrer Windel auf der Liege liegt. Eine Ärztin spricht das Unfassbare aus: „Emilias Herz hat aufgehört zu schlagen, wir können nichts mehr für sie tun. Nehmen Sie sie doch in den Arm." Ich höre mich selbst sagen: „Bitte machen Sie weiter!" Ganz ruhig und gefasst. Gleichzeitig begreift irgendein Teil in mir – ich denke, es ist mein Herz –, dass Emilia ihre Augen nicht mehr aufmachen wird. Mein Kopf will das noch nicht wahrhaben und bittet die Ärzte und Schwestern weiterzumachen.

Trotzdem folge ich den Worten der Ärztin und nehme meine Tochter in den Arm. Ich bin ganz ruhig und flüstere mit Emilia. Sie sieht aus, als ob sie schlafen würde. Ich drücke sie ganz fest an mich, bin völlig versunken. Ich nehme niemanden mehr um mich herum wahr.

Recht schnell funktioniere ich dann auch wieder. Ich weiß, Robert ist auf dem Weg ins Krankenhaus, er wird bald hier sein. Um ihn kann bzw. brauche ich mich gerade nicht zu kümmern. Aber zu Hause ist noch Nina mit meiner Schwester. Da fällt mir unsere Freundin und Kinesiologin ein, die einige Jahre zuvor auch ein Kind plötzlich verloren hat. In der absoluten Stille des Schockraums und mit Emilia im Arm rufe ich sie an. Sie weiß schon, dass es Emilia nicht gut gegangen ist. Ich sage zu ihr: „Emilia ist zu Vici gegangen." Am anderen Ende der Leitung höre ich ein lautes Schreien: „WAS???" Ich wiederhole ganz ruhig meinen Satz: „Emilia ist zu Vici gegangen." Uschi schreit laut am Telefon. So habe ich sie noch nie erlebt. Ich frage, ob sie Nina und meine Schwester zu Hause abholen und mit ihnen zu uns ins Krankenhaus kommen könne. Sie bejaht und wir beenden das Gespräch. Und da ist wieder diese unglaubliche Stille im Raum. Bis die Tür hinter mir aufgeht und Robert hereinkommt. Er weiß noch nicht, dass seine Tochter tot ist. Er sieht mich nur von hinten mit Emilia im Arm. Ich drehe mich um und in seinen Augen lese ich die Frage: „Was ist los?" Ich schüttle nur den Kopf und drehe mich wieder zu Emilia. Und dann bricht ein Orkan an Nein-Schreien über mich herein. Robert schreit so laut, ich habe ihn noch nie so erlebt. Er kommt zu uns und ich gebe ihm seine Tochter in den Arm.

5. April 2016: Jetzt halte ich meine tote Tochter in den Armen. Sie sieht aus, als ob sie schläft. Friedlich, ruhig, wie immer. Nichts ist wie immer. Es wird auch nie wieder so sein, wie es war.

Ich bin voll auf Emilia konzentriert. Schaue sie mit Tränen in den Augen an. Es ist wie im Film: Emilia und ich in Farbe, Standbild, der Rest der Welt in Slow Motion und in ausgebleichten, ausgewaschenen Farben. Worte von außen kann ich wahrnehmen, was sie bedeuten, ist bedeutungslos. Ich glaube auch, dass eine

Krankenschwester mit mir spricht. Aber das ist alles egal. Wie konnte es nur so weit kommen? Warum stehe ich jetzt hier und halte mein geliebtes Kind im Arm? Warum kann sie nicht einfach die Augen wieder aufmachen, mich anlächeln und die Arme nach mir ausstrecken? Alles ist gut, Papa! War nur ein Spaß! Sei mir nicht böse, ich tue das auch nicht wieder.

Ich gehe schluchzend Menschen in weißer Kleidung und meiner Frau nach. Ulla hält Emilia im Arm. Alles funktioniert „vollautomatisch", die gleichen Eindrücke wie zuerst. Die Welt um mich ist blass, furchtbar blass. Nur ich bin in Farbe, warum eigentlich ich? Ich will das alles nicht, ich will meine Tochter zurück.

5. April 2016: Während Robert mit Emilia beschäftigt ist, kommt wieder eine Schwester oder Ärztin auf mich zu. Sie bietet uns ein Zimmer im Krankenhaus an, damit wir uns alle in Ruhe von Emilia verabschieden können, und einen Krankenhausseelsorger. Ich rufe meine Schwester an, zu Hause wissen sie ja noch gar nicht, was passiert ist. Mein Hirn funktioniert schon wieder perfekt und ich sage ihr auch noch gleich an, welche Kleider ich für Emilia haben möchte. Ich wähle eine gestreifte Strumpfhose in rosa – Robert liebt seine Mädels in Ringelstrümpfen –, einen Latzrock aus Jeansstoff und ein rosa Leiberl mit einem Hund drauf. Unser Hund Linus muss auch in irgendeiner Form dabei sein bei ihrem Abschied.

Bevor wir den Schockraum in Richtung Bettenstation verlassen, bitte ich um eine Decke, da Emilia außer ihrer Windel nicht bekleidet ist. Die Schwester reicht mir eine vorgewärmte Decke, um Emilia einzuhüllen. Als ich sie behutsam in die Decke einwickle, habe ich das Gefühl, als ob ich ganz kurz mein lebendiges, warmes Kind noch einmal im Arm halten würde. Ich trage Emilia und wir gehen auf den Gang hinaus. Es sind viele Menschen hier. Eigentlich merkt man von außen gar nicht, dass unser Kind tot ist. Ich trage sie, einge-

schlagen in der Decke, durch das Krankenhaus und denke: „Niemand weiß, dass mein Kind verstorben ist."
Wir kommen ins Zimmer und kuscheln uns mit Emilia ins Bett. So, wie wir es unzählige Male in der Früh oder am Abend mit ihr getan haben. Mein Kopf weiß, dass sie tot ist, aber es fühlt sich alles so unwirklich an, als wir miteinander im Bett liegen.
Irgendwann kommt unser Freund und Pastoralassistent, den Robert angerufen hat, um uns beizustehen. Und dann kommt der Moment, als Nina das Zimmer betritt. Es zerreißt mich innerlich, um wen ich mich wie kümmern soll. Wir sind zu viert im Zimmer, wie so oft zu Hause und doch ist alles anders.
Später waschen Robert und ich Emilia ein letztes Mal. Wir machen sie hübsch für ihre Reise. Und dann kommt die Aufgabe, unsere Eltern zu informieren. Wir wollen auch ihnen noch die Möglichkeit geben, sich von Emilia zu verabschieden. Es ist ca. 22:00 Uhr, als ich meine Mama anrufe. Gott sei Dank ist sie noch wach. Sie begrüßt mich mit den Worten: „Na, schlafen schon alle?" Und damit hat sie mir die Rutsche gelegt. Ich sage nur mehr: „Ja, Emilia schläft so gut, dass sie nie wieder aufwachen wird." Meine Mama fängt augenblicklich an zu weinen, ruft ihren Mann und sagt: „Emilia ist gestorben." Das klingt so hart und unumstößlich, aber genau so ist es.
Kurze Zeit später füllt sich das kleine Krankenzimmer: Nina, meine Schwester, alle Großeltern, meine Schwägerin, mein Schwager, mein Neffe, unser Freund, der Pastoralassistent, und unsere Freundin, die Kinesiologin, sind da. Gemeinsam verabschieden wir uns von Emilia, jeder hat sie noch ein letztes Mal im Arm. Es ist eine tiefe Verbundenheit zwischen uns allen zu spüren und eine große Fassungslosigkeit. Jeder nimmt sich die Zeit, die er braucht, um Emilias Tod zu begreifen. Irgendwann sind nur noch Robert, Nina, meine Schwester, unsere Kinesiologin und ich mit Emilia im Zimmer. Es wird Zeit, für immer Abschied zu nehmen. In diesen Minuten bin ich unendlich dankbar, Uschi an meiner Seite zu haben, die das gleiche

Schicksal erlebt hat. Ganz vorsichtig erzählt sie, dass sie sich eine Locke von ihrer Tochter abgeschnitten und diese mit nach Hause genommen habe. Und sie meint auch: „Wenn du wirklich so weit bist, dass du Emilias Körper loslassen kannst, dann such dir eine liebe Krankenschwester und leg sie ihr in den Arm. Sie wird auf sie aufpassen."
Nina und meine Schwester gehen daraufhin los und kommen mit einer Krankenschwester und einer Schere zurück. Wir schneiden Emilia ihren Haarschopf ab. Dann lege ich, in eine Decke gewickelt, Emilia in den Arm der Krankenschwester und wir verlassen um ein Uhr in der Früh das Krankenhaus.
In der Nacht schlafe ich erst gar nicht und dann sehr unruhig. In der Früh möchte ich nicht aufstehen und das Schlafzimmer verlassen. Es ist schon immer ein Rückzugsort für Robert und mich und nichts in diesem Raum erinnert an unsere Kinder. Mein Gehirn denkt: „Wenn ich einfach hier bleibe, merke ich gar nicht, dass Emilia tot ist, hier fällt es nicht auf." Ich will es noch nicht wahrhaben, dass meine Tochter nicht mehr da ist.

Diese Phase wird auch „Schockphase" genannt, wobei es keine Rolle spielt, ob der Tod plötzlich eingetreten ist oder ob er vorhersehbar war. Trauernde werden in dieser Phase oft als gefasst wahrgenommen. Es ist allerdings der Schock, unter dem sie stehen. Auch wenn am Grab oder beim Begräbnis keine Tränen geweint werden, ist die Person nicht tapfer, sondern sie steht unter Schock. Auf der emotionalen Ebene kann in uns Chaos herrschen, wir fühlen uns jedoch wie erstarrt.
Weitere mögliche Reaktionen in dieser Phase sind: Verzweiflung, Erstarrung, Übelkeit (Erbrechen), Empfindungslosigkeit, Unruhe, Leugnen, Nicht-glauben-Können, Zusammenbruch ...
Abhängig von der Todesursache dauert diese Phase wenige Stunden bis zu mehreren Wochen.

Was in dieser Phase guttut

- alltägliche Besorgungen übernehmen (auch bei Dingen, die im Zusammenhang mit dem Todesfall anstehen)
- Trauernde nicht alleinelassen, da sein
- alle Gefühle zulassen; alles darf sein (auch fehlende Tränen!)
- Wärme, Mitgefühl
- Essen vorbeibringen
- Ätherische Öle, z.B. Neroli (Citrus aurantium: Schock- und Angstöl) oder Melisse (Melissa officinalis: wirkt herzstärkend und hilft bei Schreck, Schock und Trauer)

Zweite Phase: Aufbrechende Emotionen

Frühling 2016: Eigentlich habe ich ein Riesenglück! Ich kenne jemanden, die auch ein Kind „verloren" hat, außerdem nenne ich diese Person „Freundin". Uschi ist Kinesiologin. Ich vertraue ihr. Ich habe lange nicht gewusst, was eine Kinesiologin macht. Aber immerhin hat sie schon meine Ehe mit Ulla gerettet. Auch in diesem Punkt meinte es das Schicksal gut mit mir. Aber das ist mir ehrlich gesagt erst vor kurzer Zeit aufgefallen.
Ich habe mit Uschi einen Menschen an der Seite, dem ich mich öffnen kann. Der mich versteht und mir eine RIESENstütze ist. Das sind die ersten Momente, und gefühlt auch die einzigen Momente im ersten Jahr, in denen meine Emotionen an die Oberfläche kommen. (Abgesehen natürlich von meiner Familie. Die wissen alle ganz genau, wie es mir geht. Aber meine Familie will ich natürlich schützen und so wenig wie möglich belasten.) In einem absolut geschützten Rahmen. Das ist für mich sehr wichtig! Wenn auch nur ein Pa-

rameter nicht zur Gänze erfüllt wäre, würde ich mich nicht öffnen. Ich würde ein belangloses Gespräch führen, gekünstelt lachen und das wäre es dann auch. Aber so, so habe ich die Möglichkeit, in meinen prall gefüllten Ballon voller aufgestauter Emotionen die ersten Stiche zu machen. Und das tut mir sehr gut. Wenn Uschi mit mir gearbeitet hat, habe ich immer das Gefühl, dass etwas „leichter" ist in mir. Sehr schwer zu beschreiben, der Zustand, den ich da meine.

Frühling 2016: Meine Gefühle lasse ich am Anfang nur zu, wenn ich ganz alleine bin. Und da Robert und Nina gleich nach dem Begräbnis wieder in die Schule gehen, habe ich tagsüber viel Zeit zu Hause. Wir haben in unserem Wohnraum ein kleines Tischlein für Emilia stehen. Da steht beispielsweise das Bild, das wir beim Begräbnis bei ihrer Urne stehen hatten, Kerzen und andere Kleinigkeiten, die wir mit Emilia verbinden, wie auch ihre Haarlocke, die wir ihr noch abgeschnitten haben. Manchmal setze ich mich vor diesen Tisch und schaue Emilia auf dem Foto genau in die Augen. Ich rede mit ihr, frage sie nach dem Warum oder schaue sie nur schweigend an. Und wenn ich es zulasse, kommen dann meine tiefsten Gefühle nach oben. Dabei wird es oftmals laut, ich schreie meine Wut und Verzweiflung heraus, es fliegen Polster durchs Wohnzimmer oder ich schlage aufs Sofa ein. Ich weine und weine und weine. Meistens liege ich irgendwann gekrümmt am Boden und lasse endlich alles los, was in mir ist. Wie lange diese intensiven Gefühlsausbrüche dauern, weiß ich nicht, aber sie sind für mich mitunter die wichtigsten Schritte in meinem Trauerprozess: den Schmerz zulassen, nichts zurückhalten. Danach sind mein Kopf und mein Herz leer, und irgendwie fühle ich mich auch besser.

Nach der Starre und Empfindungslosigkeit bahnen sich die Gefühle ihren Weg nach außen: Traurigkeit, Wut, Angst, Verzweif-

lung, Hilflosigkeit, aber auch Schuldgefühle werden oftmals in vulkanartigen Ausbrüchen erlebt. Die Wut kann sich gegen die Welt, den verstorbenen Menschen, vermeintlich schuldige Personen, gegen sich selbst oder auch Menschen, die in dieser Phase begleiten wollen, richten. Hier geht sprichwörtlich die Post ab, Gefühle werden herausgeschrien oder ausagiert (z.B. Haare raufen bis zum Ausreißen). Alles, was über einen hereinbricht, ist gut und sollte ausgelebt werden, da diese Gefühle dabei helfen, den Schmerz besser zu verarbeiten.
Diese Phase dauert ein paar Wochen bis zu mehreren Monaten.

Was in dieser Phase guttut

- alle Gefühle zulassen (Wut und Zorn können sich mit Phasen tiefer Niedergeschlagenheit abwechseln)
- Schuldgefühle nicht ausreden (nur zur Kenntnis nehmen)
- Die Trauernden abzulenken kann kurzfristig hilfreich sein, im gesamten Trauerprozess führt es zu Verzögerungen, da die Situation verdrängt wird.
- zuhören, da sein
- sich gemeinsam an die verstorbene Person erinnern, über sie sprechen
- gemeinsam spazieren gehen
- Alltagshilfen: Musik hören, Tagebuch schreiben, malen, Entspannungsübungen, Achtsamkeitsübungen
- Ätherische Öle: Ylang-Ylang (Cananga odorata) wirkt beruhigend und ausgleichend, hilft, Ängste und Beklemmungen abzubauen, und wirkt sich blutdrucksenkend aus (vorteilhaft bei sympathischer Aktivierung des Körpers).

Dritte Phase: Suchen und Sich-Trennen

Frühling 2017: Ins Männer-Mentoring kommt jeder mit seinem ganz persönlichen Thema, jeder hat seinen persönlichen Rucksack zu tragen. Nach kurzer Zeit haben unsere Mentoren jeden von uns analysiert. Dadurch ist es möglich, auf jeden Teilnehmer sehr individuell einzugehen und – ob du es glauben magst oder nicht – die Geschichte jedes Mannes hat mit mir selbst zu tun. Unter diesen Voraussetzungen ist für mich eine intensive Auseinandersetzung mit dem Tod von Emilia möglich.
Ich werde gefragt: „Wer bist du?" Eine Scheißfrage, wenn ich ehrlich bin. Immer diese philosophischen Fragen, und das gleich zu Beginn meines Kurses. Na, das kann ja heiter werden! Ich versuche mich an ein paar Antworten, aber die Frage „Wer bist du?" wird dabei für meinen Mentor nicht beantwortet.
Fast ein Jahr ist seit Emilias Tod vergangen und ich beginne, nach Anraten und Gesprächen mit meiner Friseurin, mit einem Männer-Mentoring in Kärnten. Keine Ahnung, was das ist, aber meine Friseurin hat das gleiche Programm für Frauen ein Jahr früher mitgemacht und sich dabei unglaublich zum Positiven verändert.
Was sich für mich in diesem Jahr verändert, ist, gelinde gesagt, eine Kehrtwendung um 180 Grad in meinem Leben.
Gefühlt das erste Mal beschäftige ich mich ausschließlich mit mir und wie ich mit Dingen, die von außen auf mich einwirken, umgehen kann. Es werden mir viele Dinge bewusst, die mich schon sehr lange Zeit begleiten und meistens großen Ärger auslösen, sich leider aber immer und immer wieder wiederholen. Ich bekomme Antworten auf viele Fragen, die mich tief in meinem Inneren beschäftigen. Helmut, mein Mentor, ist den Weg, den ich gerade beschreite, schon ein paar Jahre vorher gegangen und weiß ganz genau, was dabei los ist. Ich bekomme viele Impulse im ersten Halbjahr 2017, die ich

gerne in meinem Leben ausprobiere bzw. umsetze. Ich kann sagen, durch diesen Prozess bekommt auch die Partnerschaft mit Ulla eine neue Tiefe. Da Ulla ebenfalls an einem einjährigen Frauenmentoring teilnimmt, lernen wir uns und unsere Gewohnheiten, unsere Ehe, neu kennen und lieben. Vielleicht ist das auch ein wichtiger Grund, warum uns das Glück zuteilwird, noch einmal Mama und Papa zu werden.

Das zweite Halbjahr in den beiden Mentoring Programmen widmet sich dem Thema: Was will auf Erden durch mich gelebt werden? Ich dachte schon, das erste Halbjahr hat es in sich, aber das zweite toppt die Sache noch einmal gewaltig! In diesen Modulen geht es bis an den „Grund meiner Seele", eine bessere Bezeichnung fällt mir dazu nicht ein.

Was ist der Sinn meines Lebens? Ich glaube, es ist die *Frage eines jeden Menschen. Eine intensive Auseinandersetzung mit meinen ganzen aufgestauten Emotionen seit Emilias Tod, aber auch von früher, beginnt.*

Vieles kommt ans Licht, es fließen sehr viele Tränen, nicht nur bei mir, nein, auch bei den Männern, die mit mir unterwegs sind. Jeder in dieser Runde zieht sich „nackt aus", steht vor dem Rest der Mannschaft mit hinuntergelassener Hose da. Wieder ist da dieser absolut geschützte Rahmen, der dies alles erst möglich macht. Eine sehr aufwühlende, aber gleichzeitig auch eine sehr heilsame Zeit.

Dezember 2017: Ich habe endlich auf meine Gefühle geschaut, die Schmerzen ausgehalten, geboxt, getrommelt und etliche Dinge mehr gemacht, damit mein übervolles Fass an Emotionen wieder ein bisschen leerer wird.

Und nun leitet mich das Universum, bringt mich wieder an Orte, wo wir gemeinsam mit Emilia waren. Und das Universum hat schon einen eigenen Humor:

Nina kommt am Abend nach der Heimstunde der Pfadfinder nach Hause, verschwindet zum Duschen ins Bad und dann gleich in ihr Zimmer. Mit fällt gar nicht wirklich etwas auf, erst als ich ihr Gute Nacht sage, merke ich, dass etwas anders ist. Nina ist ein besonders starkes Mädchen. Sie erzählt mir dann aber doch, dass sie bei den Pfadfindern eine Meinungsverschiedenheit mit einem Jungen hatte und dieser sie mit dem Ellenbogen in den Bauch geboxt hat. Ich schaue mir ihren Bauch an und kann immer noch einen roten Abdruck erkennen. Das löst bei mir das volle Programm aus: O mein Gott, mein Kind ist verletzt, ich will es nicht verlieren. Es ist ungefähr 21 Uhr und ich schreibe meiner Freundin, die Kinderärztin ist, um zu erfahren, ob wir Nina im Krankenhaus untersuchen lassen sollen.

Diese Entscheidung wollte ich die Ärztin treffen lassen, denn keine zehn Pferde bringen mich freiwillig nach ca. 1,5 Jahren wieder ins Kinderkrankenhaus. Dort habe ich den Körper meiner Tochter zurückgelassen. Die Angst, dass ich dort noch ein Kind lasse oder etwas Schreckliches passiert, ist groß. Zudem stehe ich ungefähr einen Monat vor der Geburt von Felix.

Wir fahren ins Krankenhaus und es ist glücklicherweise nicht viel los um diese Uhrzeit. Nach einer kurzen Untersuchung und Blutabnahme steht fest: Wir bleiben über Nacht im Krankenhaus, da erst am nächsten Tag eine Ultraschalluntersuchung möglich ist.

Und dann kommt der Moment, wo Nina und ich unser Zimmer betreten und ich fühle mich schlagartig an den Abend des 5. April 2016 zurückversetzt. Das Zimmer ist identisch mit jenem, wo wir uns alle gemeinsam von Emilia verabschiedet haben. Ich lasse mir nichts anmerken und kümmere mich um Nina. Später – vor dem Einschlafen – sprechen wir noch über jene Nacht, als wir auch gemeinsam in so einem Zimmer gewesen sind.

An Schlaf ist bei mir jedoch nicht zu denken. Ich nehme mein Handy und tippe meine Gedanken und Gefühle hinein. Tränen der Erinne-

rung und des Schmerzes fließen über meine Wangen, während neben mir meine Tochter tief und fest schläft. In so einem Bett bin ich das letzte Mal mit Emilia gelegen und Robert und ich haben mit ihr gekuschelt, als wäre es das Normalste auf der Welt.
Irgendwann ist diese Nacht zu Ende und wir warten auf die Untersuchung am Morgen. Zu unserer Erleichterung ist bei Nina alles in Ordnung. Auf dem Weg zum Frühstücksraum kommen wir an offen stehen Zimmertüren vorbei. Ich sehe Kleinkinder in Gitterbetten und es sticht in meinem Herzen, weil auf einmal der Gedanke hochkommt, wie es wohl mit Emilia nach ihrer Herzoperation auf der Station gewesen wäre. Doch so weit ist es nie gekommen. Ich denke, Emilia hat uns allen die Operation erspart.

Wenn wir etwas verlieren, suchen wir es. Im Trauerprozess suchen wir einerseits tatsächlich den Menschen (Gesichter von Menschen auf der Straße erinnern uns an unsere Lieben), aber auch gemeinsame Gewohnheiten, Orte und Erinnerungen.
Der Fokus in dieser Phase liegt auf der Vergangenheit und dem, was man verloren hat. Dadurch wird der Verlust nochmals sehr deutlich, auch Suizidgedanken können in dieser Phase vorkommen. Bei einem Online-Termin mit Karin – ihr Sohn ist mit Mitte 30 nach schwerer Krankheit verstorben – erzählte sie uns, dass sie gar nicht mehr wisse, in welcher Welt sie sich wohler fühle. In der ihres Sohnes oder in dieser Welt. Ihr ganzer Körper und ihr Gesicht spiegelten den Schmerz und die Trauer wider. Sie war verzweifelt, weil sich auch die Beziehung zu ihrem Mann sehr verschlechtert hat nach dem Tod des gemeinsamen Kindes. Sie beschrieb es so, dass jeder vor sich hinlebt und versucht, die Tage zu überstehen. Reden könne sie nicht mit ihrem Mann, er sei zu beschäftigt mit seiner eigenen Trauer. Wir erzählten Karin von den Trauersymptomen und den Phasen und stellten ihr ein paar Fragen, zum Beispiel, wie sich ihre Trauer im Laufe der Zeit ver-

ändert habe, was ihr bisher Kraft gegeben habe, weiterzumachen und womit sie sich gerne beschäftige, und ließen uns von den wunderbaren Zeichen berichten, die ihr ihr Sohn aus dem Himmel geschickt hat. Irgendwann erhellte sich Karins Gesicht: „Es tut so gut, dass ihr mir zuhört, ihr habt so viel Geduld und fragt mich so wichtige Fragen. Schön, jemanden zu haben, der für mich da ist. Es geht mir jetzt schon viel besser." Wir haben Karin auch eine kleine Hausaufgabe gegeben, nämlich, dass sie am nächsten Tag im nahe gelegenen Wald eine Runde spazieren gehen soll. Am nächsten Tag berichtete sie darüber in einem Post in unserer Facebook-Gruppe für verwaiste Eltern: „Ich fühle mich, als wäre eine Glasscheibe zwischen der Trauer um meinen Sohn und mir und sie trennt mich auch von meiner Lebendigkeit. Im Einzelgespräch gestern Abend wurde mir bewusst, dass meine emotionale Isolation entstand, weil ich mich meiner Trauer nicht stellen mag. Ich habe Angst, diese Schmerzen nicht mehr zu ertragen. Danke an euch zwei, die ihr mir mit sinnvollen Anregungen den Weg in die Trauer, der wiederum der Weg ins Leben ist, bewusst gemacht habt. Ich werde heute die ersten Schritte machen. Ich werde euch davon schreiben, dass ich mich nicht so alleine fühle." Dazu schickte Karin das Bild einer Meerjungfrau, die in einer Glaskugel sitzt. Wir nahmen Karin in den folgenden Wochen in unserer Gruppe viel gelöster wahr, sie brachte sich aktiv ein bei Fragen anderer Mitglieder und schrieb an anderer Stelle: „Ich kann mich meiner Trauer stellen, wenn ich meinen Schmerz aufschreibe. Außer in dieser Gruppe gibt es für mich keinen Ort, wo ich darüber sprechen mag. Beim Mitteilen kann ich weinen. Die Tränen warten, geweint zu werden. Ich weiß, ich muss mir Trauerräume schaffen, nicht immer verdrängen."
Weil das Umfeld „nicht in der Wunde stochern möchte" und auch keinen Schmerz mehr aufrühren will, wird man einige Zeit nach dem Verlust häufig nicht mehr auf die Trauer angesprochen. Die

verstorbenen Kinder werden im wahrsten Sinne des Wortes totgeschwiegen. Wenn die Initiative von den Eltern ausgeht und sie über ihr Kind sprechen möchten, weil es ja nach wie vor zum Leben der Eltern dazugehört, merken sie oft, dass das Thema gewechselt oder mit Floskeln geantwortet wird, die nicht weiterhelfen. So entsteht die Situation, dass es trauernden Eltern irgendwann oft nicht mehr möglich ist, mit Freunden oder Bekannten über ihr Kind zu sprechen.
Stefan aus unserem Seelen-Kreis hat es bei einem Gruppentreffen so formuliert: „Richtig reden kann man eigentlich nur mit jemandem, der auch den Tod eines eigenen Kindes erlebt hat. Nur von solchen Menschen fühle ich mich verstanden, alle anderen haben wenig bis keine Ahnung, wie es uns geht und was wir täglich durchmachen."
Die Phase des Suchens und Sich-Trennens ist die längste der vier Phasen. Und häufig kommt diese nochmals sehr intensive Phase zu einem Zeitpunkt, an dem das Umfeld oftmals wieder zur „Normalität" übergeht. Die trauernde Person ist ruhiger geworden und scheint wieder klarer denken zu können. Die begleitenden Freunde oder Angehörigen ziehen sich möglicherweise schon wieder zurück mit den Hilfsangeboten. In dieser Phase können wir uns sehr alleine und einsam fühlen. Und wir setzen uns mit der Vergangenheit auseinander, was sehr schmerzt, da wir diese nie wieder in der gewohnten Form haben werden.
In der Phase des Suchens, Findens und Sich-wieder-Trennens trifft der Trauernde oft die innere Entscheidung, ob er in der Trauer bleiben möchte oder ob er wieder bereit ist für das Leben.
Diese Phase dauert einige Wochen bis zu mehreren Jahren.

Was in dieser Phase guttut

- Es darf über alles aus der Vergangenheit gesprochen werden.
- Geduld, Zeit lassen, da sein
- Hilfe anbieten
- alle Gefühle ernst nehmen, die bei den Erzählungen auftauchen
- nicht darauf drängen, den Verlust zu akzeptieren
- intensive Begleitung bei suizidalen Gedanken (Psychologische Begleitung)
- Ansätze der Neuausrichtung unterstützen
- Ätherische Öle: Lavendel fein (Lavandula angustifolia) wirkt anregend und beruhigend und führt uns somit in unsere Mitte zurück, gutes Öl zum Einschlafen, klärt auch Gedanken und Ängste; Orange (Citrus sinensis) wirkt beruhigend, erfrischend und die Stimmung hebend, weckt neuen Lebensmut; Vanille (Vanilla planifolia) kann trösten und bei Traurigkeit helfen, wirkt auch schlaffördernd und zugleich stimmungsaufhellend.

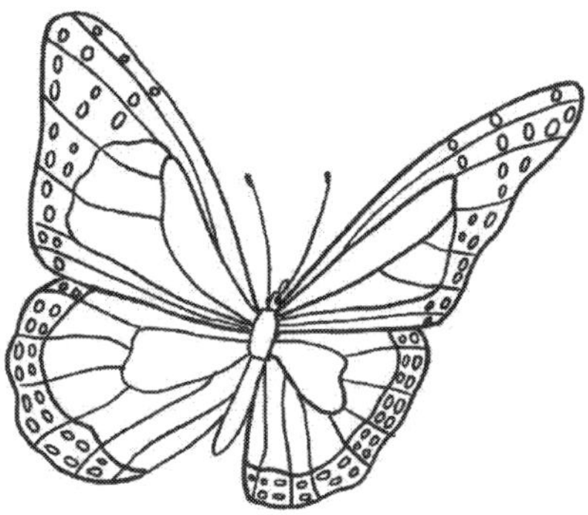

Vierte Phase: Neuer Selbst- und Weltbezug

März bis Dezember 2017: Meine Welt, mein Weltbild verändert sich total. In dem geschützten Bereich des Mentorings, gemeinsam mit gleichgesinnten Männern, erlebe ich Dinge, die ich vorher nicht für möglich gehalten habe. Früher dachte ich bei „Männerrunden" an so etwas wie im Film „Der bewegte Mann". Auch dieses Bild hat sich komplett gewandelt. Es ist unbeschreiblich bereichernd für mich, mit anderen Männern im Kreis zu sitzen und mich über meine und die Erkenntnisse der anderen zu unterhalten, die immer etwas mit mir zu tun haben.

In jedem neuen Kursmodul werde ich gefühlt ein großes Stück „kompletter". Ich erfahre den Grund, warum meine geliebte Tochter Emilia diese Welt wieder verlassen hat. Ich bekomme die Antwort, was sie für mich hinterlassen hat. Ich spüre es ganz tief in mir drin, genauso, wie ich meine Tochter bei verschiedenen Übungen und Meditationen spüre.

Im Abschlussmodul wird jedem Mann von unserem Mentor sein ganz persönliches Talent mitgeteilt. Ich komme als erster an die Reihe. Es hebt mich voll von den Socken: Lebensfreude in die Welt bringen!

Meine Tochter hat mir ihr ganzes Leben lang gezeigt, was es heißt, Lebensfreude zu haben. Und dieses „Talent" ist einerseits die totale Verbindung zu meiner verstorbenen Tochter, andererseits eine Aufgabe, die sie mir auf Erden hinterlassen hat.

Manchmal habe ich den Gedanken: Das sind aber verdammt große Schuhe! Lebensfreude auf die Erde bringen! Aber ich bin ja nicht allein, ganz im Gegenteil. Bei vielen Jenseitskontakten kommen meine Großväter und Großmütter und bekräftigen ihre Unterstützung aus der Geistigen Welt. (Ich weiß, für einige hört sich das sicherlich sehr spooky an.) Eine ganze Mannschaft steht hinter mir, und in der ersten Reihe steht meine Tochter Emilia! Ich brauche ihnen nichts zu beweisen, die kennen mich eigentlich alle viel besser als ich mich selbst. Und davonlaufen kann ich auch nicht vor ihnen, denn egal, wohin ich auch flüchte, sie sind schon dort! Also mache ich mich auf meinen Weg.

Mai bis Dezember 2020: Gottes Wege sind unergründlich ... Dieser Satz fällt mir ein, als ich überlege, was sich seit Emilias Tod alles für mich geändert hat. Vor ungefähr zwei Jahren habe ich ein Angebot für die Übernahme einer großartigen Firma bekommen. Wir haben uns eineinhalb Jahre intensiv darauf vorbereitet und dann hat es zu zwicken begonnen, wie man so schön sagt. Zu dieser Zeit waren wir schon in einem Online-Coaching, um die Produkte dieser Firma besser vermarkten zu können.

In einem Zoom-Call klagen wir unser Leid, dass wir gerade nicht weiterwissen, weil uns der Eigentümer aufgrund der Wirren um Corona die Firma zum damaligen Zeitpunkt (Mai 2020) nicht verkaufen möchte. Wir sehen unsere Zukunft wie ein Kartenhaus einstürzen, weil wir uns wirklich auf die Weiterführung gefreut hätten. Und was sagt unser Coach: „Wie großartig ist es denn, dass das Produkt umfällt und ihr beide zum Vorschein kommt. Endlich seid ihr zu sehen." Damit haben wir wirklich nicht gerechnet. Wir beschäftigen uns mit unserer neuen beruflichen Ausrichtung, betrachten unser Leben: unsere Heldenreise, welche Werte wir haben, was uns Spaß macht zu tun und natürlich auch, was gebraucht wird von den Menschen. Und dann war es ganz klar da: Wir haben es erlebt, wir haben es überlebt, wir sind daran gewachsen und haben uns weiterentwickelt – wir begleiten trauernde Eltern.

Zunächst trauen wir uns das gar nicht laut auszusprechen. Als wir es dann doch im nächsten Gruppen-Call des Coachings mitteilen, bekommen wir so wunderbare Rückmeldungen, dass wir uns nun auch von außen bestätigt fühlen: Ja, das ist unser Herzens-Weg.

Nach der Ausbildung zur Trauerbegleiterin, unzähligen gelesenen Büchern und dem Reflektieren des eigenen Weges ist es also seit Kurzem so weit. Es bereichert und beseelt mich, zu sehen, wie sich Menschen während eines Gesprächs verändern können. Wie sie sich öffnen, wenn sie Vertrauen haben, ihre Sorgen und Nöte absolut ernst genommen werden und wir ihren Schmerz aushalten können. Es erfüllt mich mit Glück, dass ich nun diesen Weg gehen kann. Ich bin in Frieden mit mir und dem Tod von Emilia. Trotzdem gibt es immer noch Momente – früher waren es Stunden oder Tage –, wo es einfach schmerzt, dass Emilia körperlich nicht mehr in unserer Familie anwesend ist. Mein Herz ist mit Emilias Tod gebrochen, es hat gedauert, bis es wieder geheilt ist, und die Narbe wird mich mein Leben lang begleiten. Es liegt an mir, wie ich damit umgehe. Ich denke, ich bin auf einem guten Weg.

Am Ende der Reise kehrt Ruhe und Frieden ein. Spätestens in dieser Phase ist es uns wieder möglich zu lachen, ohne Schuldgefühle zu haben. Wir haben den Schmerz hinausgeschrien, Schuldgefühle verarbeitet und blicken Richtung Zukunft. Diese wird auch wieder als sinnerfüllt und freudvoll wahrgenommen. Eventuell wenden wir uns Hobbys zu, die wir als Kind schon gerne hatten, oder wir machen etwas aus unserer schmerzhaften Erfahrung. So zum Beispiel Gerlinde, deren Sohn vor zwölf Jahren als Achtjähriger nach einer Krankheit verstorben ist. Sie leitet heute eine Trauergruppe für verwaiste Eltern in dem Ort, in dem sie lebt. Durch ihre Erfahrung hilft sie anderen Müttern dabei, dass sie wieder ins Leben zurückfinden können.
Oft erkennen wir auch einen Sinn im vorzeitigen Heimgang unseres Kindes. Uns ist bewusst geworden, dass unser Weg ohne diesen schrecklichen Verlust nicht so verlaufen wäre und uns unser verstorbenes Kind immer begleitet.
Diese Phase dauert einige Wochen bis zu mehreren Jahren.

Was in dieser Phase guttut

- für Rückfälle sensibel sein
- akzeptieren, dass man als Begleiter nicht mehr gebraucht wird
- Neues akzeptieren
- Ätherische Öle: Rose (Rosa damascena), Herzöffner, wirkt stabilisierend, ausgleichend, Kummer kann losgelassen werden; Rosengeranie (Pelargonium graveolens) wirkt ausgleichend, stimmt friedlich, man kann wieder mehr „rosa" sehen; Zitrone (Citrus limon) macht einen klaren Kopf, fördert die Konzentration, reinigt die Luft, wenn Schwere empfunden wird.

Tagebuch schreiben

Im Trauerprozess kann uns ein Tagebuch ein lieb gewonnener Begleiter werden, denn es nimmt all deine Gedanken und Gefühle auf, die im Moment des Schreibens da sind, ohne zu fragen und zu werten. Alles, was du dazu brauchst, ist ein kleines Notizbuch, das sich für dich gut anfühlt und in das du gerne hineinschreibst. Ein Stift, der gut in deiner Hand liegt und flüssig schreibt, ist auch von Vorteil.

In der Trauer haben wir nicht immer jemanden an unserer Seite, der sich unseren Kummer und unsere Sorgen anhören möchte. Je länger der Tod unseres Kindes zurückliegt, desto schwieriger wird es, Gesprächspartner zu finden. Hier kann ein Tagebuch eine große Stütze sein.

Du kannst dein Tagebuch auch auf dem Computer schreiben.

Was du mit der Hand aufschreibst, wird jedoch in deinem Gehirn ganzheitlicher verarbeitet.
Dem Tagebuch kannst du alles anvertrauen, was dich gerade beschäftigt:

- deine Gefühle
- die Leere in dir
- Gedanken an schöne Erinnerungen
- Situationen, die dich belasten
- Erinnerungen an dein verstorbenes Kind: Wie hat es ausgesehen? Was hat es gerne gemacht? Wie hat es gesprochen bzw. gelacht? Was hat es gerne gegessen? Was war seine Lieblingsbeschäftigung? Was hat dich geärgert?

Du kannst auch kreativ werden und deine Gefühle zeichnen oder Bilder einkleben. Es steht dir völlig frei, wie du mit dem Tagebuch arbeiten möchtest. Du kannst dich täglich hinsetzen und ein paar Minuten schreiben oder du kannst es dann zur Hand nehmen, wenn dir gerade danach ist.
Achte auch auf deine Stimmung, wenn du schreibst. Verändert sich etwas in dir? Kommen dir die Tränen? Möchtest du schreien? Lass alles zu, was gerade aus dir herausmöchte.
Achte auch gut darauf, wie es dir nach dem Schreiben geht: Fühlst du dich leer, besser oder schlechter? Alles darf sein, jedoch solltest du gut auf dich schauen. Wenn die schlechten Phasen überwiegen und du dich mehr und mehr in ein schwarzes Loch hineinschreibst, hol dir Unterstützung. Das können gute Freunde, eine Selbsthilfegruppe oder eine professionelle Begleitung sein, je nachdem, wo du gerade stehst.
Sehr hilfreich und wichtig ist es, dass du dir die schönen Dinge vor Augen hältst und auch notierst, wenn dir etwas gelungen ist, du

etwas Neues ausprobiert hast oder einfach dankbar bist für dein Kind. Dass es ein paar Stunden, Tage, Monate oder Jahre hier auf Erden mit dir gemeinsam gewesen ist und auch jetzt immer noch mit dir verbunden ist.
Überlege dir auch gut, zu welcher Tageszeit du gerne schreiben möchtest. Vielleicht fühlt sich für dich der Morgen gut an, weil du dann gut in den Tag starten kannst. Oder du bringst deine Zeilen am Abend zu Papier und schreibst dir alles, was dich belastet, von der Seele. Dadurch kannst du vielleicht mehr Ruhe und Entspannung in der Nacht finden.
Nach ein paar Wochen oder Monaten kannst du einmal zurückblättern und schauen, wie sich dein Trauerprozess entwickelt hat. Wenn du magst, lies dir deine Zeilen laut vor. Falls dir deine Stimme wegbricht, weil die Gefühle wieder hochsteigen, lass die Tränen zu und lies dann weiter. Spüre die Kraft, die dadurch möglich ist. Ganz Mutige lesen ihr Tagebuch ihrem Partner oder einer anderen vertrauten Person laut vor. Das kann eine ganz besondere Verbindung schaffen.

Unsere lieben Toten

sind nicht gestorben,

sie haben nur aufgehört,

sterblich zu sein.

Ottokar Kernstock

Was in der Trauer „zu tun" ist

Die Aufgaben im Trauerprozess

nach J. William Worden

Neben den Modellen, die den Trauerprozess mithilfe von Phasen beschreiben, gibt es Modelle, die den Trauerweg anhand von sogenannten Traueraufgaben nachzeichnen. Diese Herangehensweise über Aufgaben, die zu bewältigen sind, legt den Fokus darauf, dass wir aktiv etwas tun können, um in unserem Prozess voranzuschreiten. Denn oft fühlen wir uns nach dem Tod unseres Kindes hilflos und wissen gar nicht so recht, was wir tun können, um den Schmerz zu lindern.

Wie auch beim Modell der Trauerphasen ist es wichtig zu beachten, dass es keine feste Abfolge gibt und dass es möglich ist, sich mit mehreren Aufgaben gleichzeitig zu befassen.

Wir wollen hier das Modell von J. William Worden beschreiben. Die Begründerin der Familientrauerarbeit in Deutschland, Mechthild Schroeter-Rupieper, ergänzt das Modell von Worden noch um eine Facette, die auch bei uns direkt nach dem Tod von Emilia sehr präsent war: das Funktionieren.

Aufgabe 1: Funktionieren – „die Männerdomäne"?

April 2016: Am Morgen nach Emilias Tod wache ich auf. Ich habe zwar gut geschlafen, fühlte mich aber alles andere als ausgeruht. Ich gehe in Emilias Zimmer, als müsste mein Verstand kontrollieren, ob das von gestern Abend auch wirklich passiert ist und nicht ein ganz mieser Albtraum war. Leider kein mieser Albtraum, alles Wirklichkeit. Ihr Bett ist leer, genauso leer wie ich.
Nachdem mein Verstand alles fassen konnte (was mein Bauch schon lange gewusst hat), ändert sich etwas in mir.
Mein Ich hat auf „Funktionieren" umgestellt und gleichzeitig ist mir alles egal. Hätte ich früher eine Tasse Tee ausgeschüttet, hätte ich mich sehr geärgert. Heute ist alles egal. Selbst wenn meine Lieblingstasse durch meine Schuld kaputtgehen würde, wäre das egal. Alles egal.
Und trotzdem mache ich weiter wie gewohnt. Das „wie immer" gibt mir Halt und Sicherheit. Da weiß ich, was ich tue, tun muss.
Und schließlich bin ich der Mann im Haus, der „Ernährer". Wenn ich jetzt auch „wegbreche", dann ist meine ganze Familie dran.
Also funktioniere ich. Ich stütze meine Frau, wo ich nur kann. Ich mache alles wie gewohnt, um für alle da zu sein.

April 2016: Nach Emilias Tod ist viel zu tun. Wir haben ja noch kein Familiengrab oder uns vorher jemals überlegt, wo wir bestattet werden wollen. Dass eines unserer Kinder den Ort für unsere letzte Ruhestätte festlegen könnte, war für uns überhaupt nicht im Bereich des Möglichen. Also suchen wir im nahe gelegenen Waldfriedhof einen geeigneten Platz für Emilia – besser gesagt, Emilia führt meine Schwester dorthin, als sie gleich am nächsten Morgen eine Runde über den Friedhof geht. Der Friedhof ist in zwei Teile

geteilt und durch eine Straße getrennt. Fast 20 Jahre fahre ich auf dieser Straße, jedes Mal, wenn ich meine Eltern oder Schwiegereltern besuche. Auf dem Friedhof selbst war ich am 6. April 2016 zum ersten Mal in meinem Leben.
Und es geht weiter: Formalitäten mit der Friedhofsverwaltung erledigen, einen Bestatter suchen, überlegen, wie die Beerdigung ablaufen wird, und natürlich auch viele Menschen verständigen, dass Emilia nicht mehr lebt, endlose Telefonate führen, Spaziergänge zum zukünftigen Grab, Menschen zum Begräbnis einladen, ein Lokal für die Zehrung suchen und noch so vieles mehr. Trotz der vielen Aufgaben, die zu bewältigen sind, fühle ich mich immer getragen und geführt. Es sind auch immer Menschen um uns herum, die uns mit Essen versorgen oder mit mir zum Friedhof gehen. Ich fühle in diesen drei Tagen zwischen Emilias Tod und ihrem Begräbnis die Trauer noch gar nicht so sehr. Ich funktioniere einfach und tue die Dinge, die zu tun sind. Einmal erkläre ich einer Freundin, die auf einmal furchtbar weinend in unserem Vorzimmer (Flur) steht, ganz sachlich, dass es uns gut gehe, wir auch lachen und nicht nur weinend am Boden liegen würden. Zu dem Zeitpunkt weiß ich nicht, dass wir auch das noch tun werden.

Gerade in der ersten Zeit nach dem Verlust gibt es viel zu erledigen. Wir fallen in ein Tun hinein, um Organisatorisches und notwendige Alltagserledigungen abzuarbeiten. Manche funktionieren auch, um die Betreuung und Versorgung der restlichen Familie, zum Beispiel der Geschwisterkinder, zu gewährleisten. Eine Zeit lang einfach zu funktionieren und die Ordnung in der Familie aufrechtzuerhalten, kann gerade am Anfang des Trauerprozesses sehr wichtig sein. Dadurch steigen wir noch nicht so intensiv in den Trauerprozess ein.
Aber wir dürfen dabei unsere eigenen Bedürfnisse nicht vergessen. Wir brauchen beide Seiten: die Stabilität des Funktionierens,

denn es ist kein Stein auf dem anderen geblieben nach dem Tod unseres Kindes. In diesen automatisch ablaufenden Phasen des Funktionierens genehmigen wir uns eine Auszeit vom intensiven Trauerprozess. Andererseits ist es natürlich wichtig, auch in der Trauerarbeit seine „To-dos" zu erledigen, um eines Tages wieder in ein gutes Leben zurückfinden zu können.
Manchmal sagen Eltern von sich, dass sie das Glück hatten, nicht funktionieren zu müssen. Als ihr einziges Kind ganz plötzlich im Haus von Jennifers Mama starb, blieben Jennifer und Adam für die nächsten drei Wochen dort. Im Auffangnetz der Familie überlebten sie einfach Tag für Tag die Katastrophe. Die beiden waren froh, dass die Tanten und die Oma sich um alles Formelle gekümmert haben und sie sich nur auf sich konzentrieren konnten.

Einfach zum Nachdenken – „Funktionieren"[5]

Nimm dir Zeit für dich und suche dir einen ruhigen Ort, an dem du dich wohlfühlst. Achte darauf, dass du in den nächsten 15 bis 20 Minuten nicht gestört wirst. Bereite dir gerne auch noch ein Getränk zu, auf das du gerade Lust hast. Wenn du magst, kannst du Entspannungsmusik einschalten. Nimm einen Stift und Papier oder gerne auch ein schönes Notizbuch. Zünde dir eine Kerze an, wenn dir danach ist.
Nimm ein paar tiefe Atemzüge und schiebe die Gedanken, die gerade da sind, liebevoll weiter. Wenn du bei dir angekommen

---

5 Inspiriert von Mechthild Schroeter-Rupieper, Praxisbuch Trauercafé. Grundlagen und Methoden, Ostfildern ^{2}2020, S. 14f.

bist, lies die Fragen und schreibe das auf, was als Erstes in deinen Kopf kommt. Tausche dich im Anschluss gerne mit deinem Partner/deiner Partnerin oder einer anderen vertrauten Person aus.

- Funktionieren in der Anfangszeit: Wie ist es dir dabei ergangen?
- Welche Emotionen hattest du in der Zeit kurz nach dem Tod deines Kindes?
- Welche Gefühle kommen bei dir hoch, wenn du an das „schwarze Loch" denkst?
- Wann hast du bewusst begonnen, um dein Kind zu trauern?
- Für wen hast du deine eigene Trauer bewusst zurückgestellt, um diese Personen zu unterstützen?

Unserer Erfahrung nach ist es sinnvoll, sich diese Fragen öfter zu stellen und die Antworten mit Datum zu versehen, um im Nachhinein Veränderungen erkennen zu können.

Aufgabe 2: Den Verlust als Realität akzeptieren

5. April 2016: Dass Emilia nicht mehr lebt, also tot ist, begreife ich, als Ulla mir unsere Prinzessin im Schockraum übergibt. Ich weiß sofort, dass ein weiteres „Wunder" ausbleibt. Also, mein Verstand hat es begriffen, was es für mich heißt, weiß ich noch nicht. Wie eine Maschine, die nur zwischen null und eins unterscheiden kann, fällt für mich die innere Entscheidung auf „null": aus, Ende, vorbei.

5. April 2016: Robert und ich liegen mit Emilia im Bett des Krankenhauses und kuscheln. Noch sind wir alleine im Zimmer und ich versuche, noch einmal alles von Emilia in mir aufzusaugen: ihr Gesicht, ihre Haare, ihren Geruch. Kurze Zeit später kommen Nina und meine Schwester ins Zimmer. Sie bringen auch die Kleider mit, die Emilia auf ihrer letzten Reise tragen soll. Robert und ich wickeln unsere Maus aus der Decke und ich will ihr das rosa Shirt mit dem Hund auf der Vorderseite anziehen. Da merke ich, dass ich ihre Arme nicht mehr so leicht bewegen kann wie sonst. Emilia wird starr. Es ist ein Schock für mich, aber in dem Moment begreife ich im wahrsten Sinne des Wortes, dass sie wirklich tot ist. Denn ansonsten sieht sie aus, als würde sie friedlich schlafen.

Die Tatsache zu akzeptieren, dass eine geliebte Person tot ist und nicht zurückkehren wird, steht ganz zu Beginn des Trauerprozesses. Wir müssen den Verlust begreifen, um trauern zu können. Es ist deshalb durchaus hilfreich, die verstorbene Person noch einmal zu sehen und auch anzufassen, also das Geschehene sinnlich nachzuvollziehen, damit auch der Verstand begreifen kann.
Auf der emotionalen Ebene dauert die Verarbeitung viel länger: das Bett und der Platz am Tisch sind leer, das Spielzeug wird nicht mehr verwendet, die Schultasche nicht mehr gebraucht oder es kommen keine Anrufe mehr. Vor allem an den Festen wie Ostern, Weihnachten oder an Geburtstagen wird der Verlust in einer weiteren Facette begriffen und auch wieder betrauert. Margit erinnert sich an den Anfang ihres Trauerweges zurück und meint: „Manchmal ist es trotzdem unbegreiflich und ich will das nicht wahrhaben, auch wenn ich schon mit der Diagnose begriffen habe, dass wir unseren Sohn verlieren werden."
Die gute Nachricht in diesem schmerzlichen Prozess ist, dass wir Menschen Gewohnheitstiere sind, die sich an die geänderte Situ-

ation gewöhnen können, wenn wir die schmerzhaften Momente bewusst durchleben.

Einfach zum Nachdenken – „Begreifen“[6]

Suche dir einen ruhigen Ort, an dem du dich wohlfühlst. Achte darauf, dass du in den nächsten 15 bis 20 Minuten nicht gestört wirst. Bereite dir gerne auch noch ein Getränk zu, auf das du gerade Lust hast. Wenn du magst, kannst du eine Entspannungsmusik einschalten. Nimm einen Stift und Papier oder gerne auch ein schönes Notizbuch, in das du deine Gedanken hineinschreiben kannst. Zünde dir eine Kerze an, wenn dir danach ist.
Nimm ein paar tiefe Atemzüge und schiebe die Gedanken, die gerade da sind, liebevoll weiter. Wenn du bei dir angekommen bist, lies die Fragen und schreibe auf, was als Erstes in deinen Kopf kommt. Tausche dich im Anschluss gerne mit deinem Partner/deiner Partnerin oder einer anderen vertrauten Person aus.

- ♥ Zu welchem Zeitpunkt hast du begriffen, dass dein Kind sterben muss?
- ♥ Was hat dich dabei unterstützt, diesen Verlust zu begreifen?
- ♥ Wer oder was hat dir geholfen, den Verlust zu akzeptieren?
- ♥ Haderst du mit deinem Schicksal bzw. mit den Umständen beim Verlust deines Kindes? Wenn ja, inwiefern?
- ♥ In welchen Situationen in deinem Leben verdrängst du den Tod deines Kindes noch?

---

[6] Inspiriert von Schroeter-Rupieper, Praxisbuch Trauercafé, S. 16f.

Unserer Erfahrung nach ist es sinnvoll, sich diese Fragen öfter zu stellen und die Antworten mit Datum zu versehen, um im Nachhinein Veränderungen erkennen zu können.

Aufgabe 3: Den Schmerz verarbeiten

Frühling 2016: Seit ich denken kann, ging es in meinem Leben immer um Arbeit und Leistung; darum, etwas aufzubauen, damit es mir und meiner Familie gut geht. „Es gibt immer was zu tun!", heißt es doch so schön in der Hornbach-Werbung ...
Auch meine Erziehung war so geprägt. Ich habe nie gelernt, auf meine Gefühle zu schauen. Auf die Idee, etwas an meinem Verhalten zu verändern, komme ich erst mal nicht. Warum auch? Ich wende diese „Strategie" ja schon sehr erfolgreich mein gesamtes Leben an. Never change a winning team! Aber von einem „winning team" bin ich meilenweit entfernt. Ich arbeite um der Arbeit willen, tue es für meine Familie, ich bin ja ein „harter Hund", der schafft das. Ich verhalte mich wie immer, nur ja nichts ändern. Wer weiß, wohin mich das sonst führen könnte. Das letzte Mal, als sich was geändert hat, ist gleich meine Tochter gestorben. Solche Gedanken jagen durch meinen Kopf und verhindern supereffektiv meinen Trauerprozess bzw. den Schritt in die Trauerverarbeitung.
Ich erlebe meine Tage in einem Mantel von Gleichgültigkeit. Mein Umfeld vermeidet es, mich auf den Tod von Emilia anzusprechen. Anscheinend sieht man es mir schon von Weitem an, dass da eine Hülle durch die Gegend wandelt. Niemand „will da ein Fass aufmachen". Viele meiner Nachbarn drehen sogar auf der Straße um, wenn sie mich oder Ulla mit dem Hund spazieren gehen sehen. Das ärgert und verwundert mich gleichzeitig, denn ich war immer der Meinung, dass wir eine gute Nachbarschaft haben.

Ich beginne, meinen Schmerz zu verarbeiten, als ich mit „meiner" Kinesiologin im Kurpark von Bad Hall stehe und über die Dinge rede, die mich beschäftigen. Meistens sind es Belanglosigkeiten, die ich ihr erzähle, aber zu meinem großen Glück kennt mich diese Freundin. Mit ein paar Fragen sind wir an des Pudels Kern, wie man so schön sagt. Es ist, als ob sie jedes Mal den wunden Punkt trifft, das, was ich normalerweise unter allen Umständen verstecken will, wo ich nicht anders kann, als zu heulen.
Ich könnte zwar Tag und Nacht heulen, so weh tut es. Aber ich verbiete es mir einfach. Niemand darf mich so sehen, so verletzlich, so klein, so elend. Niemand! Aber im Kurpark lasse ich meinen Tränen freien Lauf. Nach jeder Sitzung fühle ich mich einfach nur leer. Das fühlt sich ruhig, unaufgeregt und sehr gut an.

Frühsommer 2016: Ich stehe mit nackten Füßen in einem Bach in einem Wald. Neben mir steht meine Kinesiologin und hält mir die Stirnpunkte (zur Erklärung siehe die Übung „Positive Punkte", S. 31). Sie ermutigt mich, meine Gefühle zuzulassen, wenn ich daran denke, dass Emilia nie Mama zu mir sagen wird, dass sie mir nie entgegenlaufen wird, dass ich sie nie in den Kindergarten oder in die Schule bringen werde, dass mir alle Feste mit ihr fehlen werden. Zu Beginn versuche ich, mich nicht wirklich auf die Übung einzulassen, aber Uschi merkt das ganz schnell und bohrt weiter mit ihren Fragen. Wie ein Stachel in der offenen Wunde. Es tut höllisch weh, körperlich und seelisch. Es schnürt mir die Kehle zu und die Tränen laufen mir über die Wangen. Innerlich verfluche ich Uschi dafür, dass sie mir diese Schmerzen antut. Aber am Ende, als ich mich wieder beruhigt habe, ist es ruhiger in mir. Ich habe mich getraut und meinem Schmerz ins Auge geschaut.

Körperlicher und seelischer Schmerz gehören in der Trauer dazu. Die Wucht der Emotionen trifft uns oft völlig unvorbereitet. Diesen Schmerz zuzulassen und hindurchzugehen, ist eine wichtige Aufgabe. Für uns gehört die Konfrontation mit dem tiefen inneren Schmerz, zunächst begleitet, dann auch alleine, zu den heilsamsten Erfahrungen in unserem Trauerprozess.

Im Austausch mit betroffenen Eltern berichten diese immer wieder über die gleiche Erfahrung: „Es ist kein schönes Gefühl, die Trauer zuzulassen. Aber wenn ich sie zulasse, ist es zwar erst mal schlimm, aber dann wird sie etwas erträglicher."

Wenn es uns nicht gelingt, den Schmerz zuzulassen, kann es sein, dass sich dieser in Symptomen oder problematischen Verhaltensweisen äußert. Schlucken wir unsere Traurigkeit dagegen hinunter, wird sie auf andere Weise wieder zum Vorschein kommen, sei es in Form einer Depression oder anderer psychosomatischer Beschwerden.

Auch Jennifer hat diese Erfahrung gemacht: „Immer wieder merke ich, wie wichtig es ist, wirklich *alle* Emotionen zuzulassen. Ich brauche diese Momente, wo ich laut schluchzend dasitze, meinen Schmerz voll lebe, ihn komplett rauslasse. Es ist wie eine Katharsis (Anm.: Reinigung) für mich! Ich fühle mich dann immer wieder etwas leichter danach. Ich weiß zwar, es hält nicht ewig an, der nächste Schub des Schmerzes wird mit Sicherheit kommen, aber für den Moment erleichtert es mich. Aber auch die Momente der Freude zuzulassen ist mir wichtig. Ich brauche sie für mein Weiterleben, sie bringen wieder ein bisschen Farbe in mein Leben. Manchmal aber unterdrücke ich den Schmerz ganz bewusst und lenke mich ganz schnell mit irgendetwas ab, denn manchmal weiß ich, dass ich es gerade nicht schaffen würde, den Schmerz zu bewältigen. Und auch das ist gut für mich. Solange ich nicht nur unterdrücke, ist es o.k. Die Balance ist wichtig."

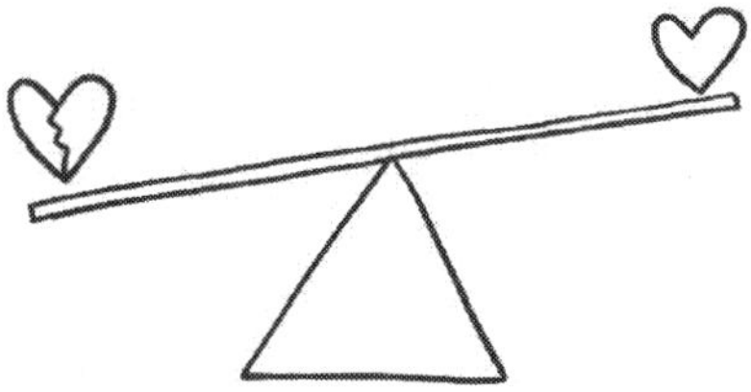

Leider lässt sich eine tückische Wechselwirkung zwischen dem sozialen Umfeld und den Trauernden beobachten: Unserem Umfeld können unsere Gefühle oder Trauerreaktionen unangenehm sein bzw. weiß es gar nicht, wie es mit uns umgehen soll.
Aussagen wie „Das Leben geht weiter", „Du bist doch noch jung", „Du musst auch wieder nach vorne schauen" oder „Du musst jetzt stark sein" sind zwar gut gemeint, aber sie können bei den Betroffenen dazu führen, dass sie die Trauer nicht zulassen, sondern meinen, sich dagegen wehren zu müssen. Oder es entstehen Gedanken wie: Ich muss mich jetzt wirklich mehr zusammenreißen, es ist jetzt schon x Monate oder x Jahre her, irgendwann muss es ja auch wieder vorbei sein.
Manche Eltern flüchten in die Empfindungslosigkeit und meinen, schmerzende Gedanken auf diese Art vermeiden zu können. Es werden nur positive Gedanken an das Kind zugelassen und reale Erinnerungen ausgeschaltet.
Eine weitere Abwehrstrategie kann sein, dass man dem Schmerz im wahrsten Sinne des Wortes aus dem Weg geht, z.B. durch ständiges Reisen, übertriebene sportliche Aktivitäten oder endloses Arbeiten.
Die Gefühle, die wir trauernde Eltern im Trauerprozess erleben, beschränken sich nicht nur auf die Traurigkeit bzw. das Weinen. Sehr oft fühlen wir auch Sehnsucht, Leere, Schuldgefühle, Niedergeschlagenheit, Einsamkeit, Ängste, Erstarrung, Sinnlosigkeit

oder haben Nachsterbegedanken. Helene nennt noch ein weiteres Gefühl, das wahrscheinlich viele Eltern kennen: „Ich empfinde Neid anderen Familien gegenüber, die noch alle ihre Kinder haben", sagt sie in einer unserer Austauschrunden.

Einfach zum Nachdenken – „Fühlen"[7]

Nimm dir auch für die Traueraufgabe „Fühlen" wieder Zeit für dich und suche dir einen ruhigen Ort, an dem du dich wohlfühlst. Achte darauf, dass du in den nächsten 15 bis 20 Minuten nicht gestört wirst. Bereite dir gerne ein Getränk zu, auf das du gerade Lust hast. Wenn du magst, kannst du eine Entspannungsmusik einschalten. Nimm einen Stift und Papier oder ein schönes Notizbuch, in das du deine Gedanken hineinschreiben kannst. Zünde eine Kerze an, wenn dir danach ist.

Nimm ein paar tiefe Atemzüge und schiebe die Gedanken, die gerade da sind, liebevoll weiter. Wenn du bei dir angekommen bist, lies die Fragen und schreibe auf, was als Erstes in deinen Kopf kommt. Tausche dich im Anschluss gerne mit deinem Partner/deiner Partnerin oder einer anderen vertrauten Person aus.

- ♥ In welchen Situationen kannst du alle deine Gefühle der Trauer leben? In welchen nicht?
- ♥ Wie hast du in deiner Kindheit deine Gefühle ausgelebt?
- ♥ In was möchtest du deinen Trauerschmerz gerne verwandeln?

---

[7] Inspiriert von Schroeter-Rupieper, Praxisbuch Trauercafé, S. 19ff.

- An welche Gefühle erinnerst du dich, die du in deiner Trauerzeit erlebt hast?

Unserer Erfahrung nach ist es sinnvoll, sich diese Fragen öfter zu stellen und die Antworten mit Datum zu versehen, um im Nachhinein Veränderungen erkennen zu können.

Aufgabe 4: Mit der Veränderung leben

Sommer 2016: Ohne meine geliebte Tochter ist das Leben zwar einfacher, aber nicht besser! Ich bemerke das in vielen Situationen in meinem Leben: Ich kann in den Nächten wieder durchschlafen, Termine vereinbaren, ohne auf die Kinderbetreuung Rücksicht nehmen zu müssen (meine erstgeborene Prinzessin ist zu dieser Zeit über zehn Jahre alt und will auch ihre Ruhe vor einem überbesorgten Vater haben), Familienausflüge unternehmen, ohne auf die Kinderwagentauglichkeit des Weges achten zu müssen, Urlaubsreisen unternehmen, die eine lange Autofahrt erfordern, und dabei nicht auf die Bedürfnisse von Babys bzw. Kleinkindern Rücksicht nehmen müssen und, und, und.
Meine innere Anpassung, also meine Wertvorstellungen, das, wie ich über das Leben denke, ändert sich sehr viel langsamer. Die Veränderung, nichts gegen den Tod meiner Tochter unternehmen zu können, habe ich in vorherigen Kapiteln schon ausführlich beschrieben. Genau diese langsame Anpassung brauche ich aber, ich bin viel langsamer als Ulla im „Begreifen", irgendetwas oder irgendwer schaut also auch in dieser Situation auf mich und führt mich. Ich brauche eben länger. Es ist eben so, wie es ist.
Dass es meiner verstorbenen Prinzessin gut geht, wo sie jetzt ist, bekomme ich sehr oft während meiner Ausbildung im spirituellen

Bereich durch Jenseitskontakte mitgeteilt. Das sagt mir Emilia direkt bzw. eine meiner Ausbilderinnen. „Sie ist heute wieder mit dir gemeinsam in unseren Vortragssaal gekommen und dabei hat sie gestrahlt, getanzt und ist sehr glücklich, dass du hierherkommst." Das ist sehr, sehr heilsam für mich. Auch in diesem Bereich gibt es Menschen, denen ich 100-prozentig vertrauen kann. Das brauche ich als Mann auch, denn schließlich ist das ein Bereich in meinem Leben, den es vor diesem schrecklichen Ereignis gar nicht gegeben hat.

Frühjahr 2016: Ich habe seit Emilias Tod tagsüber viel mehr Zeit für mich. Ich weiß zunächst nicht so viel mit dieser Zeit anzufangen und stürze mich lieber in die Arbeit. Das ist sicheres und gewohntes Terrain. Wie es in mir aussieht, will ich am Anfang noch gar nicht so genau wissen. Dass mir Emilia nicht mehr entgegenkommt, wenn ich nach Hause komme, und mir über das ganze Gesicht lachend ihre Arme entgegenstreckt, vermisse ich sehr. Manchmal frage ich mich auch, wo sie denn gerade im Haus sei, wenn ich sie nicht gleich höre. Bruchteile von Sekunden später fällt mir dann wieder schmerzlich ein, dass ich sie ja gar nicht mehr hören kann, so wie ich es gewohnt war.

Meine persönliche Veränderung, die Auseinandersetzung mit meinem Selbstwertgefühl als verwaiste Mama – bin ich überhaupt noch eine vollständige Mama, wenn mir ein Kind fehlt? – kommt viel später. Hier hilft auch mir die Begleitung durch mein enges Umfeld und durch das Frauenmentoring, das ich das ganze Jahr 2017 besuche. Auch durch Jenseitskontakte oder Channelings mit Emilia erkenne ich, dass es meine Entscheidung ist, mein Schicksal anzunehmen, und dass ich mit den veränderten Gegebenheiten immer noch das Beste aus meinem Leben machen kann. Ich weiß, dass mich Emilia immer begleitet und mich auf meinem „neuen" Lebensweg führt.

Mit Gott hadere ich nur ganz kurz. Hier hilft mir sehr, dass ich schon kurz nach Emilias Tod weiß, dass es ihre Entscheidung war, diese Inkarnation zu beenden.
Mit dem Leben nach dem Tod habe ich mich erstmals nach dem Tod meines Vaters im Jahr 1992 auseinandergesetzt. Es ist für mich seit dieser Zeit klar, dass wir nicht im kalten Grab liegen bleiben und alles aus ist, sondern dass wir als Energie weiter existieren. Meine Mama hat mir damals ein Buch von Elisabeth Kübler-Ross zu lesen gegeben. Mit dieser Lektüre habe ich auch begriffen, dass ich während einer Operation mit 14 Jahren eine Nahtoderfahrung hatte. Ich habe meinen Körper verlassen, bin über dem Operationstisch geschwebt, habe das ganze ärztliche Personal wahrgenommen und auch das berühmte helle Licht gesehen. Somit haben sich meine Glaubens- bzw. Wertvorstellungen durch Emilias Tod nicht wirklich verändert.

Nach dem Tod unseres Kindes müssen wir uns in der veränderten Umwelt zurechtfinden. Folgende Bereiche spielen dabei eine Rolle:

Umwelt bzw. Außenwelt und der Alltag (externe Anpassung)

- ♥ Es dauert oft lange, bis wir begreifen, was es heißt, ohne unser Kind zu leben.
- ♥ Der Alltag muss neu strukturiert werden.
- ♥ Freundschaften gehen verloren, der Bekanntenkreis verändert sich.
- ♥ Eventuell gibt es Veränderungen am Arbeitsplatz, neue Hobbys oder neue Bekanntschaften treten ins Leben.

„Meine Umwelt hat sich verändert. Die Menschen gehen mit mir anders um oder sie meiden mich sogar, als ob ich ansteckend wäre. Oft merke ich auch eine gewisse Hemmschwelle. Von manchen engeren Freunden und Bekannten bin ich auch ein bisschen enttäuscht, dass sie sich so zurückgezogen haben oder sich weniger melden. Andererseits habe ich auch erlebt, dass sich Bekannte, mit denen ich schon lange nichts mehr zu tun hatte, als wundervolle Freunde entpuppt haben." Mit diesen Worten beschreibt uns Jennifer ihre wahrgenommenen Veränderungen.

Selbstwahrnehmung (interne Anpassung)

- ♥ Der Verlust verändert uns als Mensch – wir sind nicht mehr „die alten".
- ♥ Der Tod kann sich auf unseren Selbstwert und unser Selbstbild auswirken.
- ♥ Wir müssen viele verschiedene Gefühle und Erfahrungen verarbeiten.
- ♥ Die Frage „Wer bin ich jetzt als verwaister Elternteil?" will beantwortet werden.

Barbara, eine verwaiste Mama aus unserem Seelen-Kreis, beschreibt ihre veränderte Selbstwahrnehmung folgendermaßen: „Ich bin ganz bestimmt ein anderer Mensch geworden. Nicht mehr so lebenslustig, etwas zurückgezogener. Und was ich vorher gar nicht gemacht habe: Ich beschäftige mich mit dem Leben und dem Tod. Mit dem Tod wollte ich vorher nichts zu tun haben, das Thema war mir immer unheimlich. Ich denke, dass sich auch meine Umwelt verändert hat. Vielleicht nehme ich das so wahr, weil ich mich verändert habe."

Überzeugungen, Wert- und Glaubensvorstellungen (spirituelle Anpassung)

- ♥ Grundlegende Wertvorstellungen und Überzeugungen werden infrage gestellt.

- ♥ Oftmals wird im Verlust des Kindes ein Sinn gesucht.

Jennifer beschreibt ihre veränderten Glaubensvorstellungen so: „Ich bin seit dem Tod meines Sohnes ein anderer Mensch. Bis zu seinem Tod war ich überzeugte Atheistin. Es gab für mich nach dem Tod nichts mehr. Das hat sich radikal geändert. Nun bin ich fest davon überzeugt, dass es nach dem Tod noch weitergeht, dass wir wieder nach Hause gehen, dorthin, wo wir eigentlich herkommen und hingehören. Ich habe seit dem Tod meines Sohnes Dinge erlebt, Zeichen und Botschaften bekommen, die für mich alle Zweifel weggewischt haben. Mein Kind ist noch da und ich werde es wiedersehen, wenn ich meine Aufgaben hier erfüllt habe und auch ‚nach Hause' gehen kann. Früher hatte ich auch sehr große Angst vor dem Tod, diese Angst habe ich nicht mehr, denn ich weiß, wenn ich sterbe, gehe ich zu meinem Sohn und zu all meinen anderen Lieben, die schon vorausgegangen sind. Diese Gewissheit lässt mich anders leben. Ich sehe zum Beispiel viele Dinge so viel stressfreier als früher. Ich kann entspannter sein, denn was soll mir noch passieren, das Schlimmste ist mir schon passiert! Außerdem bin ich achtsamer mit allem."
Wenn Trauernde auf ihrer Hilflosigkeit beharren und nicht die nötigen Kompetenzen entwickeln, die zur Bewältigung des veränderten Alltags notwendig sind, bleibt diese Aufgabe unerledigt. Wir haben diese Fähigkeiten im Laufe der Zeit auch mithilfe unserer Begleiter entwickelt. Denn es ist alles andere als einfach, sich selbst aus dem Schlamassel zu ziehen. Es hat großen Einfluss auf den Trauerprozess, ob es den Trauernden gelingt, sich in der veränderten Welt neu zu orientieren und neue Lebensziele zu definieren. Andernfalls besteht die Gefahr, als Gefangener des Schicksals zu verharren und in der eigenen Entfaltung zu stagnieren.

Einfach zum Nachdenken – „Verändern“[8]

Nimm dir auch für die Traueraufgabe „Verändern“ wieder Zeit für dich und suche dir einen ruhigen Ort, an dem du dich wohlfühlst. Achte darauf, dass du in den nächsten 15 bis 20 Minuten nicht gestört wirst. Bereite dir gerne ein Getränk zu, auf das du gerade Lust hast. Wenn du magst, kannst du dir Entspannungsmusik einschalten. Nimm dir einen Stift und Papier oder ein schönes Notizbuch, in das du deine Gedanken hineinschreiben kannst. Zünde dir eine Kerze an, wenn dir danach ist.
Nimm ein paar tiefe Atemzüge, schiebe die Gedanken, die in deinem Kopf gerade da sind, liebevoll weiter. Wenn du bei dir angekommen bist, lies die Fragen und schreibe gleich das nieder, was als Erstes in deinen Kopf kommt. Tausche dich im Anschluss gerne mit deinem Partner, deiner Partnerin oder einer anderen vertrauten Person aus.

- Wer bist du nach dem Tod deines Kindes?
- Wie hast du dich bzw. hat sich dein Umfeld verändert?
- Wie hat sich dein Alltag verändert?
- Woran merkst du, dass du dein Schicksal annimmst?
- Dem Verlust ausgeliefert vs. Zukunft gestalten: Auf welcher Seite siehst du dich und warum?
- Haben sich deine Glaubens- und Wertvorstellungen geändert? Wenn ja, wie?

---

[8] Inspiriert von Schroeter-Rupieper, Praxisbuch Trauercafé, S. 21f.

Nach unserer persönlichen Erfahrung ergibt es Sinn, sich diese Fragen öfter zu stellen und die Antworten mit Datum zu versehen, um im Nachhinein Veränderungen in der Betrachtungsweise erkennen zu können.

Aufgabe 5: Dem verstorbenen Menschen einen neuen Platz zuweisen

Frühling 2021: „Hast du dir eigentlich schon mal die Trauer zwischen dir und Emilia angesehen? Also nur du und Emilia? 1:1 quasi?" Zunächst verstehe ich die Frage meiner medialen Ausbilderin nicht und denke nur: Ja natürlich, ich bin doch schon meine Schritte gegangen! So eine blöde Frage, da will sie mich wohl unsicher machen! Ich spüre noch mal zu diesem Satz hin und erkläre vollkommen überzeugt, dass zu diesem Thema nichts zu spüren ist. Ende der Durchsage.

Eines Abends löst ein Satz in einem belanglosen Gespräch mit Ulla ein sehr ungewöhnliches, noch nie da gewesenes Gefühl in mir aus. Ich merke sofort, dass das an das Gespräch mit meiner medialen Lehrerin von vor zwei Wochen anknüpft. Normalerweise hätte ich gegen dieses unbekannte Gefühl angekämpft, hätte es weggedrückt oder mich mit Belanglosem abgelenkt. Aber heute gehe ich ganz bewusst in dieses Gefühl hinein. Ich erkläre Ulla noch knapp meinen Zustand und dann geht es auch schon los. Mein Bauch krampft sich heftig zusammen. Ich liege Gott sei Dank im Bett, denn es krümmt mich wie selten zuvor. Ich habe unglaubliche Bauchschmerzen. Meine Bauchmuskeln bereiten etwas vor, das spüre ich genau. Aber mit dieser Heftigkeit habe ich nicht einmal ansatzweise gerechnet. Mir laufen die ersten Tränen über die Wan-

ge, aber nicht aus Trauer um meine Tochter, sondern vor körperlichem Schmerz. Und plötzlich, am gefühlten Höhepunkt des Krampfes, ist es für den Bruchteil einer Sekunde im Bauchraum ruhig und ich spüre mein Herz. Ich sehe alles sehr deutlich vor mir: Mein Herz ist mit einem Tuch verhüllt und das Tuch hebt sich. Ich sehe mein Herz, aber ein riesengroßes Stück davon fehlt! Dieses Stück erzeugt einen stechenden Schmerz, ganz anders als im Bauchraum, noch einmal intensiver, denn dieses Stück meines Herzens hat Emilia mit ihrem Tod von mir mitgenommen. Dieses „Loch" im Herzen schmerzt, mir laufen die Tränen über die Wangen, ich schluchze und weine sehr laut. Nina kommt wegen der Geräusche ins Schlafzimmer und fragt, was los sei. Als Ulla ihr sagt, dass alles o.k. sei, dreht sie sich wieder um und geht.
Ich schluchze wie ein kleines Kind, es tut unsagbar weh! Ich sehe zum ersten Mal meinen „Verlust" im Herzen durch den Tod von Emilia.
„Es fehlt ein Riesenteil, verdammt, der kommt nie wieder zurück, das kannst du vergessen, Robert. Den hat Emilia mitgenommen!"
Mein Verstand rotiert. Wie soll ich das je überleben? Dieses Loch bleibt für immer! Da kannst du machen, was du willst, Robert! Mein Verstand jagt mir eine Botschaft nach der anderen dieser Art durch den Kopf. Keine Gnade, jetzt wird abgerechnet!
Ich heule und schluchze weiter und bleibe mit meiner Aufmerksamkeit voll bei meinem Herzen – und dann beginnt sich etwas zu verändern! Es wird trotz der Meldungen meines Verstandes leichter, mein Bauch und mein Herz erzeugen jetzt andere Gefühle. Ich bekomme Bilder von vielen großartigen Erinnerungen an meine verstorbene Prinzessin, eines schöner als das andere. Und ich spüre Emilia ganz deutlich in meinem Herzen.

Mein gigantisches Loch beginnt, sich mit Erinnerungen an Emilia zu füllen. Es wird kleiner und gleichzeitig fühle ich riesengroße Dankbarkeit und Demut in mir. So wie ich es immer spüre, wenn sich etwas in Bezug auf Emilias Tod verändert bzw. heilt.
Mein Gewimmere wird weniger, immer mehr füllt sich mein Herz. Ich liege in meinem Bett, immer noch zusammengekauert, aber mit großer Erleichterung in meinem Herzen. Meine Tochter zeigt mir, dass mein Herz heilt und sie tief mit mir verbunden ist. Für immer und ewig.
Das Loch in meinem Herzen ist immer noch da. Aber mein Bauch und mein Herz wissen, dass es wieder ganz werden kann, und wenn es wieder ganz ist, dann ist die Zeit gekommen, mich mit meiner Tochter wieder zu vereinigen. Dann wird sie mich, mit dem Rest der Mannschaft in der Geistigen Welt, abholen, wenn ich nach Hause komme. Der fehlende Teil wird sich füllen, ganz von selbst. Ich brauche nur meinen Weg weitergehen, mich auf das Leben einlassen und darauf vertrauen, dass alles richtig ist, was passiert bzw. passiert ist. Meine Wuki-Maus hat mein Leben auf den Kopf gestellt und jetzt, da ich bereit bin für „meinen Weg", begleitet sie mich, wann immer ich sie brauche.
Seitdem ich mich für die Geistige Welt interessiere und von dort auch schon viele Botschaften bekommen habe, steht für mich ohne jeden Zweifel fest, dass meine geliebte Tochter Emilia zu jeder Zeit an jedem Ort sein kann. Und das sogar gleichzeitig. Ich brauche sie nur um Unterstützung oder ein Zeichen bitten, schon werden meine Wünsche erfüllt.

5. April 2021: Am fünften Todestag von Emilia kommt eine liebe Freundin zu uns und channelt uns Emilia (das heißt: unsere verstorbene Tochter spricht durch unsere Freundin zu uns). Meine kleine Maus sagt mir, dass ich kein schlechtes Gewissen haben muss, wenn ich mal nicht an sie denke. Tatsächlich ist es im Alltag mit meiner Familie (Teenager-Tochter, Kleinkind-Sohn), Hund, Haus, Garten und meiner Arbeit oft so, dass ich mir nicht bewusst Zeit nehme, um an Emilia zu denken. Und ich verurteile mich manchmal dafür und habe das Gefühl, dass ich Emilia vergesse. Erst jetzt, wenn ich mich mit dem theoretischen Hintergrund der Aufgaben in der Trauer näher beschäftige, wird mir bewusst, dass mir Emilia einen Hinweis gegeben hat, dass ich mein Leben leben kann und auch soll, wie mir gerade zumute ist. Ich weiß, dass Emilia immer bei mir ist und ich sie gar nicht vergessen kann, aber ich denke oft zu viel darüber nach. Mit meinem Herzen weiß ich, dass ich Emilia sowieso nicht verlieren kann. Es gibt für Emilia kein: Meine Mama hat mich vergessen. Aus der Geistigen Welt kann sie darüber nur lachen. Sie hat sich mich als ihre Mama ausgesucht, ich war und bin ihre beste Wahl. Das erfüllt mich mit Stolz, unglaublicher Dankbarkeit und Demut. Emilia ist für mich überall dort, wo ihre Familie ist bzw. ihre Lieben sind. Sie ist keinesfalls im Grab, dorthin begleitet sie uns, wenn wir sie „besuchen" gehen. Und natürlich hat Emilia einen Platz in meinem Herzen.

Gegen Ende der Trauerzeit steht die Erinnerung an das verstorbene Kind nicht mehr im Vordergrund. Das vorausgegangene Kind hat einen angemessenen Platz in unserem Leben und wir sind wieder in der Lage, positiv weiterzuleben. „Wichtig finde ich, dass man sich wieder für das Leben entscheidet. Dass man nicht in der Trauer ‚hängen bleibt'. Die Trauer wird immer ein Teil unseres Lebens sein, aber wir dürfen nicht in dieser Trauer versin-

ken, sondern müssen JA zum Leben sagen", meint Karin, deren Sohn vor gut zwei Jahren verstorben ist.
Es geht auch darum, eine anhaltende Beziehung zu unserem Kind zu entwickeln, aber in einer Art und Weise, dass wir unser eigenes Leben fortsetzen können und wieder Dinge im Leben wahrnehmen können, die uns Freude bereiten.
In unseren Erinnerungen an die gemeinsamen Stunden, Tage oder Jahre leben unsere Kinder weiter. Sie gehen niemals verloren, auch wenn wir uns in unserem Leben wieder anderen Dingen zuwenden. Viele verwaiste Eltern beschreiben in ihren Rückmeldungen an uns den Platz, wo sich ihr Kind nun aufhält, mit Worten wie „tief in meinem Herzen" oder „wo es nur Liebe gibt".

Einfach zum Nachdenken – „Ort zuweisen"[9]

Nimm dir wieder Zeit für dich und suche dir einen ruhigen Ort, an dem du dich wohlfühlst. Achte darauf, dass du in den nächsten 15 bis 20 Minuten nicht gestört wirst. Bereite dir ein Getränk zu, auf das du gerade Lust hast. Wenn du magst, kannst du dir Entspannungsmusik einschalten. Nimm einen Stift und Papier oder ein schönes Notizbuch, in das du deine Gedanken hineinschreiben kannst. Zünde dir eine Kerze an, wenn dir danach ist.
Nimm ein paar tiefe Atemzüge und schiebe die Gedanken, die in deinem Kopf gerade da sind, einfach liebevoll weiter. Wenn du bei dir angekommen bist, lies die Fragen und schreibe gleich das

[9] Inspiriert von Schroeter-Rupieper, Praxisbuch Trauercafé, S. 23.

nieder, was als Erstes in deinen Kopf kommt. Tausche dich im Anschluss gerne mit deinem Partner, deiner Partnerin oder einer anderen vertrauten Person aus.

- ♥ Wo denkst du, dass dein Kind jetzt ist?
- ♥ Wie geht es ihm an diesem „neuen Platz"?
- ♥ Wenn du in deinem Zuhause einen Platz für dein verstorbenes Kind hast – wie fühlt sich dieser für dich an: Dient er dazu, den Verlustschmerz zu erhalten oder gibt dieser Platz dem veränderten Leben eine Chance?
- ♥ Wie oft denkst du an dein verstorbenes Kind bzw. beschäftigst dich mit ihm? Hat sich das seit seinem Tod verändert?

Nach unserer persönlichen Erfahrung ist es sinnvoll, sich diese Fragen öfter zu stellen und die Antworten mit Datum zu versehen, um im Nachhinein Veränderungen in der Betrachtungsweise erkennen zu können.

Wenn unser Herz
durch einen großen Verlust bricht,
bedeutet das nicht das Ende.
Denn wenn wir jemanden verlieren,
kommt nicht das Ende,
sondern die Trauer –
die unser Herz heilen lässt.

Mechthild Schroeter-Rupieper

Irrwege, die gar keine sind

Unsere Trauer als Labyrinth

Mechthild Schroeter-Rupieper, die Begründerin der Familientrauerarbeit in Deutschland, hat in ihrem Modell über den Trauerprozess eine Landschaft, ein Labyrinth und die Traueraufgaben nach J. William Worden miteinander verbunden und damit ein sehr aussagekräftiges Bild geschaffen, wie es uns auf unserem Weg durch die Trauer geht.

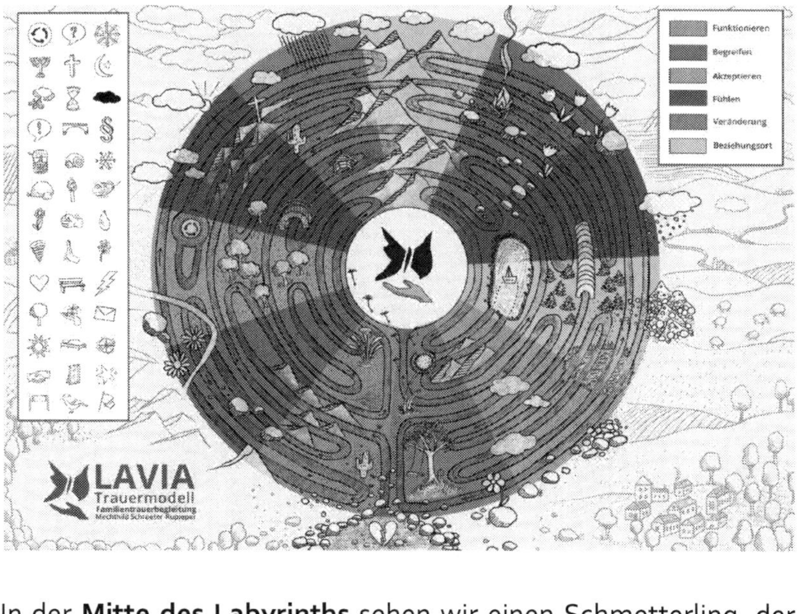

In der **Mitte des Labyrinths** sehen wir einen Schmetterling, der über einer geöffneten Hand schwebt. Die **Hand** stellt einerseits die Hand des Trauernden dar und ist Start- und Landebahn für alles, was das Leben mit sich bringt. Die Hand ist geöffnet und verbildlicht damit, dass wir Vergangenes loslassen können, dabei aber nichts fallen gelassen wird. Im Gegenteil, die Hand kann Bewährtes halten und offen für Neues sein.

Andererseits steht die Hand auch als Symbol für die Begleitung des Trauernden, die für eine gewisse Zeit erforderlich sein kann oder einfach guttut.
Über der Hand schwebt der Schmetterling. Er steht für Leichtigkeit, Lebenslust und natürlich für die Transformation von der Raupe zum Schmetterling. Die Raupe verwandelt sich im Dunklen und Ungewissen und schlüpft dann unter Anstrengung aus dem Kokon, um ihre Flügel zu entfalten und in ein komplett verändertes Leben zu fliegen. Mechthild Schroeter-Rupieper zieht hier den schönen Vergleich mit den Trauernden: Der Kokon steht für die Trauerzeit nach einem Verlust – es ist dunkel und eng. Die Verwandlung zum Schmetterling zeigt die Verwandlung im Trauerprozess: Der Schmerz wandelt sich durch gelebte Trauer und der trauernde Mensch kann sich dann einem neuen, veränderten Leben zuwenden.

Ebene 1: Die verschiedenen Landschaftstypen

Die erste Ebene des Modells zeigt eine Landschaft, in der wir verschiedene Symbole erkennen können: Berge, Tunnel, Brücke, Wald, See, Felder, Steine, Wüste u.a.

Mithilfe dieser Bilder können Trauernde besser erklären, wo sie in ihrem Trauerprozess gerade stehen:

- An manchen Tagen fühle ich mich, als ob ich im Wald stehe. Ich stolpere über Wurzeln und finde den Weg nicht. Ich sehe den Wald vor lauter Bäumen nicht.
- An manchen Tagen fühle ich mich wie bei einem Gang durch die Wüste. Die Hitze drückt und ich habe das Gefühl, ich komme überhaupt nicht vorwärts. Die äußeren Umstände setzen meinem Körper zu und ich fühle mich müde und erschöpft.
- An manchen Tagen empfinde ich den Wald als kühl und angenehm. Die Bäume spenden mir Schatten und ich kann mich darunterlegen und ein bisschen ausruhen.
- An manchen Tagen habe ich das Gefühl, eine Schutzhütte erreicht zu haben. Jemand bringt mir ein warmes Essen und hat ein Feuer angezündet, an dem ich mich wärmen kann.
- Wir können auch darüber nachdenken, wie der bisherige Weg durch unsere persönliche Trauerlandschaft ausgesehen hat. Vielleicht entdecken wir, dass wir schon öfter durch die Wüste gegangen sind oder sich Menschen für uns wie eine schützende Hütte anfühlen.

Unser Leben wie auch die Landschaft, in der wir uns bewegen, hat Berge und Täler. Dieses Auf und Ab finden wir auch, wenn wir die Schläge unseres Herzens mit einem EKG aufzeichnen. Unterschiedlich hohe Zacken nach oben und nach unten zeigen uns, dass wir am Leben sind. Wenn es diese Ausschläge aber nicht mehr gibt und die Linie unseres Herzens nur mehr ein gerader Strich ist, dann sind wir tot. Solange wir leben, werden wir mit Höhen und Tiefen konfrontiert werden. Die Ausschläge symbolisieren unsere Lebendigkeit.
Auf der Ebene der Landschaften geht es darum, wahrzunehmen, wo ich gerade stehe, anzuerkennen, was in meinem Leben passiert ist, mich an das zu erinnern, was war, und mitzuteilen, was in mir ist.

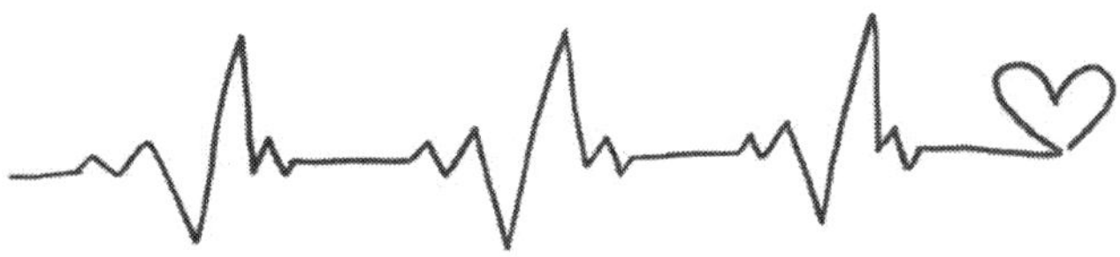

Ebene 2: Das Labyrinth

Das Labyrinth gilt schon seit Urzeiten als spirituelles Bild für den menschlichen Lebensweg. Ein Labyrinth ist ein verschlungener Weg ohne Abzweigungen, dessen Linienführung unter regelmäßigem Richtungswechsel zwangsläufig zum Ziel, zum Mittelpunkt, gelangt. Im Gegensatz dazu gibt es den Irrgarten, also ein System mit Verzweigungen, das Sackgassen oder geschlossene Schleifen enthalten kann. Ein Verirren ist hier möglich und meist auch Sinn der Anlage.

Unseren Weg durch die Trauer können wir also mit einem Labyrinth vergleichen, in dem wir uns immer wieder neu orientieren müssen. Die große Sehnsucht nach dem verstorbenen Menschen und nach Normalität, die Trauernde oft verspüren, kann dazu verleiten, dass wir lieber weglaufen wollen, als uns auf den langen und kurvenreichen Weg durch das Labyrinth zu machen. Aber um wieder in ein glückliches Leben zurückzufinden ist es unumgänglich, dass wir uns auf den Weg durch das Labyrinth begeben.

Am Eingang des Labyrinths steht als Symbol das gebrochene Herz. Mit diesem Bild beschreiben verwaiste Eltern immer wieder, wie sie sich fühlen, wenn ihr Kind gestorben ist. Gerade zu Beginn ist auch immer die große Angst spürbar, dass wir nie über diesen Verlust hinwegkommen und unser Herz den Rest unseres Lebens gebrochen sein wird. Die gute Nachricht ist aber, dass unser Herz heilen und wieder zusammenwachsen kann, wenn wir die Trauer und Schritt für Schritt auch wieder das Leben und die Freude zulassen. Die Narbe in unserem Herzen wird uns immer an unseren Verlust erinnern. Aber wir können auch mit dieser Narbe wieder ein sehr gutes Leben führen, in dem unser Kind immer einen Platz in unserem Herzen hat.

Weil das Labyrinth im Gegensatz zum Irrgarten immer ein Ziel in der Mitte hat, dürfen wir vertrauensvoll loslaufen. Manchmal fühlen wir uns diesem Ziel schon sehr nahe und haben das Gefühl, dass wir mit unserer Trauerarbeit schon gut vorangekommen sind. Dann gehen wir um eine Kurve – und der Weg führt wieder nach außen. Wir verlieren das Gefühl, dem Ziel nahe zu sein. Es kann auch vorkommen, dass wir uns in einem Kreisverkehr gefangen fühlen und dort mehrere Runden drehen, bevor wir den Weg wieder weitergehen können. Doch selbst wenn wir uns wieder von der Mitte entfernen, sind wir immer auf unserem Weg und jeder Schritt, den wir machen, bringt uns zu unserem Ziel.

Diese gefühlten Irrwege, die wir gehen, sind oft notwendig, weil im Laufe der Zeit andere Betrachtungsweisen in der Trauer möglich sind oder wir nun bereit sind, durch etwas Schmerzhaftes oder Anstrengendes hindurchzugehen. Eine liebe Freundin von uns hat die Trauer einmal als Zwiebel bezeichnet: Immer wieder können wir eine Schicht abziehen. Es ist unmöglich, gleich alles auf einmal zu lösen, aber Schicht für Schicht geht es.

Eines dürfen wir uns immer vor Augen halten und das empfinden wir als sehr tröstlich: Unser Lebensweg geht immer vorwärts, auch wenn dies für uns manchmal nicht sichtbar oder spürbar ist. Wir dürfen durch unser Labyrinth gehen und durchleben, was gerade da ist. Und wir können uns jemanden an unsere Seite holen, der uns auf unseren gefühlten Irrwegen begleitet, damit wir mitteilen können, was in unserem Inneren gerade los ist, und ermutigt werden, wenn wir nicht hinter die nächste Kurve blicken oder weitergehen wollen.

Hin und wieder sollten wir auf unserem Weg innehalten und anerkennen, welchen Weg wir schon zurückgelegt und welche Schwierigkeiten wir gemeistert haben. Pausen stärken uns für den Weg, der noch vor uns liegt.

Die Trauer um unser Kind wird uns unser Leben lang begleiten. Immer wieder werden wir an Festen im Jahreskreis, durch Orte, die wir aufsuchen, oder Lieder im Radio an unsere Kinder erinnert und es wird uns auch nach Jahren noch bewusst, dass sie uns hier auf Erden fehlen. Wenn wir dennoch unseren Weg Schritt für Schritt weitergehen, kommen wir zur Mitte des Labyrinths, zum fliegenden Schmetterling. Jedoch ist das erreichte Ziel kein Ende, sondern die Transformation der Trauer und der Beginn eines neuen, veränderten Lebens.

Ebene 3: Die Farben

Angelehnt an die Traueraufgaben von J. William Worden besteht das Labyrinth-Modell aus sechs verschiedenen Farben. Diese stehen für:

Orange:	weiterleben und funktionieren
Grün:	eine Lücke spüren – begreifen
Violett:	in die Zukunft schauen – akzeptieren
Rot:	alles darf sein – Gefühlsvielfalt
Blau:	vieles bleibt, alles wird anders – Veränderung
Gelb:	in Verbindung sein und trotzdem loslassen

Die Farben liegen wie Tortenstücke über dem Modell und außer der Farbe für das Funktionieren kommt jede mehrmals vor. Dies ist ein Bild dafür, dass wir zwischen den Aufgaben wechseln und sie nicht nur einmal durchlaufen und sie dann erledigt haben.

Wenn wir alle Ebenen übereinanderlegen, ergibt sich das Gesamtbild des Labyrinths. Dies mag zu Beginn etwas verwirrend wirken und genauso kann uns am Anfang unsere Trauer überfordern. Auch unsere Trauer sollten wir – genauso wie das Labyrinth der Trauer – auf kleine Stücke herunterbrechen und einzeln aufarbeiten bzw. weitergehen.

Wo stehe ich in meiner Trauer?[10]

Nimm dir wieder Zeit für dich und suche dir einen ruhigen Ort, an dem du dich wohlfühlst. Achte darauf, dass du in den nächsten 15 bis 20 Minuten nicht gestört wirst. Bereite dir ein Getränk zu, auf das du gerade Lust hast. Wenn du magst, kannst du dir Entspannungsmusik einschalten. Nimm einen Stift und Papier oder ein schönes Notizbuch, in das du deine Gedanken hineinschreiben kannst. Zünde dir eine Kerze an, wenn dir danach ist.
Nimm ein paar tiefe Atemzüge und schiebe die Gedanken, die in deinem Kopf gerade da sind, einfach liebevoll weiter. Wenn du bei dir angekommen bist, lies die Fragen und schreibe gleich das nieder, was als Erstes in deinen Kopf kommt.

- ♥ Wie sieht mein bisheriger Trauerweg aus?
- ♥ Welche Landschaften habe ich bereits hinter mir?
- ♥ Wer ist an meiner Seite, um mich auf meinem Weg zu begleiten?
- ♥ Was sind Schutzhütten oder Rastplätze für mich?
- ♥ Welche Landschaftsarten sind besonders fordernd?
- ♥ Wo kann ich Kraft schöpfen oder vielleicht auch einmal wieder Leichtigkeit spüren?
- ♥ Wo im Labyrinth bzw. auf dem Trauerweg sehe ich meinen Partner, meine Partnerin?
- ♥ Wo im Labyrinth bzw. auf dem Trauerweg sehe ich meine noch lebenden Kinder, meine Eltern, meine Geschwister?

---

[10] Inspiriert von Mechthild Schroeter-Rupieper.

- ♥ Kenne ich das Gefühl, dass sich meine Trauer manchmal schwerer und dann wieder leichter anfühlt?
- ♥ Was muss eintreten, damit ich sagen kann, dass ich die Mitte des Labyrinths erreicht habe?

Tausche dich gerne mit deinem Partner, deiner Partnerin oder einer anderen vertrauten Person über deine Gedanken aus. Du kannst bzw. ihr könnt die Übung auch nach einiger Zeit wiederholen. Kannst du eine Veränderung erkennen?

Es gibt keine Freundschaft,

keine Liebe,

wie die der Eltern zu ihrem Kind.

Henry Ward Beecher

Verbunden und doch getrennt

Männer und Frauen trauern anders

Wenn ein Kind stirbt, sind beide Elternteile gleichermaßen von der Katastrophe betroffen. Wie sie damit umgehen, kann sich jedoch erheblich unterscheiden. Wir selber haben gravierende Unterschiede in unserer Art zu trauern festgestellt:

April 2016: Am Vormittag nach Emilias Tod schicken wir die ersten Nachrichten an Freunde und Nachbarn. Wir haben in unserer Siedlung am Dienstagabend sehr viel Aufsehen erregt, als vom Rettungswagen über den Notarzt bis hin zu Polizei und Rettungshubschrauber alles vor Ort gewesen ist.
Ab Mittwochnachmittag stehen Freunde vor unserer Tür. Bis zum Begräbnis am Samstag sind wir untertags fast nie alleine und die Mahlzeiten, die uns diese wunderbaren Menschen mitbringen, essen wir auch immer in großer Runde.
Von uns zu Hause können wir den Platz, an dem Emilia beerdigt wird, in 20 Minuten zu Fuß erreichen. An den drei Tagen zwischen ihrem Tod und dem Begräbnis gehe ich mindestens einmal am Tag mit einer Freundin, die einfach vor dem Haus steht, den Weg durch den Wald zum zukünftigen Grab meiner Tochter. Auf dem Weg zum Friedhof und wieder zurück erzähle ich nüchtern und ruhig immer und immer wieder, was am Dienstagnachmittag geschehen ist. Es tut mir sehr gut, darüber zu sprechen, was wann passiert ist, wie wir trotz allem geführt und begleitet sind. Die Worte sprudeln nur so aus mir heraus.
Ich schreibe in E-Mails an meine erweiterte Familie, wie es uns geht und wie wir die Tage verleben. In dieser Zeit bin ich sehr aktiv. Ich will eine Verbindung zu den Menschen herstellen, da ich mir immer

vorstelle, wie schwierig es sein muss, mit uns in Kontakt zu treten. Erst als wieder Ruhe in unser Haus einzieht – Robert und unsere große Tochter gehen gleich nach dem Begräbnis wieder zur Arbeit und in die Schule –, wird mir bewusst, dass ich nicht weiß, was ich mit meinem Tag anfangen soll. Mein bis dahin vorrangiger Lebensinhalt – meine kleine Tochter zu betreuen – ist nicht mehr da. Ich bin stundenlang alleine im Haus. Die Stille halte ich nur ganz schlecht aus. Gefühlt sitze ich jeden Tag eine Ewigkeit einfach im Esszimmer auf der Bank und schaue in die Luft, unfähig, auch nur irgendetwas zu tun.
Später, als der erste Schock vorbei ist, spreche ich nicht mehr gerne über den Tod von Emilia, weil ich fürchte, dass die Gefühle, die in mir schlummern, aus mir herausbrechen und ich in ein schwarzes Loch falle, dem ich nie wieder entkommen kann. Also unterdrücke ich die Gefühle schön. Nur wenn wirklich gute Freunde bei mir sind, gewähre ich einen kleinen Einblick in mein Gefühlsleben. Immer sehr wohldosiert, was ich gerade selber aushalte.
Sehr bald ist mir aber klar, dass ich es ohne Hilfe von außen nicht schaffen werde. Ich bin daher unserer Kinesiologin unglaublich dankbar, dass sie schon im Krankenhaus bei der Verabschiedung von Emilia dabei ist und uns auch am nächsten Tag und in den darauffolgenden Wochen begleitet.
Eine Freundin sagt mir irgendwann mitten ins Gesicht: „Du läufst dem Schmerz davon, du schaust nicht hin." Das ist nicht wirklich angenehm, aber mit ihrer Hilfe traue ich mich dann in das große schwarze Loch. Und – siehe da – ich komme auch wieder heraus. Danach fühle ich mich leer, aber auch ruhiger und besser.
Von einer anderen Freundin bekomme ich zum Begräbnis ein Buch, in dem Kinder mithilfe eines Mediums aus dem Jenseits berichten. Auch wenn beim Lesen viele Tränen fließen, trösten mich Bücher wie dieses und geben mir Halt.

Frühling 2016: Nie, wirklich nie, habe ich mich so verloren gefühlt, so hilflos wie jetzt. Ulla hat mir gerade unsere Tochter Emilia entgegengehalten, begleitet mit den Worten: „Magst du sie halten?" Mir ist sofort klar: Emilia ist gestorben, sie hat kein zweites Wunder vollbracht.

Noch während ich mit dem Auto ins Kinderspital gefahren bin, habe ich mir vorgesagt, dass alles gut werden wird, dass alles wieder in Ordnung kommt. Emilia hat ja schon einmal ein „Wunder" vollbracht, warum also nicht ein zweites Mal? „Sie wird es dem Personal im Krankenhaus schon zeigen, entgegen allen Meinungen wird sie wieder ganz gesund." Ich habe das Auto geparkt und bin gerannt, um schneller bei den beiden sein zu können.

Jetzt halte ich Emilia in meinen Armen und ich habe keine Möglichkeit, ihr zu helfen, nichts steht in meiner Macht. Ich schreie laut „NEIN" durch das Spital, alles rings um mich ist unwichtig und ich fange an, bitterlich zu weinen und zu schluchzen.

Bis jetzt habe ich in meinem Leben fast alles mit Kraft, Ausdauer und Disziplin erreichen können. Aber die wirklich großen Dinge im Leben – meine Familie, meine Tochter zu beschützen, für sie in allen Lebenslagen da zu sein – liegen offensichtlich nicht in meiner Macht. Was liegt dann eigentlich in meiner Macht? Worüber kann ich entscheiden? Wenn ich mich diesem Gedanken hingebe, merke ich, wie machtlos ich mich fühle bzw. gefühlt habe. In meiner Ur-Aufgabe, meine Familie vor allen äußeren Einflüssen zu beschützen, wenn es sein muss, sogar mit meinem Leben, habe ich versagt.

Ich fühle mich nur noch als Hülle, in mir ist nichts. Nichts, was wirklich wichtig ist, es kann ja auch gar nichts drinnen sein, ich schaffe ja nicht einmal, meine Ur-Aufgabe zu erledigen.

Bis zu ihrem Begräbnis haben wir alle Hände voll zu tun. Ich funktioniere und tue alles, was mir mein Verstand vorgibt und für wichtig hält. Ich fühle mich erschlagen, abgestumpft, taub.

Am Tag von Emilias Beerdigung ist das Wetter wechselhaft, es regnet teilweise stark, die Wolken hängen tief. Genauso fühle ich mich. Aber ich muss stark sein, stark für meine Frau, stark für meine Tochter Nina. Schließlich bin ich der Mann in der Familie.
Während der Verabschiedungszeremonie an Emilias Säule halten sich Ulla und ich ganz fest an der Hand. Es fühlt sich nach sicherem Halt zwischen uns an. Es ist genau das, was ich jetzt brauche, und ich glaube, Ulla auch.
Am Montag nach der Beerdigung gehe ich wieder zur Arbeit. Mein Chef erklärt mir, dass das gut für mich ist. Männer müssen was tun, sonst grübeln sie zu viel oder fangen an, am Rad zu drehen. Also gehe ich in die Klasse. Es war Laborunterricht in einer Abschlussklasse.
Pflichterfüllung ist angesagt. Also mache ich den Unterricht, so gut es mir möglich ist, aber es fühlt sich so surreal an. „Meine Tochter ist tot, ich unterrichte Labor in der Schule, was mache ich hier eigentlich?"
In der Pause gehe ich wie gewohnt in den Pausenraum und treffe viele meiner Kollegen. Alle kondolieren mir und das ist es dann auch. Auch das fühlt sich an wie „Pflichterfüllung", keiner fragt, wie es mir geht. Wahrscheinlich denken sie unbehaglich: „Scheiße, was dem armen Kerl widerfahren ist. Gott sei Dank ist mir das nicht passiert!"
In der nächsten Zeit ist das Unterrichten die totale Ablenkung für mich. Alles plätschert so dahin. In der Schule kommt es mir vor, als würden viele Kollegen mich meiden. Ich bin anscheinend nicht schön anzusehen; wenn man mir begegnet, kommen keine positiven Gefühle hoch. Kaum einer will wissen, wie es mir geht. Nur ein paar fragen mich ab und an, ob alles o.k. ist. „Passt schon", antworte ich und alle geben sich damit zufrieden. Wie herrlich oberflächlich Männer doch sind. Und zugegebenermaßen war ich ganz froh über diese Oberflächlichkeit, denn ich hätte mir auch nicht vorstellen können, in der Schule mein Herz auszuschütten.

Eines Tages meint ein Kollege aus dem gleichen Lehrerzimmer zu mir: „Na, du bist auch nicht mehr so fröhlich, wie du früher mal warst!" Mir bleibt der Mund offen stehen: Hat er das jetzt wirklich gesagt? Ich frage ihn: „Du weißt schon, dass meine Tochter gestorben ist?" Er schaut mich erschrocken an und stammelt: „Ich habe ja nur gemeint ..." Wäre ich nicht so perplex, würde ich ihm wahrscheinlich eine knallen. Ich fühle mich gleichzeitig überrumpelt und wahnsinnig zornig.

Damals habe ich diesen Kollegen innerlich verflucht, aber Jahre später bin ich ihm für diese Frage sehr dankbar. Diese Aussage hat mich wachgerüttelt. Emilia wollte niemals, dass ich traurig und niedergeschlagen herumwandle. Aber genau das tat ich in dieser Zeit. Ich war total von meiner Lebensfreude abgeschnitten. Das hat meine kleine Prinzessin ganz genau gespürt und mir meinen Kollegen geschickt. Damals konnte ich dieses „Geschenk" nicht sehen, geschweige denn annehmen, heute bin ich dankbar dafür.

Ein Jahr nach Emilias Tod nehme ich an einem Männer-Mentoring teil. In diesem Programm werde ich von zwei Männern begleitet und angeführt, die in ihrem Leben schon viele ihrer eigenen „Probleme" gelöst haben und ihre eigenen Schritte gegangen sind. Es geht dabei im Wesentlichen darum, wie man sich als Mann in der heutigen Zeit selbst wahrnimmt.

Endlich sind da Männer, die mich so annehmen, wie ich bin. Endlich kann ich offen über meine Gefühle reden, mich zeigen und dabei Heilung erfahren. So lange habe ich mich abgelenkt und nur selten bewusst auf meine Trauer geschaut. Jetzt endlich tut sich etwas. Ich setze mich mit Fragen auseinander, die mir bis jetzt im Leben nicht wichtig gewesen sind. Aber genau diese Fragen bringen mich wieder zu mir, Stück für Stück, Schritt für Schritt.

Wie die Erziehung unsere Art zu trauern beeinflusst

„Ein Indianer kennt keinen Schmerz." Viele heute erwachsene Männer haben in ihrer Kindheit noch diesen Satz gehört. Dies ist nur ein Beispiel dafür, dass Jungs in der Regel nicht dazu erzogen werden, über ihre Gefühle zu sprechen oder sich über Dinge, die sie im Inneren wirklich beschäftigen, mitzuteilen. Diese Art der Erziehung prägt natürlich auch den nunmehr erwachsenen Mann. Immer noch weit verbreitet ist die Ansicht, dass es die Aufgabe des Mannes ist, der Frau eine starke Schulter zum Anlehnen anzubieten. Es fällt den trauernden Vätern auch deshalb schwer, sich fallen zu lassen, weil sie glauben, ihre Partnerin braucht sie als Stütze.

Auch in der Evolutionsgeschichte finden wir Anhaltspunkte, warum Männer ihre Gefühle lieber für sich behalten: Während der Jagd und im Kampf war es wichtig, zu schweigen und eine gewisse Härte sich selbst gegenüber an den Tag zu legen.

Viele Väter versuchen, alleine mit der Trauer zurechtzukommen, und sind oft froh, dass sie das Haus verlassen und ihrer Arbeit nachgehen können, um ihrer Rolle als Versorger gerecht zu werden. Sie lassen sich die tief sitzende Verletzung oft nicht anmerken und funktionieren einfach weiter.

In seinem Buch „Männer trauern anders" beschreibt Thomas Achenbach, was Männer in ihrer Trauer wirklich brauchen: Einsamkeit und Alleinsein, Zeit zum Sortieren und Erforschen der eigenen Gefühle.[11]

So erzählte uns ein LKW-Fahrer nach dem plötzlichen Tod seiner Tochter, dass er während seiner langen Touren mit dem Lastwa-

---

[11] Vgl. Thomas Achenbach, Männer trauern anders. Was ihnen hilft und gut tut, Ostfildern 2019, S. 77ff.

gen unendlich viele Tränen geweint habe. In der Fahrerkabine fühlte er sich mit seiner Tochter verbunden und vor allem unbeobachtet. Deshalb konnte er seine Gefühle zulassen.
Dass Männer von sich aus Trauergruppen besuchen, ist daher eher ungewöhnlich. Denn sie sind es nicht gewohnt, über ihre Gefühle zu sprechen. Auch die Anzahl der Frauen und Männer in unserem Seelen-Kreis spiegelt dies wider: An unseren Abenden nehmen Ehepaare teil, wo bei den meisten die Initiative von den Frauen ausgegangen ist, und einzelne Mamas. Väter als Einzelpersonen nehmen ganz selten teil.
Erschwerend kommt unserer Ansicht nach hinzu, dass Männer in ihrer Trauer oft übersehen werden. Isabella erzählt, dass nach der Geburt ihres Sternenkindes (das sind Kinder, die in der Schwangerschaft, bei der Geburt oder kurz danach versterben) ihr Freundeskreis um ihr Wohl besorgt und für sie da war. Für ihren Partner, der genauso sein Kind verloren hatte, war es ungleich schwieriger, da er nicht gefragt wurde, wie es ihm gehe, und er kein Netz an Freunden hatte, die mit ihm über die schmerzliche Erfahrung sprachen.
Mädchen hingegen wird es eher zugestanden, sich ihrem Schmerz hinzugeben und ihre Gefühle zu zeigen. Mit der besten Freundin werden später auch die intimsten Geheimnisse besprochen. Diese Prägungen aus der Kindheit führen im Erwachsenenalter zum Beispiel dazu, dass Frauen in der Regel häufiger den Austausch in Gruppen suchen.
Verwaiste Mütter sind in ihrer Trauer oft aktiver als Väter: Sie entwickeln Rituale für sich und das Kind, planen die Jahrestage oder gestalten liebevoll das Grab bzw. den Gedenkort.
Frauen wünschen sich oft einen offeneren Austausch innerhalb der Beziehung. Sie fühlen sich manchmal auch alleinegelassen, da der Partner häufig schneller wieder einer Erwerbsarbeit nachgeht. Männer können sich von den (auch unbewussten) Erwar-

tungen ihrer Partnerin überfordert fühlen. Die Tatsache, dass sie in Stresssituationen – und der Tod des eigenen Kindes löst erheblichen Stress aus – eher dazu neigen, sich innerlich zurückzuziehen, kann zu Missverständnissen in der Beziehung führen.

Dagmar ist Mama von zwei Buben. Bei ihrem jüngeren Sohn wurde im ersten Lebensjahr eine lebensverkürzende Krankheit diagnostiziert. Sieben Monate nach seinem Tod erzählt sie uns in einer Einzelstunde, dass sie sich gerne öfter mit ihrem Partner über die Gefühle nach dem Tod ihres Sohnes austauschen möchte. Wenn der große Sohn am Abend im Bett und Zeit für die Eltern ist, versucht sie, mit Martin ins Gespräch zu kommen. Sie möchte wissen, wie es ihm geht und was ihn gerade beschäftigt, oder einfach gemeinsam um das verlorene Kind weinen. Gleich nach dem Tod des Sohnes war das leichter möglich, nun werden solche Abende selten. Dagmar ist frustriert, weil Martin einfach aufsteht und den Geschirrspüler ausräumt und ihr keine Antworten geben kann. Sie fühlt sich verletzt und nicht gesehen.
Für Martin ist die Lage jedoch ganz anders: Er ist es nicht gewohnt, ständig in Kontakt mit seiner Gefühlswelt zu sein, und kann nicht aus dem Stegreif dazu Auskunft geben. Die Fragen seiner Partnerin sind erst der Impuls, dass er in sich horcht und wahrnimmt, welche Gefühle da sind.

Martin formuliert es so: „Mir fällt es tendenziell schwerer, über Gefühle zu sprechen. Ich habe kaum Freunde, mit denen ich über die Trauer spreche. Momentan kann ich mich gut mit der Arbeit ablenken und lasse dennoch bewusst Momente der Trauer zu. Dabei hilft mir der Weg zum Friedhof, in die Natur und ein wenig Sport."

Was Männer und Frauen in der Trauer unterscheidet

Trauer ist natürlich immer individuell. Es kann dennoch hilfreich sein, die Unterschiede zwischen Männern und Frauen als Orientierung im Hinterkopf zu haben. Was davon biologisch vorgegeben und was anerzogen ist – darüber kann man rätseln. Wir beobachten in unserer Praxis Folgendes:

Väter	**Mütter**
stürzen sich ins Tun, in die Arbeit	fühlen sich länger handlungsunfähig
greifen schneller auf bewährte Bewältigungsstrategien bei Krisen zurück	brauchen länger, bis sie auf ihre bewährten Bewältigungsstrategien bei Krisen zurückgreifen können
machen die Trauer mit sich aus	trauern offener, sichtbarer
sprechen weniger über ihren Schmerz und ihre Gefühle	sprechen mehr über ihren Schmerz und ihre Gefühle
verdrängen den Verlust mehr	verdrängen den Verlust weniger

Sommer 2021: Rückblickend kann ich heute einige Dinge nennen, die mir als Mann im Trauerprozess geholfen haben:

- *Mit einem vertrauten Mann reden, der mich ausreden ließ und fast nur zugehört hat. (Wir haben das Glück, dass unser Freund Religionslehrer und Pastoralassistent ist. Er war schon in der Nacht von Emilias Tod bei uns und hat sowohl ihre Taufe als auch ihre Verabschiedung gehalten.)*
- *Männer-Mentoring*
- *Zeit für mich alleine, um mit mir selbst in Kontakt zu kommen – falls das überhaupt möglich war zu dieser Zeit.*
- *Bei Entscheidungen, die den Familienalltag auch hinsichtlich unserer großen Tochter betroffen haben, hat Ulla viel Nachsicht mit mir gehabt. Ich bin generell nicht der Schnellste bei Entscheidungen. Da ich aber überhaupt nicht in Kontakt mit mir war, haben diese Entscheidungen noch länger gebraucht bzw. war es mir manchmal nicht einmal möglich, alltägliche Entscheidungen zu treffen.*
- *Ehrliches Lob von Ulla, wenn ich Kleinigkeiten im Alltag geschafft habe, auch wenn sie das wahrscheinlich viel Kraft gekostet hat. So habe ich wieder gelernt, auch das Positive zu sehen. Ich erhielt auch die Gewissheit, dass ich, so wie ich im Moment bin, richtig bin und so sein darf (auch wenn ich verschlossen war).*
- *Einen Tag komplette Auszeit, damit ich das tun konnte, was mir wirklich am Herzen lag (und bitte ohne Urteil darüber, ob das sinnvoll ist oder nicht).*
- *In einer reinen Männerrunde mal um die Häuser ziehen und Dinge tun, die halt nur Männer tun, wenn sie alleine sind und am nächsten Tag ausschlafen können.*

Wir haben die Erfahrung gemacht, dass der Austausch innerhalb des Paares über die unterschiedlichen Standpunkte bzw. Sichtweisen essenziell ist, um auch als Paar im Trauerprozess weitergehen zu können.

Deine Trauer – meine Trauer[12]

Dauer ca. 30 bis 45 Minuten
Wenn ein Elternpaar um sein Kind trauert, trauern einerseits zwei Einzelpersonen, also die Mutter und der Vater, andererseits trauert jeder auch mit dem anderen mit. Auch in einer gut funktionierenden Partnerschaft gibt es Gründe, warum wir den anderen nicht an unserer Trauer teilhaben lassen wollen oder können: Wir fühlen uns vielleicht missverstanden oder in unserer Art zu trauern bewertet. Oftmals wollen wir unseren Partner auch schonen und nicht mit der vollen Wucht der eigenen Gefühle konfrontieren, da der andere ja auch in tiefer Trauer ist. Manchmal schämen wir uns auch für unsere Gefühle oder Gedanken oder für die Art, wie wir trauern.
Die folgende Übung hilft dabei, sich klar zu werden, welche Bereiche der Trauer wir vor unserem Partner oder auch vor uns selbst verstecken. Ziel der Übung ist es, einen Raum für ein Gespräch zu schaffen und dadurch den anderen und sich selbst besser zu verstehen.

---

[12] Inspiriert von Roland Kachler/Christa Majer-Kachler, Gemeinsam trauern – gemeinsam weiter lieben. Das Paarbuch für trauernde Eltern, Freiburg 2013, S.78.

Bevor ihr mit der eigentlichen Übung startet, nehmt euch ein paar Minuten Zeit, um anzukommen. Zündet eine Kerze an und meditiert fünf Minuten gemeinsam, wenn es für euch passt.

Danach nehmt beide je ein leeres Blatt und zeichnet jeweils zwei Kreise auf.

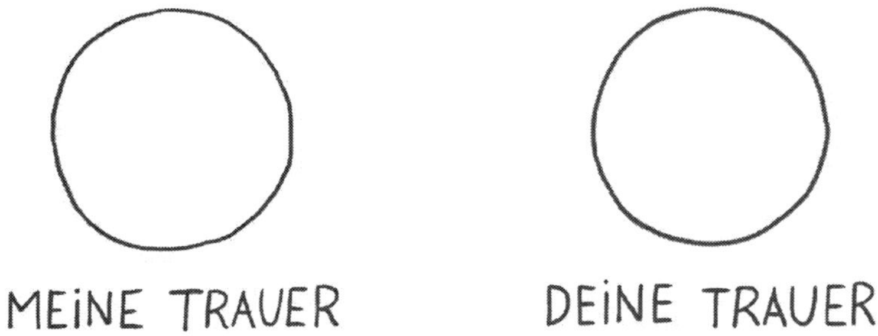

Teilt beide Kreise in je drei verschieden große Tortenstücke auf. Die Größe jedes Stückes soll der Größe des jeweiligen Anteils bei euch entsprechen. Jeder trägt für sich in die Bereiche ein, was ihm oder ihr jeweils dazu einfällt.

In den ersten Kreis:

- ♥ Anteile meiner Trauer, über die ich sprechen kann
- ♥ Anteile meiner Trauer, die ich nur indirekt zeige
- ♥ Anteile meiner Trauer, die ich für mich behalte

In den zweiten Kreis:

- ♥ Anteile deiner Trauer, die ich kenne
- ♥ Anteile deiner Trauer, die ich erahnen kann
- ♥ Anteile deiner Trauer, die mir verborgen bleiben

Wenn ihr fertig seid, zeigt einander eure Kreise und sprecht darüber. Vielleicht gelingt es euch sogar, über geahnte oder verborgene Trauer zu sprechen.
Achtung: Diskutiert bitte nicht über die Zeichnung des anderen. Sie ist so, wie sie ist; die persönlich empfundene Sicht auf die Dinge.

In abgewandelter Form könnt ihr diese Übung auch alleine, mit einer Freundin, mit anderen Familienmitgliedern und auch mit Kindern machen.

Wer dein Schweigen nicht versteht,

versteht auch deine Worte nicht.

Elbert Hubbard

Wege in unbekanntes Gelände

For men only

Mit dem Tod meiner Tochter hat sich 2016 mein Leben innerhalb weniger Sekunden auf den Kopf gestellt. Weil du dieses Buch in der Hand hast, gehe ich davon aus, dass du eine ähnliche Erfahrung gemacht hast. Da ich selbst ein Mann bin, kann ich mir ungefähr vorstellen, was gerade in dir los ist. Ich freue mich, dass du dieses Kapitel hier liest. Ich habe im ersten Jahr nach dem Tod meiner Tochter kein Buch gelesen, ich habe einfach nur funktioniert. Und dabei habe ich mich sicher gefühlt. Das war mir bekannt, da konnte ich was tun und dieses undefinierbare Gefühl im Bauch in Schach halten bzw. vergessen.

Warum du dieses Kapitel lesen solltest

Vielleicht bist du noch unsicher, ob das hier etwas für dich ist. Dann lies mal die folgende Aufzählung:

- ♥ Du fühlst dich innerlich leer und nichts (bzw. sehr wenig) in deinem Leben ergibt gerade Sinn.
- ♥ Deine Freunde und Bekannten verstehen dein Verhalten nicht bzw. nicht mehr.
- ♥ Deine Partnerschaft hat sich verändert, es gibt momentan wenig Gemeinsamkeiten.
- ♥ Du fühlst eine gewisse Ohnmacht in dir und weißt nicht damit umzugehen.
- ♥ Am liebsten bist du nur mit dir allein und willst deinen Frieden haben.

- ♥ Du kannst über deine Trauer bzw. deinen inneren Zustand mit niemandem reden.
- ♥ Die gut gemeinten Tipps und Ratschläge nahestehender Personen helfen dir nicht und machen dich vielleicht sogar innerlich aggressiv oder wütend.
- ♥ Du bist traurig über den Verlust deines geliebten Kindes und kannst trotzdem nicht weinen.
- ♥ Personen, die du kennst, wenden sich ab, wenn sie auf dich treffen.
- ♥ Nahestehende Personen tun so, als ob alles wieder ist wie vor dem Tod deines Kindes.

Wenn mindestens ein Punkt auf dich und deinen derzeitigen Zustand zutrifft, dann würde ich dir raten weiterzulesen!
Also, jetzt musst du dich entscheiden: das Buch zur Seite legen oder weiterlesen. Es ist deine Entscheidung und du triffst sie für dich. Denn wenn du dich mit der Frage beschäftigst, wie wir Männer mit dem Verlust eines geliebten Kindes umgehen – wie du mit deinem Verlust umgehst –, dann wird sich etwas verändern in deinem Leben.
Frauen reden über ihre Probleme, Männer fressen alles in sich hinein, sagt man. Und meiner Erfahrung nach trifft diese Aussage bei der Trauerbewältigung auf viele Männer zu. Wir machen die Dinge, die uns beschäftigen, mit uns selber aus. Ehrlich gesagt, ich war auch nicht der wortgewaltigste bei der Verarbeitung meiner Trauer. Warum das vielen Männern so geht, hat meiner Meinung nach mehrere Gründe:

- ♥ Vielen Männern fehlt dafür ein Vorbild. Mein Vater zum Beispiel schafft es bis heute nicht, über seine Gefühle zu reden; auch er hat es von seinem Vater nicht gelernt.

- ♥ Unsere Väter- bzw. Großväter-Generation hat im Krieg gedient. Da war es auch nicht angebracht, über die eigenen Probleme zu reden, da musste man hart sein bzw. sich selbst gegenüber eine gewisse Härte an den Tag legen, sonst wäre man wahrscheinlich gestorben.
- ♥ In unseren männlichen Genen ist immer noch der „Jagdmodus" abgespeichert, auch wenn wir den heute nicht mehr brauchen. Bei der Jagd war es nicht angebracht, zu reden. Man war still, um die Beute nicht aufzuscheuchen. Und dieser „Jagdmodus" ist bei vielen von uns noch unbewusst aktiv.

Was trauernden Vätern hilft

Was kannst du jetzt tun, um mit deinem inneren Zustand der Trauer besser umzugehen, diesen vielleicht zu verstehen und anschließend auch dem Umfeld mitzuteilen?[13]

Bewegung und Alleinsein

Zum Beispiel ein langer und ausgedehnter Spaziergang an der frischen Luft. Dabei ist man Wind und Wetter ausgesetzt und kann im Alleinsein seinen Gedanken freien Lauf lassen. Oder im Fitnessstudio. Die unterschiedlichen Trainingsgeräte bieten einen gewissen „Schutz", man trainiert alleine an einem Gerät, macht die sich wiederholenden Übungen in einem angenehmen Rhythmus. Vielleicht gehst du gerne laufen oder drehst mit dem Fahrrad eine Runde. All diese Aktivitäten unterstützen dich dabei, in deinen Rhythmus zu kommen.

---

[13] Vgl. Thomas Achenbach: Männer trauern anders. Was ihnen hilft und gut tut, Ostfildern 2019 S. 37ff.

Sich auf das konzentrieren, was sich beeinflussen lässt bzw. kreativ tätig werden

Durch den Tod meiner Tochter ist mir bewusst geworden, dass ich auf die wichtigen Dinge im Leben keinen Einfluss habe. Als ich ihren leblosen Körper in meinen Armen hielt, fühlte ich mich ohnmächtig und unfähig, sie auch nur irgendwie beschützen zu können. Ich habe sie nicht vor dem Tod bewahren können. Vielleicht ist es dir ähnlich ergangen. Wir Männer sind zum Tun und Machen erzogen worden. Wir erschaffen Dinge, fühlen uns dadurch mächtig und haben das Gefühl der Kontrolle. Dieses Gefühl ist nach dem Tod von Emilia schlagartig verschwunden und es hat lange gedauert, bis es für mich wieder fühlbar war.
In einer solchen Situation kann es hilfreich sein, wenn du bewusst einen kleinen Bereich in deinem Leben auswählst, den du kontrollieren kannst. Du kannst Modelle zusammenbauen oder du erschaffst Dinge mit Legosteinen. Vielleicht hast du damit auch gemeinsam mit deinem Kind gespielt. Das mag sich möglicherweise total verrückt für dich anhören, aber vielleicht fühlst du dich deinem Kind dadurch sogar sehr nahe.
Ich habe zum Beispiel einen Lego Technik Bagger mit über 1600 Teilen zusammengebaut. Dabei richtete ich meinen Fokus ausschließlich auf das Zusammensetzen der Teile und habe mich gefreut, dass durch mein Tun etwas entsteht.

Wütend werden dürfen

Als kleiner Junge war ich über viele Dinge zornig und wütend. Das ist mir von meinen Eltern aber meistens sofort verboten worden. „Jetzt reiß dich zusammen, wegen dieser Kleinigkeit gleich so zornig zu werden, ist ja wohl wirklich nicht angebracht." So oder so ähnlich hat sich das vielleicht auch bei dir angehört. Meine Aggressivität ist mir sozusagen abtrainiert worden. Wenn ich zornig

war, wurde ich geschimpft und manchmal sogar dafür bestraft. Niemand wird gerne bestraft. Also habe ich das unterlassen.
Aber die eigene Wut zu kanalisieren, einfach mal irgendwo draufhauen zu dürfen, ohne schlechtes Gewissen, ohne etwas zu zerstören, das kann dir in deiner derzeitigen Situation helfen. Vielleicht kannst du den Boxsack in einem Fitnessstudio ja mal ausgiebig bearbeiten. Dort liegen sicherlich auch Handschuhe für dich bereit.
Im Zimmer meiner großen Tochter hängt ein solcher Boxsack von der Decke. Den hat sie sich zu Ostern 2016 gewünscht. Also ca. zwei Wochen vor dem Tod von Emilia. (Das wird mir auch jetzt gerade erst bewusst, wenn ich diese Zeilen schreibe, dass da das Leben schon gewusst hat, was kommt.) Jedenfalls „bearbeite" ich den Boxsack sehr oft – immer dann, wenn meine Große nicht zu Hause ist und ich den ganzen angestauten Zorn und die Wut herauslassen will.
Aber nicht immer ist meine Tochter in der Schule, also nehme ich die Möglichkeit meiner geliebten Frau wahr und fasse mir unseren „Wutpolster" (Wutkissen). Ich hole tief Luft, halte mir das Teil vor mein Gesicht und brülle los. Zorn, Wut, Ohnmacht – ich brülle alles in den Polster hinein. Der muss ganz schön was aushalten, aber „draußen" ist es leise, niemand muss mitbekommen, dass ich gerade meine angestauten Emotionen herauslasse.

Und zu guter Letzt haben wir noch einen Gong in unserem Haus, den Ulla mal gekauft hat. Ich schließe alle Fenster des Zimmers und lege los, zuerst ganz behutsam, aber schon nach ein paar Schlägen und den sich daraus ergebenden Schwingungen haue ich volle Wucht drauf. Alles ist wunderbar laut und ich lasse meinen Gefühlen freien Lauf. Ob mich die Nachbarn hören, ist mir vollkommen egal. Es hat mich bis jetzt noch nie jemand auf den Lärm angesprochen. Und selbst wenn: Gib nicht allzu viel auf die Meinung der anderen, die wissen einfach nicht, was in dir los ist.
Alle diese Möglichkeiten können dich dabei unterstützen, mit der Ohnmacht, die durch den Tod unserer geliebten Kinder in uns entstanden ist, umgehen zu lernen. Sie können uns helfen, die Dinge fürs Erste zu stabilisieren.
Ein Beispiel zur Erklärung:
Es ist, als würdest du mit einem kleinen Boot auf ruhigem Gewässer fahren. Alles läuft wie geschmiert, doch dann donnert wie aus dem Nichts ein riesiges Schiff an dir vorbei. Die dadurch verursachten Wellen schaukeln dein kleines Gefährt ordentlich durch und du drohst zu kentern. Du musst dir also etwas einfallen lassen, sonst ist die Bootsfahrt vorbei. Genau für diesen Zweck sind die oben angeführten Impulse gedacht. Zur Stabilisierung deines Bootes. Ein möglicher erster Schritt für deine weitere, hoffentlich wieder ruhiger werdende Bootsfahrt.
Du denkst dir jetzt vielleicht: Ja gut, aber das mache ich doch schon und trotzdem ändert sich wenig bis gar nichts bei mir. Da kann ich dir aus meiner persönlichen Sicht nur herzlich gratulieren! Denn das ist bzw. war schon dein erster Schritt auf dem Weg, mit deiner Trauer umzugehen. Aber es gibt keinen Weg, der schon nach dem ersten Schritt endet.
Also, was wir Männer beginnen, beenden wir normalerweise. Und auf einem Weg ist das auch der Fall. Was sind jetzt also die nächsten Schritte?

Mit den oben angeführten Möglichkeiten bzw. mit den Dingen, die du schon für dich machst, ist es dir möglich, in gewissen Bereichen deines Lebens wieder Kontrolle zu gewinnen. Dadurch haben wir das Boot vor dem Kentern bewahrt, aber sicher sind wir noch nicht.

Um unsere Sicherheit zurückzuerlangen, also das aus dem Nichts kommende, riesige Schiff zu erkennen, ist es erforderlich, hinzuschauen, woher diese Wucht kommt, die uns so bedroht. Dazu ist es erforderlich, in uns hineinzuhören und hineinzufühlen. Ich glaube zu wissen, was du jetzt vielleicht denkst: Wie soll das bitte gehen?

Die Frage ist nicht überraschend, denn wir Männer haben nie gelernt, „in uns hineinzuschauen". Auf die Frage, wie ich mich fühle, was in mir gerade los ist, können die meisten Männer keine spontane Antwort geben. Wir sind nicht mit uns verbunden, wir leben im Außen. Das heißt, dass sich viele von uns über Arbeit, also das, was wir erschaffen, definieren und auch bewerten. Mit der Frage: „Wie geht es dir?" startet das Hineinfühlen erst. Und für dieses „In-uns-Hineinfühlen" brauchen wir Zeit. Sehr viel Zeit. Wir haben das, wie oben bereits erwähnt, nie gelernt.

Wenn du auch zu den Männern gehörst, die das nie gelernt haben oder sich damit schwertun, dann findest du hier einen möglichen Schritt, wie es gelingen kann:

Gefühle-Tagebuch

Eine Zeitangabe zu machen, wie lange diese Übung dauert, ist für mich jetzt echt schwer, das hängt ganz von dir ab, aber fünf Minuten sind aus meiner Sicht die untere Grenze.

Du brauchst für diese Übung ein Blatt Papier (besser ist, meiner Meinung nach, ein Büchlein, in dem du mehrere Seiten zur Verfügung hast) und einen Stift.
Nimm dir einmal am Tag bewusst Zeit für dich und setze dich mit einem Blatt Papier/einem kleinen Büchlein hin.
Nimm ein paar tiefe Atemzüge und konzentriere dich dabei nur auf die Luft, die durch deine Nase strömt. Beim Einatmen ist die Luft kühl, beim Ausatmen ist sie warm. Lass deine Gedanken dabei einfach ziehen, sie sind jetzt nicht wichtig. Wichtig ist nur dein Atem.
Wenn du dich auf deinen Atem konzentrierst, was ist dann in deinem Körper los? Horche einfach mal hin, spürst du etwas? Kommen Gefühle hoch? Gibt es z. B. einen Druck, ein Ziehen, eine Leere – also nichts? All das notierst du in dein Büchlein.
Diese Übung wiederholst du jeden Tag mindestens ein Mal.
Ich hoffe, du denkst jetzt nicht: So ein Blödsinn, was soll das denn bewirken?
Auch wenn die Übung sehr einfach erscheint: Sie ist alles andere als eine Wischi-waschi-Aktion! Wenn du das wirklich regelmäßig machst und dazu deine Notizen in dein Büchlein schreibst, lernst du, mit deinem Inneren, mit dieser Ohnmacht in Kontakt zu kommen. Und – das kannst du mir glauben – das ist alles andere als unbedeutend und klein. Du gehst damit deinen möglichen nächsten Schritt auf deinem Weg.
Vielleicht magst du mit jemandem über deine Notizen reden. Das kann natürlich deine Partnerin sein. Ich denke sogar, dass sie sich darüber freuen würde, etwas von dir und deinem inneren Zustand zu erfahren.

Manchmal tut es aber auch gut, mit einer „fremden" Person darüber zu reden. Ganz oft brauchen wir Männer diesen „geschützten Bereich", um uns wirklich zu öffnen und über unser Inneres zu sprechen. Ich habe mich zum Beispiel in einer Männerrunde im Männer-Mentoring so richtig öffnen können. Vielleicht hast du auch einen wirklich guten Freund, der super zuhören kann und nicht immer gleich mit einem gut gemeinten Tipp oder Ratschlag aufwartet, wenn man was sagt. Du kannst auch im Internet nach einer professionellen Trauerbegleitung suchen. Falls du schon genug Vertrauen zu mir hast, kannst du dich natürlich auch gerne an mich wenden.

Wenn du bis hierher durchgehalten hast, beglückwünsche ich dich. Wenn du an der Übung von oben (Gefühle-Tagebuch) auch noch dran bist bzw. diese startest, dann hast du schon mehr erreicht, als du dir vielleicht jetzt vorstellen kannst.
Ein abschließender Tipp noch: Oft hilft uns Männern der Zugang zu uns selbst mittels Musik. Wenn ich mal einen schlechten Tag habe (und davon gibt es immer noch mehr, als mir lieb ist – nicht nur wegen Emilias Tod), dann öffne ich meine Playlist und knall mir meine Lieblingslieder rein. Oder vielleicht genau ein bestimmtes Lied, das Lied, das ich jetzt gerade brauche.

Ein Tropfen Liebe ist mehr

als ein Ozean Verstand.

Blaise Pascal

Trauern als Paar

Wie trotz allem Nähe möglich ist

Vor über 20 Jahren haben wir für unsere Hochzeit ein Zitat von Michel Quoist ausgewählt: „Wer den anderen liebt, lässt ihn gelten, so wie er ist, wie er gewesen ist und wie er sein wird." Wir haben die Erfahrung gemacht, dass es in der Partnerschaft viel Akzeptanz, Respekt und auch Freiraum für den jeweils anderen braucht. In unserem Trauerprozess haben wir immer wieder festgestellt, wie wichtig es ist, auch den Partner/die Partnerin in ihrer Trauer so anzunehmen, wie er oder sie ist. Der Tod des gemeinsamen Kindes belastet eine Partnerschaft schwer. Dieses Ereignis verändert beide Elternteile und es verändert die Beziehung zueinander. Die überwältigende Herausforderung des Todes wirft anfangs jeden ganz auf sich selbst zurück. So beschreiben es auch Roland Kachler und Christa Majer-Kachler in ihrem Buch „Gemeinsam trauern – gemeinsam weiter lieben". Man nimmt den Partner/die Partnerin wie durch eine Glasscheibe wahr. Man sieht und hört sich zwar, aber trotzdem wirkt da etwas Trennendes zwischen den Personen. So haben wir es damals auch erlebt.

Frühling 2016: In der ersten Zeit nach dem Begräbnis meiner Prinzessin habe ich das Gefühl, als Hülle durch die Gegend zu laufen. Ich bin so leer, so ohnmächtig, dass sowohl für meine große Tochter Nina als auch für meine Frau Ulla kein Platz bleibt. Alles ist auf mein Funktionieren ausgerichtet. Ich erledige also die alltäglichen Dinge, die zu machen sind. Ich bekomme natürlich auch mit, wie schlecht es Ulla geht, habe aber keine Kraft, sie zu unterstützen, ihr ihre Traurigkeit, ihre Niedergeschlagenheit und was sonst noch so alles für mich sichtbar und fühlbar ist, abzunehmen.

Stolpersteine und Vorwürfe

Mit dem Gefühl, dass sich jeder unter einer Käseglocke befindet, müssen beide Elternteile alleine umgehen. Und es verändert etwas in uns. Wir haben den Eindruck, nicht nur uns selbst fremd zu sein, sondern auch dem Partner/der Partnerin.
Diese Isolierung von unserem Partner, aber auch von uns selbst, verunsichert und kann zu Konflikten führen. Roland Kachler und Christa Majer-Kachler nennen folgende „Stolpersteine", die Paare einander vorwerfen können:[14]

- ♥ Du trauerst zu wenig!
- ♥ Du trauerst zu sehr!
- ♥ Du sprichst nicht über unser Kind mit mir!
- ♥ Du sprichst nur noch von unserem Kind!
- ♥ Du kümmerst dich nicht um mich!
- ♥ Du engst mich mit deiner Trauer ein!
- ♥ Du kritisierst meinen Weg der Trauer!
- ♥ Du lebst nur noch in deiner eigenen Welt!
- ♥ Du lässt dir nicht helfen!

In dieser Phase des Trauerns und des „Alleineseins" ist es für die Paarbeziehung besonders hilfreich, wenn beide die Verschiedenheit der Trauer akzeptieren.

---

[14] Vgl. Kachler/Majer-Kachler, Gemeinsam trauern – gemeinsam weiter lieben, S. 42ff.

Frühling 2016: Gott sei Dank kennen wir uns schon über 20 Jahre und sind uns des Wertes unserer soliden und beständigen Beziehung bewusst. Dies ist meiner Meinung nach auch die Grundlage dafür, dass jeder den anderen einfach in seiner Trauer sein lässt, wie er eben gerade ist. Ich habe nie einen Satz wie: „Du bist so ruhig, so in dich gekehrt. Ich erkenne dich gar nicht wieder" oder so ähnlich von Ulla gehört. Und auch keinen Vorwurf: „Du bist am Tod unserer Tochter schuld." Das wäre, ehrlich gesagt, ein weiterer Tiefschlag für mich.
Andererseits stelle auch ich niemals Ullas Weg oder ihr Handeln in Bezug auf die Trauer infrage oder beschuldige sie. Wir tun in unserer größten Not instinktiv das Richtige, können uns, wie bisher in unserem Leben, zu 100 Prozent aufeinander verlassen. Das ist ein sehr großes Glück.

Wie erlebe ich meine Trauer?[15]

Dauer ca. 30 bis 45 Minuten

In dieser Übung können wir uns klar werden, wie wir unsere eigene Trauer sehen bzw. empfinden.
Ziel dieser Übung ist es, einen Raum für ein Gespräch zu schaffen und dadurch den anderen und sich selbst besser zu verstehen.

---

[15] Vgl. Kachler/Majer-Kachler, Gemeinsam trauern – gemeinsam weiter lieben, S. 47f.

Bevor ihr mit der eigentlichen Übung startet, nehmt euch ein paar Minuten Zeit, um anzukommen. Zündet eine Kerze an und meditiert fünf Minuten gemeinsam, wenn es für euch passt.

Danach nehmt beide je ein leeres Blatt und schreibt den Einleitungssatz: *„Ich erlebe meine Trauer wie …"*

Ergänzt diesen Satz jeweils mit einem Bild, einer Metapher oder einem Symbol. Dies wiederholt ihr vier- bis fünfmal.

Auf dem Blatt könnte zum Beispiel stehen:

„Ich erlebe meine Trauer wie eine dunkle Wolke."

„Ich erlebe meine Trauer wie einen Kloß im Magen."

„Ich erlebe meine Trauer wie ein Riesenrad."

Danach stellt beide abwechselnd einen Satz vor und erläutert das jeweilige Bild oder Symbol für die eigene Trauer. Das Gegenüber kommentiert und bewertet nicht. Fragen, die den Partner beim Verstehen der eigenen Trauer unterstützen, sind erlaubt. Abschließend werden beide Blätter nebeneinandergelegt und die Unterschiede sowie die Gemeinsamkeiten besprochen.

Auch trauernd ein Paar bleiben

In der Regel haben nach dem Tod eines Kindes beide Elternteile genug damit zu tun, den Alltag zu meistern und über die Runden zu kommen. Gleichzeitig haben vor allem die Frauen – das hören wir immer wieder in unseren Seelen-Kreisen – den Wunsch, sich mit dem Partner zu besprechen bzw. auszutauschen.
Wenn dieser Austausch unter den verwaisten Eltern nicht stattfindet, können folgende Gefühle auftreten:

- ♥ Angst: Geht es meinem Partner so schlecht, dass er nicht mit mir über seine Trauer sprechen kann? Oder will er nicht mit mir darüber reden?
- ♥ Hilflosigkeit: Ich möchte mein Gegenüber so gerne unterstützen und ihm/ihr helfen. Ich weiß aber gar nicht, was er/sie braucht. Vielleicht bedränge ich ihn/sie zu sehr und es stört oder ärgert eher, als dass es hilft.
- ♥ Ärger: Ich fühle mich durch dein Schweigen zurückgewiesen und habe das Gefühl, aus deinem Leben und deiner Trauer ausgeschlossen zu sein.

Weil es für Frauen oft sehr wichtig ist, über die Gefühle ihres Partners Bescheid zu wissen, „bohren" sie manchmal nach – was wiederum ihre Partner stark unter Druck setzen kann. Roland Kachler und Christa Majer-Kachler geben einige Hinweise, die Frauen dabei helfen können, auch im Schweigen Nähe und Verbundenheit zu spüren:[16]

---

[16] Vgl. Kachler/Majer-Kachler, Gemeinsam trauern – gemeinsam weiter lieben, S. 86f.

- ♥ Ich sehe dein Schweigen als deine besondere Art zu trauern, respektiere dies und werte es nicht als Angriff gegen mich.
- ♥ Ich teile dir mit, dass mich deine Sprachlosigkeit verletzt und ich darunter leide. Es ist für mich aber auch in Ordnung, dass du trotzdem weiter schweigst, wenn das gerade deine Art des Trauerns ist.
- ♥ Ich informiere dich jedoch, dass ich gerne reden möchte, und wir finden einen gemeinsamen Termin.
- ♥ Ich teile dir mit, dass ich gerne einen regelmäßigen Austausch haben möchte. Wir können uns dabei auch nur kurz austauschen oder vereinbaren, dass wir nur Entscheidungsfragen stellen (Fragen, die mit „Ja" oder „Nein" zu beantworten sind).
- ♥ Ich akzeptiere, dass du nicht reden möchtest. Lass es uns mit einem schriftlichen Austausch versuchen (Briefe oder E-Mails).
- ♥ Ich freue mich auch über eine Umarmung. Hier brauchen wir gar nicht sprechen und ich kann spüren, wie es dir geht. Dabei sind wir uns nahe.

Als unsere älteste Tochter Nina geboren wurde, kam zu unserer Paarebene die Elternebene hinzu. Da wir seit Beginn unserer Beziehung wussten, dass wir einmal Kinder haben wollen, war das für uns ganz normal. Mit dieser Aufspaltung von einer auf zwei Ebenen hatten wir aber unsere Probleme. Wir haben damals unsere Paarebene quasi vertrocknen lassen und uns nur um die Pflege und Erziehung von Nina oder den Haushalt gekümmert. Zeit zu zweit wurde sehr rar. Dadurch wäre es fast zu unserer Trennung gekommen. Gott sei Dank haben wir uns in dieser Situation Hilfe geholt und so konnten wir unsere Paarbeziehung wieder festigen, mehr noch: sie wurde wieder sehr erfüllt.

Diese Erfahrung half uns auch in unserer Trauer: Paare, die schon einige Schwierigkeiten und Probleme miteinander überstanden haben, aber auch auf glückliche Zeiten zurückblicken können, sehen diesen bereits gegangenen, gemeinsamen Lebensweg als solide Basis, sich nach dem Tod des geliebten Kindes neu zu orientieren. Sie wissen, dass auch in Krisenzeiten ein weiterer gemeinsamer Weg möglich ist.[17]

Der Tod des geliebten Kindes macht uns dann nochmals intensiv zu Eltern – zu trauernden Eltern, die sich natürlich nun wieder ganz auf die Elternebene, also auf die Beziehung zum verstorbenen Kind konzentrieren und die Paarebene vernachlässigen. Das ist in der ersten Zeit nach dem Tod ganz normal. Wie schafft man es aber dann, wieder zurück zur Paarebene zu kommen und sich neben der Trauer und dem Fokus auf die Elternebene auch wieder als (Liebes)Paar zu fühlen? Dazu haben wir im Buch von Roland Kachler und Christa Majer-Kachler einen guten Ansatz gefunden, worüber wir uns als Paar austauschen können:[18]

Wie nimmt jeder Partner die Liebe zum verstorbenen Kind bzw. die Liebe zum Partner wahr? Wo werden diese beiden Bereiche der Paarliebe und der Elternliebe im Körper wahrgenommen? Gibt es da Unterschiede? Dadurch kann uns bewusst werden, dass sich die Liebe zu unserem Kind anders ausdrückt als die partnerschaftliche Liebe.

Beide können gemeinsam prüfen, wie viel Raum die Liebe zum Kind und wie viel Raum die partnerschaftliche Liebe einnimmt. Wenn man feststellt, dass die Liebe zum Kind bei einem Elternteil oder bei beiden einen zu großen Raum einnimmt, sollte das ohne Vorwurf ins Gespräch eingebracht werden. Wir können uns noch Möglichkeiten überlegen, wie man wieder mehr Raum für ge-

---

[17] Vgl. Meier-Braun/ Schlüter, Die gewandelte Trauer, S. 107.

[18] Vgl. Kachler/Majer-Kachler, Gemeinsam trauern – gemeinsam weiter lieben, S. 118f.

meinsame Paarzeit schaffen kann. Dabei soll aber niemand das Gefühl haben, dass die Liebe zum verstorbenen Kind zu kurz kommt.

Den oben beschriebenen Prozess haben wir in unserer akuten Trauerzeit nicht bewusst durchgemacht. Es war uns aber beiden klar, dass wir etwas unternehmen wollten, um nicht den ganzen Tag im Haus herumzusitzen und uns von den Ereignissen erdrücken zu lassen.

Wir unternahmen daher als Paar, aber auch als Familie wieder schnell gemeinsame Ausflüge und Aktivitäten. Das hat uns geholfen, in der Freizeit aus unserem Haus herauszukommen und frische Luft zu atmen.

Elternliebe – Paarliebe?[19]

Dauer: ca. 30 bis 45 Minuten

In der folgenden Übung können wir uns klar werden, wie wir unsere eigene Trauer sehen bzw. empfinden. Ziel der Übung ist es, den Unterschied zwischen der Liebe zum verstorbenen Kind und der partnerschaftlichen Liebe darzustellen.
Bevor ihr mit der eigentlichen Übung beginnt, nehmt euch ein paar Minuten Zeit, um anzukommen. Zündet eine Kerze an und meditiert fünf Minuten gemeinsam, vielleicht wollt ihr ja eine für euch passende Musik im Hintergrund hören.
Sucht euch beide ein Bild bzw. ein Symbol für die Liebe zum verstorbenen Kind und ein Bild bzw. Symbol für die partnerschaftliche Liebe. Was euch spontan zu diesen beiden Bereichen einfällt, zeichnet bzw. skizziert ihr getrennt je auf ein Blatt Papier oder ihr sucht Bilder aus dem Internet bzw. aus Zeitschriften. Anschließend vergleicht ihr eure Symbole bzw. Bilder. Dann überprüft ihr, wo sich eure Darstellungen unterscheiden oder vielleicht sogar gleichen. Auch, welche Darstellung wie viel Raum einnimmt und Energie bekommt.
Tauscht euch behutsam darüber aus. Vielleicht zeigt sich in diesem Gespräch, dass eure Paarliebe wieder mehr in den Fokus rücken sollte und ihr wieder mehr für eure Paarbeziehung tun wollt.

[19] Inspiriert von Kachler/Majer-Kachler, Gemeinsam trauern – gemeinsam weiter lieben, S. 125.

Abschließend könnt ihr euch gemeinsame Aktionen für diesen Bereich überlegen.

Sexualität und Trauer

Viele Paare merken, dass sich der Verlust des Kindes auch auf ihr Liebesleben auswirkt. Gerade in der ersten Zeit steht den meisten Paaren nicht der Sinn nach dem Austausch von Zärtlichkeiten. Zu groß sind der Schmerz und die Trauer um das verstorbene Kind.
Roland Kachler und Christa Majer-Kachler beschreiben mögliche Reaktionen von Paaren nach dem Verlust ihres Kindes:[20]

- ♥ Die Sexualität kommt langsam wieder zurück und wird achtsamer und tiefer erlebt.
- ♥ Die Sexualität erfährt durch den Tod des Kindes keinen Abbruch. Sie wird als Ausdruck körperlicher Nähe erlebt, die auch Trost spenden kann.
- ♥ Das Paar verzichtet einvernehmlich auf Dauer auf Sex und es werden andere Formen der Nähe entwickelt.
- ♥ Das Bedürfnis nach Sexualität ist innerhalb des Paares unterschiedlich. Es kann sein, dass sich ein Partner dauerhaft verweigert. Oft ist es so, dass es dann auch schon vor dem Tod des Kindes Konflikte auf der Ebene der Sexualität gab.

Laura, deren Sohn vor etwas mehr als einem Jahr verstorben ist, bat Ulla um einen Termin für „ein sehr persönliches Thema". Sie

---

[20] Vgl. Kachler/Majer-Kachler, Gemeinsam trauern – gemeinsam weiter lieben, S. 166.

erzählte, dass sich die Partnerschaft mit ihrem Mann schwierig gestalte, da er ihr zu verstehen gebe, dass er sie auch körperlich gerne wieder spüren möchte. Ihr falle dies aber nach dem Tod des gemeinsamen Kindes noch sehr schwer. Da sie ihren Mann liebt, wollte sie gerne etwas ändern. Wir sprachen über ihre Zeit als Paar, bevor die Kinder zur Welt kamen, was sie gerne gemacht und wie sie ihre Paarbeziehung damals gestaltet haben. Laura erkennt, dass von 0 auf 100, also von keine Liebesbeziehung zu Liebespaar, ein zu großer Schritt für sie wäre. Daher teilen wir den Weg gemeinsam in kleinere Etappen auf, damit sich die beiden wieder näherkommen können: gemeinsame Spaziergänge, kuscheln, sich in den Arm nehmen, Essen gehen usw. All das sind Dinge, die beide verbinden. Und am allerwichtigsten ist, dass Laura und ihr Mann über all das reden, was ihnen am Herzen liegt, und jeder die eigenen Wünsche und Bedürfnisse äußern kann.

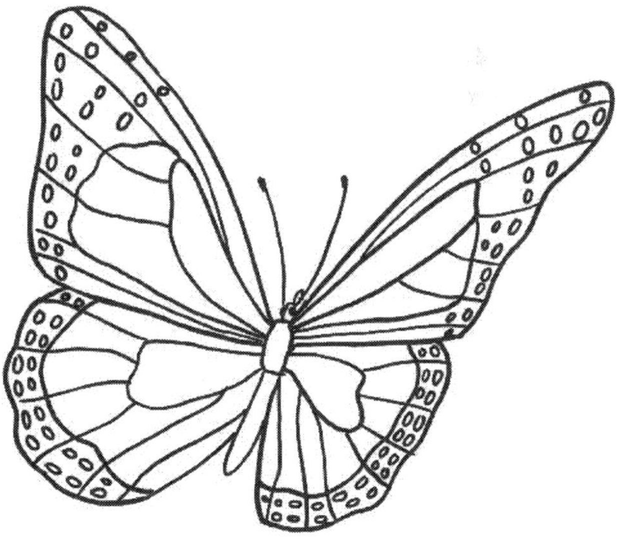

Obwohl du im Himmel bist,

erzählen wir mit leuchtenden Augen von dir,

als wärst du nie gegangen.

Und wir tun es weiter.

Heute, morgen.

So lange, bis wir bei dir sind.

Quelle unbekannt

Trauern als Familie

Ein Blick auf Geschwisterkinder, Großeltern und Tanten und Onkel

Die Liebe zwischen unseren beiden Töchtern Nina und Emilia war eine ganz besondere. Nina sagt selbst, dass sie vor Stolz fast geplatzt sei, als ihr Papa sie in der Früh mit den Worten, „Guten Morgen, große Schwester", geweckt hat, nachdem sie sieben Jahre auf ein Geschwisterchen gewartet habe. Emilia kam kurz davor in unserem Wohnzimmer zur Welt und Nina konnte von Anfang an dabei sein, als ihre kleine Schwester gewogen und gemessen wurde. Kurz danach hielt sie Emilia zum ersten Mal im Arm. Nina erinnert sich: „Ich liebte sie vom ersten Augenblick an. Meine Schwester war mein Ein und Alles. Sie war meine Welt, hat für mich die Sonne an Regentagen scheinen lassen und schenkte mir in jedem Augenblick ein zahnloses Lächeln."
Wir versuchten, die Sorgen um Emilias Herzfehler und die beiden geplanten Operationen so gut es ging von Nina fernzuhalten. Aber Emilias unerwarteter Tod hat auch Ninas Leben innerhalb einer Sekunde verändert und wird es immer beeinflussen.

Das Mobile ist kaputt

Der Tod des eigenen Kindes schockiert nicht nur die Eltern, sondern betrifft die ganze Familie. Annette Meier-Braun und Christiane Schlüter haben für diese Situation ein sehr passendes Bild gezeichnet.[21] Sie sprechen von einem Mobile, bei dem an dünnen

[21] Vgl. Meier-Braun/ Schlüter, Die gewandelte Trauer, S. 103ff.

Fäden Gegenstände befestigt sind. Alles ist perfekt ausbalanciert und bewegt sich luftig und leicht. Nun kommt jemand und schneidet einen Faden ab. Die Folge ist, dass das Mobile sofort aus dem Gleichgewicht gerät. Nichts ist mehr so, wie es war. Wenn wir nun versuchen, den ursprünglichen Zustand wieder herzustellen, werden wir sehr schnell merken, dass das nicht mehr geht. Wir binden das abgeschnittene Teil vielleicht wieder an, aber der Faden ist dann zu kurz und das Mobile muss sich anders ausbalancieren. Wir versuchen also, ein neues Gleichgewicht herzustellen, müssen aber feststellen, dass es niemals so sein wird wie das Original. Das ist dem „neuen" Mobile auf den ersten Blick anzusehen und auch zu spüren.

Auch unser Familiensystem ist nach dem Tod unseres Kindes kaputt. Wenn wir nun versuchen, das Mobile zu reparieren, kommt erschwerend hinzu, dass mehrere Personen innerhalb der Familie mit unterschiedlichen Anschauungen, Interessen oder Erwartungen das zumeist gleichzeitig versuchen, was zu noch größeren Verunsicherungen führen kann.

Eltern, Geschwister, Großeltern, Tanten und Onkel sind betroffen, da sich ihre Positionen im Mobile bzw. ihre Rollen im Familiensystem verschoben haben. Wir möchten hier diese neuen Rollen beleuchten.

Geschwisterkinder

Nina war vier Jahre alt, als unser Schwager verstarb. Wir haben ihr versucht zu erklären, dass ihr Onkel nun im Himmel ist und sie war bei der Beerdigung – einer Seebestattung an der Ostsee – dabei. Wir sprachen auch darüber, dass er trotzdem noch bei uns ist und uns sehen kann. Ihre Omi, Ulla und Nina verbrachten nach dem Tod zusammen mit Ninas Tante einige Tage in der Wohnung des verstorbenen Schwagers. Wir stellten ein Bild von ihm auf und eine Kerze. Als Nina eines Tages ihr Schmusetuch suchte, kniete sie sich zum Foto ihres Onkels und sagte: „Onkel Bernd, weißt du, wo mein Carlo ist?" Wenn er schon vom Himmel aus alles sehen kann, wird das ja wohl kein Problem für ihn sein, das Schmusetuch zu finden. Für uns war es rührend zu sehen, wie sie mit dem Tod umging.
Gut drei Jahre vor dem Tod von Emilia hat Nina – sie war damals sieben Jahre alt – den Tod ihrer Urli (Urgroßmutter) erlebt. Sie war fast 90 Jahre alt, als sie starb, und die letzten Jahre auf Pflege angewiesen. Wir haben mit unserer Tochter darüber gesprochen, dass Urli ein langes Leben hatte und nun ihr Herz aufgehört hatte zu schlagen. Sie ist zu Hause gestorben und wir konnten uns alle noch von ihr verabschieden. Durch die wesentlich engere Beziehung zu ihrer Urli war für Nina dieser Todesfall zwar von größerer Bedeutung als der ihres Onkels, den sie aufgrund der geografischen Entfernung nur selten gesehen hat. Aber dadurch, dass sie schon älter war und ein besseres Verständnis für den Lauf des Lebens hatte, war es für unsere Nina in Summe leichter, mit dem Verlust von Urli umgehen zu können.

Die beiden Begebenheiten machen deutlich, dass die Auswirkungen eines Todesfalles in der Familie auch davon abhängen, wie alt das Kind zum Zeitpunkt des Ablebens war. In einem Online-Seminartag für Kinder- und Jugendtrauer mit Mechthild Schroeter-Rupieper hat Ulla gehört, wie Kinder in den unterschiedlichen Altersstufen mit Tod und Trauer umgehen können.

Kinder bis vier Jahre

In diesem Alter können Kinder noch nicht unterscheiden, ob jemand schläft oder tot ist. Es ist daher wichtig, darauf zu achten, wie wir mit Kindern über den Tod sprechen. Denn wenn jemand schläft, lebt diese Person trotzdem weiter und wird auch wieder wach. Formulierungen wie „die Oma ist friedlich eingeschlafen" können daher zu Verwirrung führen. Auch schon bei kleinen Kindern sollten wir bei der Wahrheit bleiben und eventuell formulieren: „Die Oma ist friedlich gestorben."
Oft stellen sich Eltern die Frage, ab welchem Alter Kinder zum Begräbnis mitgenommen werden können bzw. sollen. Mechthild Schroeter-Rupieper hat im Online-Seminar eine Frage gestellt: „War es ein lieber Angehöriger, der verstorben ist?" Dann sollten Kinder auf jeden Fall mitgenommen werden. Wenn Kinder noch so klein sind, brauchen sie Schutz und Halt und eine Bezugsperson neben Mama und Papa, die bereitsteht, wenn das Kind etwas braucht und die Eltern mit der eigenen Trauer beschäftigt sind.
Oft wollen Eltern die Entscheidung nicht treffen. Doch Kinder können ihnen diese Aufgabe auf keinen Fall abnehmen, denn ihnen ist oft die Wichtigkeit des Abschiedes noch gar nicht bewusst oder sie haben vor etwas Angst, das sie in Gesprächen aufgeschnappt haben. Generell und natürlich besonders bei aufkommenden Ängsten ist es wichtig, dem Kind alles genau zu erklären und auf alle Fragen einzugehen.

Kinder können auch nur betrauern, was sie verstehen. Dass sie ihre Schwester oder ihren Bruder nie wieder sehen werden, können sie in diesem Alter noch nicht fassen. Später können sie jedoch den Umstand betrauern, dass andere Kinder einen Bruder oder eine Schwester haben und sie selber vielleicht nicht mehr. Da die Trauer bei Kindern nicht immer im zeitlichen Zusammenhang erlebt wird, sollten wir sie genau beobachten. Oftmals verstecken sie die Trauer auch hinter anderen „Auffälligkeiten" wie zum Beispiel Wut oder Ärger.

Wie wir für unsere Kinder da sein können:

- ♥ Um Kindern in dieser Situation Sicherheit zu geben, sollte der Tagesablauf nach Möglichkeit nicht verändert werden. Die Essenszeiten oder das abendliche Ritual beim Zubettgehen bieten den Kindern einen gewissen Rahmen, den sie kennen, wenn sonst schon so vieles um sie herum ganz anders ist.
- ♥ Kinder springen in ihrer Trauer in sogenannte Trauerpfützen. Dieses Bild verdeutlicht, dass Kinder nicht permanent traurig sind, so wie wir Erwachsenen, sondern sie haben gewisse Zeiten, in denen sie über den Verlust verzweifelt sind. Diese wechseln sich aber mit Phasen ab, in denen sie lachen, toben und einfach Kinder sind – und das ist gut so.

- Ein Bild des Bruders oder der Schwester in der Erinnerungsecke oder am Nachttisch des Kindes kann dabei unterstützen, sich an das Geschwisterkind zu erinnern.
- Die pädagogischen Fachkräfte in der Krabbelstube, im Kindergarten oder die Tagesmütter/Tagesväter sollten auf jeden Fall informiert werden, was in der Familie passiert ist. So können sie auf die Situation eingehen und altersgerecht und eventuell auch mit Bilderbüchern mit den anderen Kindern in der Gruppe sprechen. Sie sind auch oft die Ersten, die auffällige Verhaltensweisen bei den Kindern sehen und den Eltern dann Rückmeldungen über den Trauerprozess geben können.
- Geduldig sein! Auch bei Kindern kommt es zu typischen Symptomen in der Trauer (siehe Kapitel Alles im Umbruch, S. 35). Das reicht von Ein- und Durchschlafstörungen über Wut, Unruhe, bis zu Rückschritten in der Entwicklung oder auch wieder aufkommenden Trennungsängsten (z.B. im Kindergarten oder bei der Tagesmutter/beim Tagesvater).
- Da sein! Es ist die Zeit des Kuschelns und der körperlichen Nähe. Auch das gibt Sicherheit und beruhigt die kleinen Leute. Und auch uns Erwachsenen tut es gut, unsere Kinder, die noch bei uns sind, körperlich zu spüren, wo doch die körperliche Nähe zu unserem verstorbenen Kind so sehr fehlt.
- Alle Fragen, die uns die Kinder stellen, sollten wir beantworten. Dies kann durchaus auch mit einer Gegenfrage geschehen. Die Rückmeldungen der Kinder geben uns einen Einblick in ihre Gedanken- und Gefühlswelt. Bilderbücher können uns dabei unterstützen, die Fragen unserer Kinder zu beantworten. (Eine Auswahl passender Literatur siehe S. 166)

- Wir dürfen unsere Trauer vor den Kindern zeigen und auch unsere Tränen fließen lassen. Wenn wir dies nicht tun, prägen sie sich ein, dass man nicht weint, wenn ein geliebter Mensch stirbt. Keine Tränen beim Verlust eines nahen Angehörigen zu zeigen, hat nichts mit Stärke zu tun. Stärke bedeutet, hinzufallen und wieder aufzustehen. Stärke bedeutet zu weinen und auch wieder aufzuhören.
- Kreativer Ausdruck: Zeichnungen für das Grab des Geschwisterkindes oder den Erinnerungsplatz zu Hause, Grabkerzen, Steine oder Wunschblume gestalten, Knetmasse. Beim gemeinsamen Tun können wir mit den Kindern ins Gespräch kommen und wenn wir aufmerksam zuhören, erfahren wir, wo sie in ihrer Trauer stehen und wie es ihnen damit geht.

Wunschblume

(Eine Vorlage für die Wunschblume findest du im Downloadbereich, siehe S. 313)

Beim Studientag mit Mechthild Schroeter-Rupieper haben wir die Vorlage für die Wunschblume erhalten.

1. Schneide die Wunschblume aus.
2. Schreibe die Wünsche deines Kindes für das verstorbene Geschwisterkind in die Mitte und lass dein Kind die Blume verzieren.
3. Falte die Blütenblätter nach innen.
4. Lege die gefaltete Blume in eine Schale mit Wasser und sei gespannt, was passiert.

Kinder zwischen fünf und sechs Jahren

Kinder in diesem Alter haben im Alltag schon oft Trennungs- und Abschiedssituationen erlebt. Jedes morgendliche Verabschieden im Kindergarten kommt einer Trennung gleich. Hier sehen die Kinder die Mutter, den Vater oder die Großeltern aber nach ein paar Stunden wieder. Anders ist es, wenn durch den Tod des Geschwisterkindes die Trennung für immer stattfindet. Je vertrauter und näher der Bruder oder die Schwester war, desto größer ist dann auch der Verlustschmerz. Wenn Kinder ihren Schmerz und ihre Trauer offen zeigen und weinen, ist es für uns Eltern einerseits oft schwer auszuhalten, aber wir können andererseits adäquat darauf reagieren.

Kinder verstecken ihre Trauer aber oft und wir erleben sie eher als aggressiv oder wütend. Auch wenn sie ganz still werden, sich zurückziehen oder sehr pragmatisch und sachlich reagieren, ist besondere Aufmerksamkeit geboten. Trauer kann sich zudem in Reaktionen äußern, die wir Erwachsene nicht immer nachvollziehen können, beispielsweise in einem Lachkrampf zu unpassender Zeit.

Auch in diesem Alter erleben wir wieder die Trauerpfützen, also dass Kinder manchmal in die Trauer hineinspringen wie in eine Pfütze. Dann gibt es wieder Zeiten, in denen man ihnen überhaupt nicht anmerkt, dass sie einen nahestehenden Menschen verloren haben, weil sie übermütig toben und lachen.

Wie wir für unsere Kinder da sein können (einiges wiederholt sich, was schon bei den kleineren Kindern angeführt ist):

- ♥ Um Kindern in dieser Situation Sicherheit zu geben, sollte der Tagesablauf nach Möglichkeit nicht verändert werden. Die Essenszeiten oder das abendliche Ritual beim Zubettgehen bieten den Kindern einen gewissen Rahmen, den sie kennen, wenn sonst schon so vieles um sie herum ganz anders ist.

- Ein Bild des Bruders oder der Schwester in der Erinnerungsecke oder am Nachttisch des Kindes kann eine Unterstützung darstellen, sich an den Menschen zu erinnern. In diesem Alter können Kinder auch ein Erinnerungsstück vom verstorbenen Bruder oder der Schwester an sich nehmen, zu dem vielleicht eine besondere Verbindung besteht. Das können beispielsweise ein Kuscheltier, Kleidung oder andere Spielsachen sein.
- Geduldig sein! Auch bei Kindern kommt es zu typischen Symptomen in der Trauer (siehe Kapitel „Alles im Umbruch", S. 35). Das kann von Ein- und Durchschlafstörungen über Wut und Unruhe bis zu Rückschritten in der Entwicklung oder auch wieder aufkommenden Trennungsängsten (z.B. im Kindergarten oder bei der Tagesmutter/beim Tagesvater) reichen.
- Da sein! Es ist die Zeit des Kuschelns und der körperlichen Nähe. Auch das gibt Sicherheit und beruhigt die kleinen Leute. Und auch uns Erwachsenen tut es gut, unsere Kinder, die noch bei uns sind, körperlich zu spüren. Fehlt doch die körperliche Nähe zu unserem verstorbenen Kind so sehr. In den Kuschelphasen können wir uns auch gemeinsam an die Schwester oder den Bruder erinnern und über gemeinsam Erlebtes sprechen.
- Alle Fragen, die uns die Kinder stellen, beantworten. Es kann sein, dass Kinder in dieser Phase oftmals die gleichen Fragen stellen. Diese können auch öfter mit einer Gegenfrage beantwortet werden. Aus den Rückmeldungen der Kinder bekommen wir einen Einblick in ihre Gedanken- und Gefühlswelt. Als Unterstützung zum Beantworten der Fragen können wir auf Bilderbücher

zurückgreifen. Eine Auswahl an passender Literatur findest du etwas später in diesem Kapitel.

- In diesem Alter können Kinder aktiv in die Vorbereitung der Beerdigung oder des Abschiedsfestes einbezogen werden. Vielleicht mag das Kind dem Geschwister eine Zeichnung mit auf die letzte Reise geben oder mitentscheiden, welche Kleidung für dieses ausgesucht wird. Für die Beerdigung ist es wichtig, dass wir mit den Kindern genau besprechen, wie der Tag ablaufen wird. Wer dabei sein wird, dass Geschichten gelesen werden oder auch gesungen wird. Auch die Mitteilung, dass alle sehr traurig sein werden und viel geweint wird, ist für Kinder hilfreich, damit sie nicht überfordert sind, wenn der Opa oder der Onkel, die ja sonst so stark sind, weinen.
- Die pädagogischen Fachkräfte im Kindergarten sollten auf jeden Fall informiert werden, was in der Familie passiert ist. So können sie auf die Situation eingehen und altersgerecht und eventuell auch mit Bilderbüchern mit den anderen Kindern in der Gruppe sprechen. Sie sind auch oft die Ersten, die auffällige Verhaltensweisen bei den Kindern sehen und den Eltern dann Rückmeldungen über den Trauerprozess geben können.
- Kreativer Ausdruck: Zeichnungen für das Grab des Geschwisterkindes oder den Erinnerungsplatz zu Hause, Grabkerzen oder Wunschblume gestalten, Knetmasse. Beim gemeinsamen Tun mit den Kindern können wir mit ihnen ins Gespräch kommen und wenn wir aufmerksam zuhören, erfahren wir, wo sie in ihrer Trauer stehen und wie es ihnen damit geht.

Schulkinder bis zwölf Jahre

Kinder in diesem Alter wissen bereits um die Endgültigkeit des Todes, meist können sie diese aber noch nicht begreifen. Sie haben wahrscheinlich schon Verlusterfahrungen gemacht: ein geliebtes Kuscheltier verloren, einen toten Vogel gesehen oder ein Großelternteil oder ein Haustier sind verstorben. Generell gilt auch in diesem Alter: Wenn Kinder zu Hause Vertrauen, Verlässlichkeit und Zuwendung erfahren haben, kommen sie besser mit Verlusten zurecht.
In diesem Alter besteht manchmal ein besonderes Interesse am Thema Tod und Kinder betrachten beispielsweise tote Tiere, die sie am Wegrand finden, ganz genau.

Wie wir für unsere Kinder da sein können:

- ♥ Auch in diesem Alter sollten die gewohnten Tagesabläufe, gemeinsame Mahlzeiten, das Abendritual, aber auch die Gestaltung der Freizeit beibehalten werden. Kinder können gerne weiterhin ihre Vereine oder Gruppen besuchen, da sie dort eine trauerfreie Zeit – im Gegensatz zu den Trauerpfützen – erleben können.
- ♥ Wie auch bei uns Erwachsenen gibt es alle typischen Trauersymptome, angefangen von Unruhe, Bauch- und Kopfschmerzen oder Wut, bis hin zu Ein- und Durchschlafstörungen, Appetitlosigkeit oder Fressattacken.
- ♥ Kuscheln, Nähe, Geborgenheit und Zuwendung ist auch in diesem Alter eine wichtige Stütze für unsere Kinder. Nun ist es aber für uns Erwachsene wichtig, genau zu beobachten und zu erspüren, wann es für unsere Kinder auch Zeit ist, alleine zu trauern.

- ♥ Noch mehr als in den vorherigen Altersstufen können wir die Kinder in die Vorbereitungen zum Abschied bzw. der Beerdigung einbeziehen. Ein Kind in diesem Alter kann – wenn es das möchte – beim Begräbnis einen kurzen Text lesen, ein Musikstück vortragen oder eine Zeichnung gestalten.
- ♥ Lehrerinnen und Lehrer müssen über den Tod informiert werden. Ein guter Austausch zwischen ihnen und uns Eltern ermöglicht es, eventuelle Auffälligkeiten früh zu erkennen. Manchmal verhalten sich unsere trauernden Kinder auch ganz unauffällig, was eigentlich ein Warnsignal für alle Beteiligten sein sollte.
- ♥ Damit Kinder ihre Trauer besser verarbeiten können, sollten wir uns mit unseren Kindern unterhalten, welche Ausdrucksform für die Trauer am besten zu ihnen passt. Dies kann auf kreative Art geschehen, wie zum Beispiel durch Malen oder Musizieren, die Kinder können ein Tagebuch über ihre Gefühle schreiben oder ihre Gefühle durch Bilder ausdrücken.
- ♥ Wir können gemeinsam ein Erinnerungsalbum mit Fotos, Geschichten oder persönlichen Gegenständen gestalten. Dieses kann auch der Angst vorbeugen, dass der Bruder oder die Schwester vergessen wird.
- ♥ Wichtig ist es auch, alle Fragen ehrlich und nach bestem Wissen zu beantworten. Wenn wir unseren Kindern etwas verheimlichen oder sie von traurigen Gesprächen fernhalten, können Ängste entstehen. Kinder haben einen sechsten Sinn für Heimlichkeiten.

Was wir noch alles vorhaben

Durch Emilias Tod wurde uns bewusst, dass das Leben jederzeit für jeden von uns vorbei sein kann. Umso dankbarer sind wir deshalb für die gemeinsamen Tage, die wir als Familie nun erleben können. Wir haben deshalb sehr schnell begonnen, Dinge zu tun, die wir vorher noch nie gemacht haben. Und wir haben Sachen unternommen, die wir schon lange vorhatten und immer auf irgendwann verschoben haben.

Wir waren mit Nina Bogenschießen und im Hochseilgarten. Robert hat eine Flugshow in England besucht, Ulla ist endlich ganz alleine einen Weitwanderweg gegangen. Im ersten Sommer sind wir gleich als Familie mit Hund für drei Wochen nach Schweden gefahren. Nach Skandinavien wollten wir schon seit 20 Jahren und wir haben es nie angepackt. Unser Weihnachtsgeschenk im ersten Jahr an uns selbst war ein Urlaub auf Lanzarote.

Zuletzt waren Nina und wir im Sommer Paragleiten. Auch das haben wir noch nie gemacht und Ulla hat sich trotz ihrer Höhenangst dem Vorhaben gestellt. Es war genial und eine unglaubliche Erfahrung für alle drei. Und irgendwie haben wir Emilia für eine kurze Zeit im Himmel besucht.

Bei dieser Übung geht es darum, sich bewusst zu machen, dass wir das verbleibende Leben noch genießen und auch einmal Dinge tun dürfen, die sich vielleicht im ersten Moment ein bisschen verrückt anhören.

Nehmt euch als Familie Zeit, setzt euch zusammen und überlegt euch gemeinsam, was ihr noch alles erleben wollt, sowohl als Familie gemeinsam als auch jeder Einzelne von euch. Legt in eure Mitte ein Plakat und viele bunte Stifte, sodass alle ihre Ideen aufmalen oder aufschreiben können. Was haben die Erwachsenen schon immer einmal machen wollen? Wovon träumen die Kinder? Was finden die Jugendlichen cool? Ihr könnt euch in der Phase des Brainstormings eure gemeinsame Lieblingsmusik auflegen, damit ihr in einer richtig guten Stimmung seid und sich all eure Träume entfalten können.

Im nächsten Schritt unterteilt ihr, was nächstes Wochenende schon möglich ist und wofür ihr mehr Vorbereitungszeit braucht. Holt dann nach und nach auch die Informationen ein, die ihr für die Planung braucht, beispielsweise was es kosten wird, ob es ein Mindestalter gibt oder Ähnliches.

Viele Wünsche werden auch Geld kosten. Dann überlegt: Was kann ich mir zum Geburtstag wünschen? Oder können wir uns als Familie eine gemeinsame Unternehmung zu Weihnachten schenken?

Jugendliche

In der Pubertät finden im Körper und im Gehirn gewaltige Veränderungen statt. Auch die Gefühle können verrücktspielen und die Jugendlichen wissen oft gar nicht so recht, wie sie sich fühlen. Wenn in dieser Phase ein Geschwisterkind stirbt, reagieren Jugendliche unterschiedlich, je nachdem auf welche Möglichkeiten die Familie in Krisensituationen bisher zurückgegriffen hat: das Gespräch suchen oder schweigen, Musik hören, zu Alkohol oder Drogen greifen oder wütend werden, um nur ein paar Beispiele zu nennen.

Gerade für Teenager ist es besonders wichtig, dass sie sich einerseits mit Gleichaltrigen austauschen können, andererseits aber auch vertraute Erwachsene an ihrer Seite sind. Das können und müssen nicht immer die eigenen Eltern sein. Die Bezugspersonen brauchen gute Nerven und eine ordentliche Portion Geduld, bis sich die Jugendlichen öffnen und wirklich über ihre momentane Situation sprechen können. Hilfreich sind Gesprächsimpulse von außen, da sie selten von sich aus über ihre Gefühlswelt sprechen.

Kognitiv wird der Tod in dieser Altersgruppe verstanden. Manchmal wirken Jugendliche nach dem Verlust eines Angehörigen oft gleichgültig. Dies kann am mangelnden Zugang zu ihren Gefühlen oder am Verlangen nach Unabhängigkeit liegen.

Eltern können hier ein Vorbild für ihre Teenager sein und von sich aus über ihre Gefühle, Ängste und Unsicherheiten sprechen, auch wenn sie manchmal das Gefühl haben, gegen eine Mauer zu reden. Diese Mauer wurde errichtet, um die eigenen Gefühle im Griff zu haben und nicht von ihnen überrollt zu werden oder gar vor Mama oder Papa weinen zu müssen. Es kann gut sein, dass unsere Worte wie Sonnenstrahlen durch kleine Risse in der Mauer ins Innere dringen und dieses ein bisschen erhellen, auch wenn es unsere Kinder nicht zugeben wollen. Es lohnt sich also, dranzubleiben und immer wieder von sich aus ein Gespräch zu beginnen.

Situationen, in denen die Jugendlichen nicht gleich in ihr Zimmer flüchten können, wie z.B. eine längere gemeinsame Autofahrt, sind hier durchaus von Vorteil. Doch wir sollten uns als Eltern auch zurückerinnern, wie es uns in der Pubertät ergangen ist, und spüren, wann wir es übertreiben und unsere Kinder eher von uns verscheuchen.

Wie wir für unsere Jugendlichen da sein können:

- ♥ Respekt und Geduld gegenüber den Jugendlichen: Sie drücken sich in der Trauer anders aus oder reagieren anders als wir Eltern. Wir sollten sie gewähren lassen, solange durch ihr Verhalten oder ihre Worte niemand verletzt wird.
- ♥ Die Schule oder der Ausbildungsbetrieb sind auch in diesem Alter zu informieren.
- ♥ Angebote zur Trauerverarbeitung: kreativer Ausdruck mit Farbe (unsere Tochter hat vor einigen Jahren einen Graffitti-Spray-Workshop besucht, eventuell in diesem Alter die coolere Variante, sich auszudrücken, als mit Aquarellfarben), Musik hören oder Musik machen, Briefe (auch als E-Mails) an die verstorbene Schwester oder den verstorbenen Bruder schreiben, Gedanken und Gefühle in einem Gefühle-Tagebuch notieren, Sport usw.
- ♥ Darauf vorbereitet sein, dass als normale Reaktion auf den Verlust die Konzentrationsfähigkeit sinken kann, was sich eventuell auf die schulischen Leistungen auswirkt.
- ♥ Es kann vorkommen, dass Jugendliche manchmal keinen Ausweg mehr sehen, glauben, dass es nie wieder besser wird, und an Suizid denken. Man spricht hier eher von Nachsterbewünschen und auch das kann eine normale Trauerreaktion sein, denn es ist furchtbar schwierig, ohne

den geliebten Bruder oder die geliebte Schwester weiterleben zu müssen. Dazu kommt oftmals die Angst, dass jemand anderer aus der Familie auch noch sterben könnte. Eine professionelle Begleitung ist unbedingt angebracht, wenn die Gedanken über einen längeren Zeitraum bestehen bleiben und dem jungen Menschen selbst zu schaffen machen.

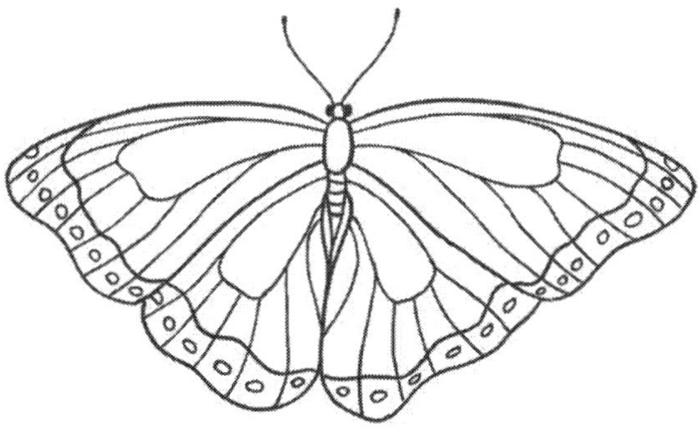

Bücher für Kinder und Jugendliche

Es gibt zahlreiche gute Bilderbücher, Bücher oder Kurzfilme, mit denen wir unsere Kinder und Jugendlichen im Verstehen und Verarbeiten der Trauer unterstützen können. Eine Auswahl haben wir hier für dich zusammengefasst:

- „Leb wohl, lieber Dachs" von Susan Varley
  Der alte Dachs ist des Lebens müde, schreibt seinen Freunden einen Abschiedsbrief und geht „durch den langen Tunnel". Seine Freunde sind sehr traurig, dass der Dachs nicht mehr da ist. Sie erzählen sich, was sie alles vom Dachs gelernt haben und was sie jetzt durch ihn besonders gut können. Durch die lebendigen Erinnerungen verschwindet die Traurigkeit. Auch wenn der Dachs nicht

mehr da ist, lebt er durch die Erinnerungen weiter. Altersempfehlung: 4–6 Jahre.

- „Abschied von der kleinen Raupe" von Heike Saalfrank und Eva Goede
  Die Schnecke Schmierle und die Raupe Schmatz sind beste Freunde und verbringen jeden Tag miteinander. Eines Tages ist die Raupe nicht mehr da, was Schmierle sehr traurig macht. Das Buch geht auch – ohne religiösen Anstrich – darauf ein, dass Lebewesen in anderer Form weiter existieren. Altersempfehlung: 3–5 Jahre.
- „Wieso? Weshalb? Warum? Abschied, Tod und Trauer" (Band 42) von Patricia Mennen
  In diesem Sachbuch finden Kinder Antworten auf ihre Fragen rund um Tod und Trauer. Wie die Beerdigung ablaufen kann, wie es am Friedhof aussieht, Rituale oder welche Gefühle der Tod auslösen kann, werden kindgerecht und mit vielen Bildern beleuchtet. Die Klappen machen neugierig und veranschaulichen viele Details. Altersempfehlung: 4-7 Jahre.
- „Was ist das? fragt der Frosch" – Frosch und Freunde
  Der Frosch findet die Amsel am Boden liegend und weiß nicht so recht, was mit ihr los ist. Sein Freund, der Hase erklärt ihm und den anderen Freunden, dass sie tot ist und was das bedeutet. Die Freunde bestatten die Amsel, trauern um sie und erzählen sich, was ihnen nun fehlt, wenn die Amsel nicht mehr da ist. Wie es auch bei Kindern oft der Fall ist, wechselt sich die Phase des Traurigseins mit der Phase des Spielens ab (Stichwort: Trauerpfützen). Altersempfehlung: 3–6 Jahre
  https://youtu.be/mOwET_LmQK4

- „Hilf mir, wenn ich traurig bin“ von Jule Kienecker und Mechthild Schroeter-Rupieper
  Ein großartiges Buch für Kinder und Erwachsene. Die Großen erhalten in bewährter Qualität von Mechthild Schroeter-Rupieper Informationen und Anregungen, wie sie Kinder nach einem Todesfall begleiten und unterstützen können. Die Kleinen finden kreative und praxisnahe Möglichkeiten, der Trauer Ausdruck zu verleihen, mit den Erwachsenen ins Gespräch zu kommen oder geheime Dinge zu notieren bzw. aufzubewahren. Altersempfehlung: ab 6 Jahren.
- „Geht sterben wieder vorbei?“ von Mechthild Schroeter-Rupieper
  Das Buch ist eine Kombination aus einer Geschichte, in der der Opa von Marlene und Paul stirbt, und kindgerechten, sachlichen Informationen rund um Sterben, Bestattung und Trauer. In verständlichen Beispielen bringt die Autorin Antworten auf alle Fragen der Kinder. Und auch die Erwachsenen können viel lernen. Altersempfehlung: ab 5 Jahren.
- „Einfach so weg: Dein Buch zum Abschiednehmen, Loslassen und Festhalten“ von Ayse Bosse
  Jugendliche werden mit diesem Buch ermutigt, sich mit ihrer Trauer auseinanderzusetzen. In einem Alter, wo Gespräche oft schwierig sind, finden sie hier viel Platz für kreativen Ausdruck und Anregungen, wie andere mit ihrer Trauer umgehen, sowie Lied- und Filmtipps. Altersempfehlung: 12–20 Jahre.

Geschwisterkinder leiden nicht nur unter dem Verlust des Bruders oder der Schwester, auch wir Eltern können für sie auf emotionaler Ebene wie tot wirken. Wir sind mit unserer eigenen Trauer und unseren Gefühlen so sehr beschäftigt, dass uns oftmals die Kraft fehlt, angemessen für unsere Kinder da zu sein. Kinder trauern entweder laut und zeigen sich aggressiv oder wütend, oder sie werden ganz still und ziehen sich zurück. Manchmal sind wir sogar froh, wenn unsere Kinder im Kindergarten oder in der Schule nicht auffällig sind, weil uns die Situation schon generell überfordert.

Kinder wollen manchmal auch besonders stark sein und uns Eltern nicht zeigen, wie traurig sie eigentlich sind, damit wir uns nicht noch mehr Sorgen machen. Auch wir haben hier unsere Fehler gemacht, da wir unter unseren persönlichen Käseglocken nicht die Kraft hatten, auf Nina so einzugehen, wie sie es gebraucht hätte: Nina war und ist ein unglaublich starkes Mädchen und inzwischen eine junge Frau. Sie wollte uns mit ihren Gefühlen nicht belasten und hat ganz viel mit sich selbst ausgemacht, obwohl sie von Anfang an ihre eigenen Stunden zur Trauerbewältigung bei unserer Kinesiologin hatte. Wir haben ihr unterschiedliche Menschen vorgeschlagen, wo sie über den Tod ihrer Schwester reden konnte. Wirklich austauschen konnte sie sich erst, als sie jemanden gefunden hatte, der das gleiche Schicksal erlebt hat wie sie selbst.

Der Wunsch nach einem weiteren Kind

April 2016 bis April 2017: Zwischen Emilias Tod und ihrem Begräbnis bin ich von vielen sehr guten Freundinnen umgeben. Frauen, die viel Gespür und vielleicht auch ein bisschen seherische Gaben haben. Ich höre von fünf Damen vage bis sehr konkrete Andeutungen, dass auf uns noch ein weiteres Kind wartet. Im ersten Moment möchte ich das gar nicht hören. Es tut so weh, dass Emilia nicht mehr da ist, und die sprechen von einem weiteren Kind. Nichts und niemand kann Emilia ersetzen. Erst als es wieder ruhiger wird und die große Stille im Haus Einzug hält, gehen mir verschiedene Gedanken durch den Kopf. Wir haben ja so lange auf Emilia gewartet und ich hatte immer das Gefühl, da kommt noch ein Bub zu uns. Der Name für einen Jungen stand lange fest, bevor ich überhaupt mit Emilia schwanger war – Felix, der Glückliche.

Während Emilias Schwangerschaft waren wir uns zunächst nicht einig, ob wir (Robert, Nina und ich) wissen wollen, welches Geschlecht das Kind in meinem Bauch hat. Meine Frauenärztin hat uns ein verschlossenes Kuvert mitgegeben, in dem sie das Geschlecht vermerkt hat. Nina hat es dann geschafft, dass Robert und ich auch neugierig waren, und wir haben gemeinsam das Kuvert geöffnet. Ich war mir damals so sicher, dass da „Junge" stehen wird. Meine Verwunderung war groß, als ich „Mädchen" las. Irgendwas stimmte nicht. Natürlich freuten wir uns riesig, dass wir noch ein Mädchen bekommen würden.

All diese Gedanken sind wieder da, wenn ich in Ruhe in unserem Zuhause bin. Bei einem Spaziergang mit Robert frage ich ihn, wie er dazu steht, dass noch ein kleiner Erdenbürger zu uns kommt. Wir sind nicht mehr die jüngsten Eltern und wenn wir so lange warten wie bei Emilia, dann wird es wohl nichts mehr werden. Wir sprechen über Vor- und Nachteile, die aber alle unserem Kopf entspringen.

Unser Bauch hat längst entschieden, dass wir es noch mal versuchen wollen. Ich spreche es bei dem Spaziergang auch laut aus: „Liebes Universum, wenn du möchtest, dass wir noch mal Eltern werden, dann bitte bis zum Ende des Jahres, sonst verstehen wir das als Zeichen, dass kein weiteres Kind zu uns kommen soll."
Manchmal sind da schon Zweifel und das Universum stellt unsere Geduld auch ein bisschen auf die Probe. Als ich dann mit meiner Reiki-Lehrerin darüber rede, die hellsichtig ist, sagt sie zu mir: „Ich kann die Seele schon sehen, die Verbindung ist schon da. Du musst nur mehr Ja sagen." Also habe ich bei meinem nächsten Spaziergang im Wald innegehalten und ganz klar Ja gesagt zu dieser Seele. Neun Monate später kam Felix zur Welt.

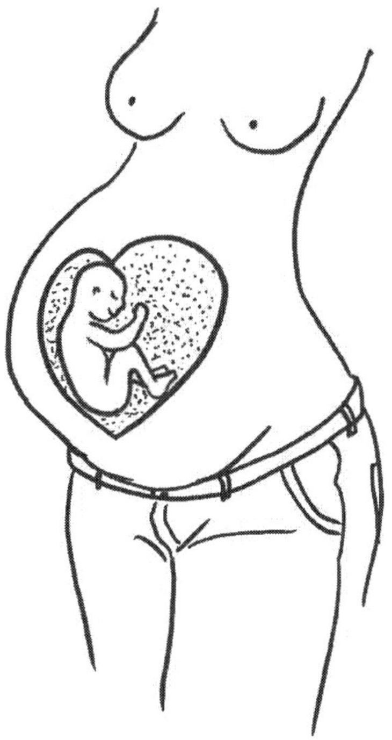

Sommer 2016: Ich weiß es noch wie gestern, als Ulla und ich spazieren gegangen sind. Es war einer dieser langen Ausgänge mit unbestimmtem Ende. Warum sollten wir nach einer Stunde schon wieder zurück nach Hause gehen. Nina ist versorgt und zu Hause warten viele Erinnerungen, die für mich schmerzhaft sind, oder ich vergrabe mich wieder in Arbeit, um die Situation auszuhalten. Also schlägt ein ausgedehnter Spaziergang gleich zwei Fliegen auf einmal. Wir gehen so dahin und plötzlich fragt mich Ulla: „Möchtest du eigentlich noch einmal Papa werden?" Diese Frage trifft mich vollkommen unvorbereitet und es läuft Folgendes ab: Mein Verstand schreit auf und fragt mich, ob ich denn verrückt sei, auch nur im Ansatz daran zu denken, noch einmal Vater zu werden. Das kann ich gut verstehen, mein Energielevel ist quasi auf null und ich bin schon Mitte 40. Mein Bauch und mein Herz hingegen bleiben vollkommen ruhig und ich spüre diese Freude, diese Kraft und Begeisterung für ein weiteres Kind. Genau das teile ich Ulla dann auch mit und erfahre, dass es ihr genauso geht wie mir. Wir entschließen uns, gegen alle Vernunft und gegen unseren Verstand, nochmals Eltern werden zu wollen (immerhin haben wir auf Emilia fast zehn Jahre gewartet). Ulla spricht dann folgenden Satz laut aus: „Liebes Universum! Wir sind nicht mehr die Jüngsten und die Geburt unserer geliebten Tochter hat zehn Jahre auf sich warten lassen. Aber wir möchten nochmals Eltern werden. Sollte es auch in deinem Interesse sein, dann geben wir dir noch dieses Jahr Zeit dafür. Sollte es bis dahin nicht funktionieren, so sehen wir das als Zeichen und verstehen, was du uns damit sagen möchtest."

Der Wunsch nach einem weiteren Kind kommt bei verwaisten Eltern immer wieder vor. Besonders nach einer Fehl- oder Totgeburt setzen sich die Eltern recht schnell wieder mit der Frage auseinander: „Sollen wir es noch einmal versuchen?" Dieser Frage geht auch Christa Meuter in ihrem Buch „Wenn Eltern um ihr Kind trauern – Eine Herausforderung in der Trauerbegleitung" nach.[22] Sie formuliert recht klar, was auch bei uns ein großes Thema war, nämlich die Angst. Angst vor einem erneuten Verlust, Angst vor einer Behinderung, Angst vor einer Erkrankung, Angst vor Vergleichen mit dem verstorbenen Kind, Angst, das verstorbene Kind ersetzen zu wollen, Angst, als Eltern überfordert zu sein, Angst, als Eltern zu alt zu sein.

Wir haben uns vor unserem Entschluss, dass noch eine Seele zu uns kommen kann, und während der Schwangerschaft intensiv mit unseren Ängsten auseinandergesetzt. Auch in der Vorbereitung zu Felix' Geburt mit Hypnobirthing war das immer wieder ein Thema. Denn es war uns bewusst, dass wieder etwas passieren kann, und wir mussten uns mit der Frage auseinandersetzen, ob wir es schaffen würden, wenn auch dieses Kind wieder sterben würde.

Für uns ist ganz klar, dass unser Sohn Felix Emilia nicht ersetzt. Dazu sind die beiden – Gott sei Dank – in ihrer Art viel zu unterschiedlich. Wir waren auch froh, dass Felix als Junge eine ganz andere Energie mitbringt als seine beiden Schwestern. Er hat für uns aber ganz viel Heilung mitgebracht: Die große Wunde, dass da niemand mehr ist, den wir kuscheln (knuddeln) und halten können, hat er sehr gut heilen lassen. Es ist uns immer bewusst, dass wir Felix im Arm halten und nicht Emilia. Wir wissen, dass Emilia bei uns ist, wenn wir als Familie kuscheln. Und Felix ist erfreulicherweise der größte Kuschler von unseren drei Kindern.

Sollte für dich als Mama bzw. als Papa oder euch als Elternpaar die Frage über ein weiteres Kind ein Thema sein, so hört genau in euer Herz. Besprecht offen eure Bedenken, Ängste und Zweifel.

---

[22] Vgl. Christa Meuter, Wenn Eltern um ihr Kind trauern – Eine Herausforderung in der Trauerbegleitung, Göttingen 2019, S. 37ff.

Niemand kann euch diese Entscheidung abnehmen und es gibt auch keine richtige oder falsche Antwort darauf.

Großeltern

„Es war ja nicht nur die Trauer um mein Enkelkind, das nicht mehr da war, es war auch eine riesengroße Sorge um meine Tochter, meinen Schwiegersohn und mein anderes Enkelkind. Wir alle wollten nicht zeigen, wie sehr wir litten. Obwohl wir uns oft gesehen haben, fanden wir keine innere Verbindung zueinander und konnten es nicht zulassen, gemeinsam um mein verstorbenes Enkelkind zu weinen." Diese Erinnerung einer verwaisten Großmutter bringt die Situation vieler Großeltern genau auf den Punkt.

Sie trauern um das geliebte Enkelkind, das viel zu früh in die Geistige Welt gegangen ist. Und sie sehen und spüren den Schmerz der Eltern und Geschwister, was für liebende Großeltern furchtbar schwierig ist.

Großeltern werden auch häufig durch die Frage belastet, warum sie, die schon ein langes Leben hinter sich haben, noch hier auf Erden sind, während junge Menschen, die noch ihr ganzes Leben vor sich hatten, sterben müssen.

„Als mein Enkelkind starb, brach für mich eine Welt zusammen und lange wollte ich es einfach nicht akzeptieren, dass sie nicht mehr da ist. Meine große Sorge galt damals meiner Tochter, die so stark war und erst nach und nach schmerzvoll von ihrer Tochter Abschied nahm." Auch diese Worte einer Großmutter verdeutlichen den doppelten Verlustschmerz.

Auch wenn viele Großeltern ihren Kindern und noch lebenden Enkelkindern eine Stütze sein wollen, gelingt dies nicht immer. Tanja, eine verwaiste Mama aus unserer Facebook-Gruppe, schildert die Situation in ihrer Familie folgendermaßen: „Ich glaube, da wir sehr offen mit dem Tod unserer Tochter Anja umgegangen sind und über alles geredet haben und uns nicht verkrochen haben, waren wir für alle Omas und Opas mehr Anker, als sie für uns sein konnten.“ Was Tanja beschreibt, trifft auf viele Großeltern zu. Häufig fällt es ihnen schwer, mit ihrer Trauer umzugehen. Sie kommen aus einer anderen Generation und haben noch weniger als wir gelernt, Trauer und Schmerz zuzulassen.

Geheilte Trauer und ein geheiltes Familiensystem können dann so aussehen, wie uns eine Omi berichtet: „Ich konnte meiner Tochter und ihrer Familie in ihrer Trauer nicht helfen, habe mich deshalb immer mehr zurückgezogen und fiel in eine Depression. Durch die Erkrankung merkte ich aber, dass ich etwas für mich tun muss, und begann eine Therapie. Es dauerte Jahre, bis sich meine innere Verkrampfung löste, ich mit meinem verstorbenen Enkelkind wieder sprechen konnte und mich und meine ganze Familie nun wunderbar vom Himmel begleitet sehe. Heute fühle ich mich mit meiner Tochter wieder sehr verbunden und sehe, dass wir eine Familie geworden sind, die wieder fest im Leben steht und wieder glücklich ist.“

Tanten und Onkel

In unserer Großfamilie bekleiden die Schwestern und Brüder der Eltern oftmals das Patenamt und haben auch dadurch eine enge Bindung zu den Kindern. Tanten und Onkel sind oftmals die cooleren Erwachsenen, weil in der Beziehung zu ihren Nichten und Neffen Schularbeiten, Mithelfen im Haushalt oder Diskussionen, was man darf und was nicht, keine Rolle spielen müssen.

Wenn nun die Nichte oder der Neffe stirbt, ist auch ihre Lebenssituation mit einem Schlag aus dem Gleichgewicht geraten. Eine verwaiste Tante bringt dies in ihren Zeilen an uns sehr deutlich zum Ausdruck: „Noch unerträglicher als der eigene Schmerz war die Trauer meiner Familie. Ich wollte alles, alles, alles tun, um meiner Schwester, meinem Schwager und meiner Nichte etwas abzunehmen. Aber es ging nicht, das war das Schlimmste. Ein Leben lang habe ich meine ‚kleine Schwester' beschützen wollen und dann konnte ich nur zusehen, wie sie vor Kummer kaum aus dem Bett kam."

Doch wer kann in diesem doppelten Verlustschmerz für die Großeltern und Tanten/Onkel da sein?
In den meisten Fällen sind die verwaisten Eltern zu sehr mit sich selbst und den noch lebenden Kindern beschäftigt, um noch Kraft für die Unterstützung der eigenen Eltern bzw. Verwandten aufzubringen. Der Idealfall wäre natürlich, sich in der Großfamilie austauschen und aussprechen zu können. Aber das ist von Familie zu Familie unterschiedlich. Es ist daher für das nähere Umfeld von Vorteil, wenn auch sie sich jemanden suchen – eventuell auch professionelle Hilfe –, um den schweren Verlust aufarbeiten zu können.

Trauern ist wie ein großer Felsbrocken.

Wegrollen kann man ihn nicht.

Zuerst versucht man,

nicht darunter zu ersticken,

dann hackt man ihn klein,

Stück für Stück.

Den letzten Brocken

steckt man in die Hosentasche

und trägt ihn ein Leben lang

mit sich herum.

Quelle unbekannt

Hilflos oder hilfreich?

Über das Umfeld von trauernden Eltern

Wenn unser Kind stirbt, fühlen wir uns, als ob der Boden unter den Füßen wegbricht. Es ist, als ob wir in ein tiefes Loch fallen würden. Instinktiv versuchen wir, uns am Rand des Lochs festzuhalten, ja festzukrallen, denn wir wissen nicht, was los ist. Aber wo können wir uns festhalten? Bei unserem Umfeld, also bei unserer engeren und weiteren Familie, Verwandten, Freunden, Bekannten, Nachbarn, Arbeitskollegen. Jeder Einzelne von ihnen könnte den Fall mindern.

Dieses Geschehen ist von außen nicht sichtbar, es ist wie ein stummer Schrei. Wir, die schockierten und fassungslosen Eltern brauchen Halt, aber wir können nicht loslassen, da wir ja sonst in den Abgrund stürzen würden. Wir sind auf Hilfe von außen angewiesen.

„Du kannst dich gerne bei mir melden, wenn du etwas brauchst." So oder so ähnlich formulierte Sätze haben wir nach Emilias Tod von Freunden oder aus unserem Umfeld oft gehört. Uns ging es wie vielen Trauernden: Wir waren damals nicht in der Lage, das gut gemeinte Angebot anzunehmen (warum das so war, haben wir erst Jahre später verstanden).

Doch nicht nur die betroffenen Eltern sind fassungslos, schockiert und sprachlos in dieser Katastrophe – auch das Umfeld (Familie, Freunde, Nachbarn, Arbeitskollegen usw.) kann mit der Situation oft nicht umgehen. Es herrscht Sprachlosigkeit auf beiden Seiten und so kommt es häufig zu den Floskeln, die zwar gut gemeint sind, aber Trauernden nicht wirklich helfen.

Menschen, die die „Käseglocke" heben

Trauernde Mamas und Papas sind auf Hilfe von außen angewiesen. Da sich aber die meisten fühlen, als hätte sich eine Käseglocke über sie gestülpt, schaffen sie es aus eigener Kraft nicht, durch diese Barriere zu kommen und den Anschluss wieder zu finden.
Trauernde brauchen Menschen, die sich nicht an Floskeln festhalten, sondern den Mut haben, aufrichtig in Kontakt zu gehen:

- ♥ Menschen, die an unsere Käseglocke klopfen und uns aktiv zum Beispiel zum Spaziergang einladen, Essen vorbeibringen oder immer wieder anrufen (Achtung: wir heben nicht immer ab, weil wir manchmal nicht sprechen können), sind ein echter Segen.
- ♥ Menschen, die nicht aufgeben und es wieder versuchen, auch wenn wir schon einige Male nicht abgehoben oder den gemeinsamen Kaffee oder Tee ausgeschlagen haben, sind Balsam für die Seele.
- ♥ Menschen, die ihre eigene Hilf- und Sprachlosigkeit uns gegenüber eingestehen und nicht irgendetwas sagen, um die Stille und Leere zu füllen, sind ein Geschenk.
- ♥ Menschen, die uns zuhören und unsere Emotionen in der ganzen Bandbreite aushalten, uns weinen lassen, dass es uns schüttelt, und nicht wollen, dass wir aufhören, weil sie es nicht aushalten, sondern uns die Zeit geben, die wir brauchen, zählen zu den wichtigsten Menschen im Trauerprozess.

„Die meisten in meinem Umfeld waren selbst hilflos und ich habe gemerkt, dass ich die richtigen Signale geben sollte, um so behandelt zu werden, wie es mir guttut. Einigen wenigen Menschen habe ich mich getraut zu sagen oder zu zeigen, dass ich mit ihnen keine Zeit mehr verbringen möchte. Es war eine schwere Zeit, ich wollte nicht die sein, bei der das Kind gestorben ist'." So beschreibt uns Katharina ihre Erlebnisse mit ihrem Umfeld.

Was hilft und was nicht

Wir haben verwaiste Eltern in unserer Gruppe gefragt, welches Verhalten und welche Angebote aus ihrem Umfeld ihnen geholfen haben und welche nicht:

Nicht weitergeholfen:

- ☹ Viele wollten nicht zuhören, wenn ich von meinem verstorbenen Sohn erzählen wollte, und haben von anderen Dingen gesprochen.
- ☹ Dass ich nicht über meine Traurigkeit sprechen kann.
- ☹ Die engste Familie hat mich zwei Tage nach dem Begräbnis zur Normalität gedrängt.
- ☹ Aussagen wie: Du bist ja noch jung, wer weiß, vielleicht kommt noch wer ...
- ☹ Steinmetz, der uns nicht das Beileid aussprach, nicht fragte, wer unser Sohn war, was er gerne mochte, ...
- ☹ Die Corona-Bestimmungen bei der Verabschiedung habe ich als unwürdig empfunden. Sie haben mich um eine pietätvolle Verabschiedung meines Sohnes gebracht.
- ☹ Dass mich nach zehn Monaten keiner mehr wirklich fragt, wie es uns geht. Ich habe das Gefühl, jeder erwartet, dass wir wieder funktionieren.

- ☹ Nicht reden können über mein Kind
- ☹ Nachbarn, die sich umdrehen und ins Haus gehen, wenn man die Straße entlanggeht
- ☹ Familienmitglieder, die trotz konkreter Bitte, gemeinsam zum fertigen Grab des Kindes zu gehen, vier Monate brauchen, bis es zeitlich möglich ist
- ☹ „Freunde", die sich nie melden und fragen, wie es einem geht
- ☹ „Totschweigen" des verstorbenen Kindes
- ☹ Meine eigenen Eltern, die sich zwei Wochen nach dem Tod meiner Tochter nicht bei mir gemeldet haben. Das war die Zeit in meinem Leben, in der ich mich komplett alleine gefühlt habe.
- ☹ Belanglose Floskel: Wie geht es dir? (innerer Aufschrei, wie man einem verwaisten Elternteil so eine Frage stellen kann, äußerlich keine Kraft für eine ehrliche Antwort)

Geholfen hat mir:

- ☺ dass mir meine Worte und Gefühle zugestanden wurden
- ☺ Unterstützung von Familie und Freunden beim Begräbnis
- ☺ Besuch von Freundinnen und Freunden
- ☺ große Anteilnahme bei der Beerdigung
- ☺ Essen oder Kuchen, von Freunden vorbeigebracht
- ☺ Nachbarn, die eine Kerze anzündeten und vor unsere Haustüre stellten
- ☺ Aufmerksamkeiten für das Geschwisterkind (Bücher, Spiele, Herzen, Briefe, Engel ...)
- ☺ Kondolenzbriefe
- ☺ Spaziergänge mit Freundinnen oder Freunden
- ☺ Telefonate
- ☺ Selbstgestaltetes mit dem Namen unseres Kindes

- ☺ wenn sich jemand für das Geschwisterkind bewusst Zeit nahm
- ☺ dass unsere erwachsene Tochter nach dem Tod ihres Bruders für einige Zeit aus dem Ausland nach Hause kam und bei uns wohnte
- ☺ Unterstützung aus dem Freundeskreis
- ☺ Bestatter hat mir mein Kind noch einmal nach Hause gebracht und unsere Wünsche bei der Beerdigung erfüllt (Sarg bemalt, Lieblingsmusik ...)
- ☺ Wir waren fast eine Woche nie alleine zu Hause, es war immer jemand bei uns.
- ☺ Nachbar kümmert sich um das Geschwisterkind
- ☺ einfühlsame Begleitung durch den Bestatter
- ☺ über mein Kind zu reden, auch wenn es mich traurig macht, und mein Gegenüber meine Tränen aushält

Ein Appell

Den „Appell der verwaisten Eltern“ der Psychologin Dr. Erika Bodner kennen wir erst seit Kurzem. Frau Bodner ist selbst eine betroffene Mutter. Sie hat den Appell für ihre Freundin geschrieben, die auch Psychologin ist, aber mit der überwältigenden Gefühlssituation der verwaisten Mutter nicht umgehen konnte.
Dieser Text wäre kurz nach Emilias Tod für uns sehr hilfreich gewesen, um unser Umfeld wissen zu lassen, wie es uns geht.

Mitmenschen, nehmt uns trauernde Eltern an!

Geht behutsam mit uns um, denn wir sind schutzlos,
die Wunde ist noch offen und weiteren Verletzungen
preisgegeben.
Wir haben so wenig Kraft, um Widerstand zu leisten.

Gestattet uns unseren Weg, der lang sein kann.
Drängt uns nicht, so zu sein wie früher, wir können es nicht sein!
Denkt daran, dass wir in Wandlung begriffen sind.
Lasst euch sagen, dass wir uns selbst fremd sind.
Habt Geduld!

Wir wissen, dass wir Bitteres in eure Zufriedenheit streuen,
dass euer Lachen ersterben kann, wenn ihr unser
Erschrecken seht,
dass wir euch mit Leid konfrontieren, das ihr vermeiden möchtet.

Wenn wir eure Kinder sehen, leiden wir.
Das „Nie mehr“ ist wie ein Schrei in uns, der uns lähmt.
Wir müssen die Frage nach dem Sinn unseres Lebens stellen.
Wir haben die Sicherheit verloren, in der ihr noch lebt.

Ihr haltet uns entgegen: auch wir haben Kummer!
Doch wenn wir euch fragen,
ob ihr unser Schicksal tragen möchtet, erschreckt ihr.
Aber verzeiht: unser Leid ist so übermächtig, dass
wir oft vergessen,
dass es viele Arten von Schmerz gibt.

Ihr wisst vielleicht nicht,
wie schwer wir unsere Gedanken sammeln können.
Unsere Kinder begleiten uns.
Vieles, was wir hören, müssen wir auf sie beziehen.
Ihr vergangenes Leben mit uns zwingt uns zum Vergleich.
Wir hören euch zu, aber unsere Gedanken schweifen ab.
Nehmt es an, wenn wir von unseren Kindern
und unserer Trauer zu sprechen beginnen,
wir tun nur das, was in uns drängt.
Wenn wir eure Abwehr sehen, fühlen wir uns
unverstanden und einsam.

Lasst unsere Kinder bedeutend werden vor euch!
Teilt mit uns den Glauben an sie!
Noch mehr als früher sind sie ein Teil von uns.
Wenn ihr unsere Kinder verletzt, verletzt ihr uns!
Mag sein, dass wir sie vollendeter machen, als sie es waren,
aber ihnen Fehler zuzugestehen, schmerzt uns.
Zerstört nicht unser Bild!
Glaubt uns, wir brauchen es so.

Versucht, euch in uns einzufühlen!
Glaubt daran, dass unsere Belastbarkeit wächst.
Glaubt daran, dass wir eines Tages
mit neuem Selbstverständnis leben werden.
Euer Zutrauen stärkt uns auf diesem Weg.

Wenn wir es geschafft haben, unser Schicksal anzunehmen,
werden wir euch freier begegnen,
jetzt aber zwingt uns nicht mit Wort und Blick,
unser Unglück zu leugnen.
Wir brauchen eure Annahme!
Vergesst nicht: Wir müssen so vieles von Neuem lernen,
unsere Trauer hat unser Sehen und Fühlen verändert.
Bleibt an unserer Seite!
Lernt von uns für euer eigenes Leben![23]

Beziehungen verändern sich

Auch unser Umfeld hat sich ziemlich verändert. Viele unserer Freunde sind nicht mehr an unserer Seite und auch in der Großfamilie hat sich einiges verschoben. Andererseits sind auch Menschen in unser Leben gekommen, die uns in unserem Prozess sehr weitergeholfen haben. Manche engen Freunde sind aber die ganze Zeit an unserer Seite geblieben. Eine liebe Freundin hat uns, als sie von unserem Buch gehört hat, einen Brief geschrieben, den wir gerne auszugsweise hier veröffentlichen wollen, weil wir die Zeilen hilfreich für alle finden:
„Am schlimmsten war es für mich, dass ich in der ersten Zeit überhaupt nicht wusste, wie ich mit euch umgehen sollte. Was sollte ich sagen? Wie Trost spenden? Ich hatte das Gefühl, dass es keine richtigen Worte gab. Ich konnte es nur erahnen, wie es euch geht. Also war ich einfach nur da, wenn ihr mich brauchtet. Es hat

---

[23] Erika Bodner, Ich wollte doch dein Leben schützen! Erleben, Sinnsuche und Trost nach dem Verlust des Kindes, Weishaupt Verlag, 2002, S. 166f. Abdruck mit freundlicher Genehmigung des Verlags.

eine Zeit lang gedauert, bis ich es auch euch kommunizieren konnte, dass ich einfach total unsicher war und nichts falsch machen wollte. Was ich aber damals schon wusste: Emilia wusste ganz genau, welche Eltern sie sich aussuchen würde. Sie wusste, dass ihr die Kraft haben würdet, das Geschenk Emilia mit allem zu nehmen und zu schätzen."
Von vielen Menschen waren wir enttäuscht, aber wir hatten nicht die Kraft, unsere Wünsche zu äußern. Aber vor allem eine Begebenheit hat uns erst vor Kurzem wieder sehr berührt.

Frühling 2021: Ungefähr fünf Jahre nach Emilias Tod klingelt es um acht Uhr morgens an der Tür. Ich bin alleine zu Hause und habe keine Ahnung, wer das sein kann. Zu meiner großen Verwunderung steht eine „ehemalige" Freundin, die in der Nähe wohnt, vor unserem Haus. Wir haben uns, wie es auch mit vielen anderen war, nach Emilias Tod auseinandergelebt und keinen Kontakt mehr gehabt. Sie will mir etwas zurückgeben, was seit Jahren in ihrem Haus lag und was sie beim Ausräumen gefunden hat. Ich spüre ihre Aufregung und sie beginnt auch gleich zu sprechen. Die ersten Worte sind noch auf die geliehene Sache bezogen, aber dann sprudelt es aus ihr heraus: Es tue ihr so leid, dass wir uns aus den Augen verloren haben, sie wisse auch nicht, warum das so ist. Sie habe so viel an uns gedacht und über die ganze Situation nachgedacht und könne sich auch nicht erklären, warum alles so gelaufen sei. Sie befürchtet, dass sie mich mit einer Aussage nach Emilias Tod beleidigt habe, was ich sofort verneine.
Es geht uns beiden nahe, wie wir so in unserem Vorzimmer (Flur) stehen. Weil wir so lange nicht mehr miteinander gesprochen haben, haben sich auch Missverständnisse entwickelt, die wir dann gleich an Ort und Stelle ausräumen können. Irgendwann umarmen wir uns und ich sage zu ihr, dass ich ihren Mut bewundere, herüber-

zukommen und einfach anzuläuten. Sie entgegnet, nein, das sei überhaupt nicht mutig, sie hätte schon viel früher kommen sollen.

Es ist ein Geschenk, dass sich Ullas Freundin auf den Weg gemacht hat. Ganz oft liegt es auch an uns selbst, die Dinge wieder ins Lot zu bringen. Dabei hilft die folgende Übung:

Die beste Version für mich

Unsere Energie geht dahin, worauf wir unsere Aufmerksamkeit richten. Bei verwaisten Eltern kann das ungünstig sein. Die Energie bzw. die Frequenz dieser Energie ist oft sehr niedrig. Wir fühlen uns müde, ausgelaugt, energielos.
Wir haben uns eine Übung überlegt, die dir helfen soll, die Frequenz deiner Energie zu erhöhen. Sicherlich hast du in deinem Leben schon einige Filme gesehen, die dich in eine gute Stimmung gebracht haben. Vielleicht fällt dir einer davon ein. Einer, der es besonders gut schafft, dich in eine gute Stimmung zu bringen. Nimm bitte diesen Gedanken an deinen Lieblingsfilm auf.

Suche dir einen Ort, an dem du in den nächsten 20 bis 30 Minuten nicht gestört wirst, und schalte auch dein Handy aus. Nimm Papier und einen Stift oder dein Notizbuch zur Hand. Setze dich bequem hin, atme einige Male tief durch und schiebe alle Gedanken, die gerade da sind, einfach weiter. Lies dir die beiden Fragen durch und notiere alles, was dir dazu in den Sinn kommt:

- Wie hättest du dir gewünscht, dass dein Umfeld für dich da gewesen wäre?
- Wie wünschst du dir, dass dein Umfeld jetzt für dich da ist?

Trag bitte so richtig dick auf! Schmücke, wenn möglich, deine Gedanken in den kräftigsten Farben, in den frischesten Düften, in den schönsten Tönen aus. Denke auch an deine Emotionen, wie du dich fühlst, wenn dein Umfeld voll und ganz auf deine Wünsche eingeht. Bewahre deine Notizen an einem für dich wichtigen Platz auf. Nimm sie dir immer wieder einmal zur Hand und lass die Worte auf dich wirken.

Man lebt zweimal:

Das erste Mal in der Wirklichkeit,

das zweite Mal in der Erinnerung.

Honoré de Balzac

Unser erstes Jahr ohne Emilia

Und was uns in dieser Zeit geholfen hat

„Die Zeit heilt alle Wunden." Dieses Sprichwort kennst du sicher auch. Und wenn wir ehrlich sind, haben wir das am Anfang für eine gute Taktik gehalten: Wenn wir einfach die Zeit vergehen lassen und lange genug unseren Schmerz ignorieren, dann wird es irgendwann wieder besser werden. Leider hat die Methode bei uns nicht funktioniert.

Dann haben wir gedacht, wenn das erste Jahr geschafft ist, wenn wir also alle Feste und Anlässe des Jahres einmal ohne Emilia erlebt haben, wird es besser. Du wirst es schon ahnen: Es hat auch nicht geklappt.

Doch das erste Jahr war schon ein besonderes: Die Lücke, die Emilia hinterlassen hat, war riesengroß und wir mussten uns im neuen Alltag zurechtfinden. Unsere Maus starb am 5. April, kurz nach dem Osterfest. Als Nächstes stand Ende April Ninas 11. Geburtstag an.

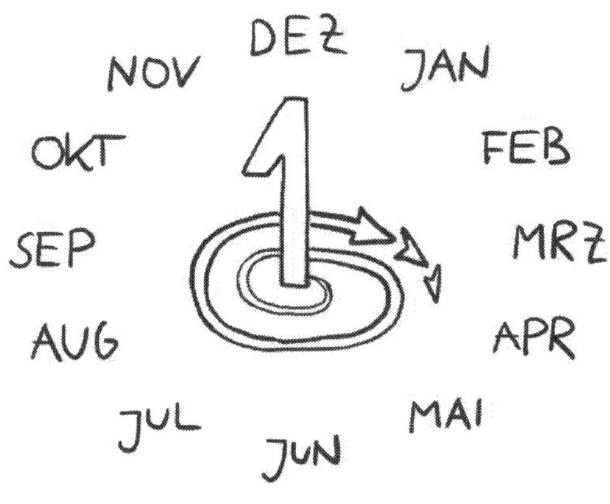

Ninas Geburtstag

April 2016: Eigentlich ist mir gar nicht nach Feiern zumute. Aber meine große Tochter hat sich gerade in diesem Jahr eine Feier mehr als verdient. Ein Freund von uns gibt uns den guten Tipp, dass wir etwas machen sollten, was wir sonst nicht gemacht hätten. Er denke an eine Übernachtungsparty. Schnell ist klar: Nina kann mehr Freundinnen als sonst einladen und es können auch alle, die wollen, bei uns übernachten.

Am Nachmittag fahren wir mit den Mädels – ihre „neuen" Freundinnen aus dem Gymnasium – in ein Fotostudio. Man kann hier selber die Kamera auslösen und für die jungen Damen ist eine Menge an Verkleidungen vorhanden. Bei uns und auch bei meiner Schwester, die uns begleitet, kommen gemischte Gefühle hoch. Einerseits freuen wir uns über das Gekichere und den Spaß der Freundinnen und genießen es, dass auch Nina herzlich lachen kann. Andererseits sind die Erinnerungen an unseren gemeinsamen Aufenthalt hier als Familie mit Emilia noch sehr präsent. Die Fotos für die Weihnachtsgeschenke der Familie haben wir in diesem Selbstauslöser-Studio gemacht.

Weil in diesem Jahr sowieso schon alles anders ist, kann Nina auch noch mit ihren Freundinnen aus der Volksschulzeit eine Party machen. Auch das wird für Nina ein sehr lustiger Nachmittag in unserem Garten.

Bekanntlich sind ja aller guten Dinge drei: Auch mit der Großfamilie ist es üblich, dass wir die Geburtstage feiern. Wir wollen aber nicht bei uns im Haus feiern, das wäre mir noch zu viel. So beschließen wir, dass wir in einen Tierpark fahren und uns dort mit den Verwandten treffen. Es ist ein verregneter kühler Nachmittag und genauso ist meine Stimmung. Ich schleiche über den Rundweg und schaue mir die Tiere an. Es schmerzt mich zu sehen, wie die jüngste

Tochter meiner Cousine, die genauso alt ist wie Emilia, durch den Tierpark läuft und Emilia nicht mehr dabei sein kann. Als wir dann im Jausenraum sitzen – aufgrund des Wetters sind wir fast alleine dort –, gratulieren alle Nina zum Geburtstag und stimmen wie immer ein Lied an. Weil ich auf Musik sehr emotional reagiere, ist dieses Geburtstagslied für mich die Hölle auf Erden. Einerseits will ich stark sein und Ninas Tag nicht mit meiner Trauer stören. Andererseits schüttelt es mich innerlich und ich würde am liebsten alleine sein. Nie wieder werde ich für meine kleine Tochter ein Geburtstagslied singen, nie wieder werden wir mit ihr in den Tierpark gehen. So stelle ich mich in eine Ecke und ertrage still den Gesang. Ich bin froh, als wir uns von allen wieder verabschieden und nach Hause fahren können.

Muttertag – Vatertag

Nach Ninas Geburtstag Ende April folgte dann gleich am 8. Mai der Muttertag. Wir haben acht Jahre auf unser zweites Kind gewartet. Wir hatten jeweils einen Mutter- und einen Vatertag mit zwei Kindern an unserer Seite. Und dann war wieder alles anders.

Mai 2016: Ich habe Angst vor diesem ersten Muttertag ohne Emilia, da ich mich nicht mehr zur Gänze als Mutter fühle. Ein riesengroßes Loch klafft in meinem Herzen und schmerzt fast unerträglich. Mein Kind fehlt. Aber Gott sei Dank ist Nina noch bei uns. Sie spürt wohl die Schwere, die sich in meinem Herzen ausgebreitet hat, und überrascht mich so sehr an diesem Tag.
Nina bittet mich, mich hinzusetzen, und legt mir den Fellsack, den Emilia im Winter hatte, mit einer Puppe drinnen, in meine Arme. Dazu liest sie mir eine selbst geschriebene Meditation vor: Es klin-

gelt an der Tür und Emilia steht draußen. Wir fallen uns in die Arme und dann verbringt sie den Tag mit mir. Wir spielen gemeinsam auf ihrer Spieledecke, essen und trinken gemeinsam. Später kommen auch Robert und Nina aus der Schule nach Hause und wir sind wieder wie früher eine glückliche Familie. Am Abend legen wir uns alle gemeinsam ins Bett und am nächsten Morgen ist Emilia wieder fort. Die Tränen fließen mir stumm über die Wangen: einerseits vor Glück und Stolz, dass ich so eine wunderbare große Tochter habe, andererseits schmerzt die Erinnerung an die gemeinsamen Tage mit Emilia so sehr.
Ein paar Tage später will ich mir das Blatt mit der Meditation meiner Tochter laminieren, weil der Text für mich so besonders ist. Was ich nicht weiß, ist, dass Nina die Worte mit Radierstift geschrieben hat. So ist der Text in der Hitze verschwunden. Da wird mir bewusst, welches Sinnbild das für meine Situation ist: Das Gefühl, das ich bei der Meditation hatte, ist tief in mir verankert, aber die geschriebenen Zeilen sind weg. Die Gefühle, die Emilia zeit ihres Lebens in mir hervorgerufen hat und es immer noch tut, sind tief in mir abgespeichert. Aber ihr Körper ist verschwunden, genauso wie die Schrift der Meditation.

Juni 2016: Um ehrlich zu sein ist der erste Vatertag nach dem Tod von Emilia für mich eine Katastrophe. Ein Jahr zuvor war ich "am Ziel angelangt", ich hatte beide Kinder bei mir, Emilia saß auf meinem Schoß, ein unbeschreibliches Glück wohnte an diesem Tag in mir. Ein Jahr später wird mir sehr schmerzlich bewusst, dass das nie wieder der Fall sein wird. Ulla und Nina sind sehr bemüht, auch unser Hund Linus ist an diesem Tag „anders" als sonst. Er spürt wohl ganz genau, dass es mir sehr schlecht geht.
Das große Loch, das Emilia in meinem Herzen hinterlassen hat, wird mir an diesem Tag besonders bewusst.

Mutter- und Vatertag sind für verwaiste Eltern besonders schmerzlich. Während sich andere Eltern über selbst gebastelte Geschenke, Gedichte, Lieder, Blumen oder Besuche freuen, wird uns an diesem Tag wieder sehr deutlich vor Augen geführt, dass unser Leben ganz anders ist. Wenn noch weitere Kinder in der Familie sind, fällt es oft schwer, eine Balance zu finden zwischen der Freude über die erhaltenen Geschenke und Glückwünsche und der Wehmut über das Verlorene.
Und auch für Eltern von Sternenkindern (jene Kinder, die vor, während oder kurz nach der Geburt versterben) sind diese Tage eine Herausforderung, denn sie werden von ihrem Umfeld oft nicht als „vollwertige Eltern" anerkannt, da nach deren Ansicht das Kind ja nicht wirklich Teil der Familie geworden ist.
Besonders wichtig finden wir an diesen Tagen, dass wir gut auf uns und unsere Bedürfnisse hören und diese auch der restlichen Familie mitteilen. Vielleicht mag sich Mama oder Papa am Ehrentag für eine Zeit ganz alleine ans Grab des verstorbenen Kindes oder an einen Erinnerungsplatz zurückziehen, um Zwiesprache mit dem Sohn oder der Tochter zu halten oder Erinnerungen hervorzuholen und zu sinnieren, wie es wohl jetzt mit dem Kind wäre. Bei allen besonderen Anlässen im Jahr solltest du deinen „Erste-Hilfe-Koffer" (siehe Kapitel „Das schwarze Loch – und der Weg heraus") bei der Hand haben und auf jene Dinge zurückgreifen können, die dir guttun.
Dieses Jahr ist uns zum ersten Mal in den sozialen Medien der Muttertag für verwaiste Mütter aufgefallen, der eine Woche vor dem Muttertag stattfindet. Er wurde bereits 1908 von einer Amerikanerin ins Leben gerufen, die selbst mehrere Kinder verloren hatte, geriet mit den Jahren aber in Vergessenheit. Erst 2010 wurde er durch die australische Trauerberaterin und verwaiste Mama Carly Marie wieder bekannt gemacht. Ihrer Ansicht nach sollten verwaiste Mütter an einem gesonderten Tag ihrer ver-

storbenen Kinder gedenken. Sie begründet dies damit, dass das Muttersein für die verstorbenen Kinder viel zu wenig gewürdigt werde und die Mütter einen eigenen Tag verdienen, der nur dem Gedenken an die vorausgegangenen Kinder gewidmet ist.[24]
Auch wenn unsere Kinder immer einen Platz in unserem Herzen haben, tut es manchmal einfach gut, wenn wir uns bewusst für sie und unsere aktuellen Gefühle für sie Zeit nehmen. Etwa indem wir am Friedhof über die Geschenke nachdenken, die unser vorausgegangenes Kind uns zu seinen Lebzeiten und auch noch danach hinterlassen hat oder auch immer noch schenkt. Auch wir haben das schon getan und bei uns ist es ganz klar die Lebensfreude, die uns Emilia als riesengroßes Geschenk dagelassen hat.

Unsere Geburtstage

Juni 2016: Emilia ist ca. drei Monate vor meinem Geburtstag verstorben. Es war alles noch recht frisch. Im Jahr davor bin ich 40 geworden und hatte das Gefühl, angekommen zu sein: zwei Mädels an meiner Seite, eine wunderbare Partnerschaft, ein Seelenhund, ein Haus, in dem ich mich sehr wohlfühle, ein Job, der mir Spaß macht. Damals dachte ich mir: So kann es weitergehen, ich bin glücklich und zufrieden in meinem Leben.
Zunächst denke ich, dass ich den Geburtstag gar nicht feiern mag, weil mir überhaupt nicht nach Feiern zumute ist. Andererseits gibt es da einige Menschen, mit denen ich gerne zusammen bin, weil sie mir zu Emilias Lebzeiten und auch nach ihrem Tod eine große Stüt-

[24] Vgl. https://www.echo-online.de/lokales/bergstrasse/buerstadt/der-7-mai-ist-weltweit-der-tag-fur-verwaiste-mutter_17849419 (Stand: 6.11.2021).

ze sind. Also schreibe ich an einen kleinen, ausgewählten Kreis folgende Nachricht: „Nach einer großen Geburtstagssause mit Sackhüpfen und Topfschlagen ist mir heuer nicht so der Sinn ... Aber es würde mich sehr freuen, meinen Geburtstag mit jenen lieben Menschen zu verbringen, die uns in der letzten Zeit so wunderbar begleitet haben."
Also verbringe ich meinen 41. Geburtstag bei uns zu Hause im Garten mit einigen sehr engen Freundinnen. Wir sind eher still, aber es tut gut, diese Menschen um mich zu haben. Wenn ich mir heute die Fotos von damals ansehe, kann ich den Schmerz und die Traurigkeit in meinen Augen sehr gut erkennen.

September 2016: Von Hero zu Zero! Auf den Punkt gebracht, war das mein erster Geburtstag nach Emilias Tod. An diesem Tag war meine ganze Familie natürlich bemüht, es für mich zu einem guten Geburtstag zu machen. Ich war auch total zwiegespalten: auf der einen Seite meine große Tochter, die ich in den Arm nahm, auf der anderen Seite dieses riesige Loch in meinem Herzen, welches Emilia zurückgelassen hat. Ich war an diesem Tag sehr ruhig, mir war nicht zum Feiern zumute. Mein Herz war quasi nur noch zur Hälfte spürbar und ich spürte an meinem Geburtstag dieses riesige Loch ganz deutlich. Um ehrlich zu sein, ich war froh, als ich diesen Tag „überstanden" hatte.

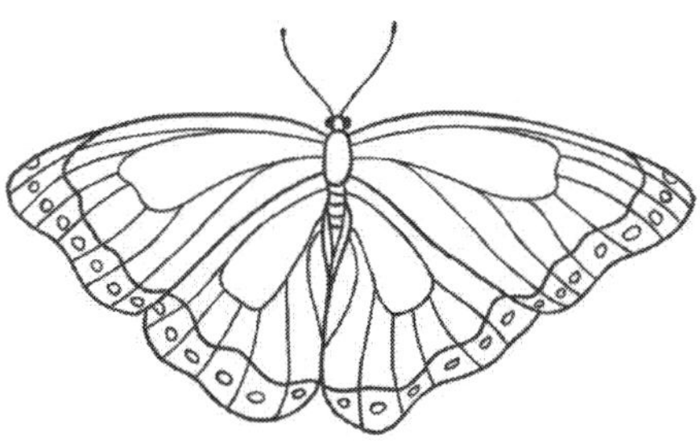

Auch in unserer Facebook-Gruppe „Von Grau zu Bunt – Begleitung nach dem Tod deines Kindes" haben wir uns darüber unterhalten, wie wir unsere Geburtstage nach dem Tod des Kindes gefeiert haben. Wir haben sehr berührende Berichte erhalten und es hat uns wieder gezeigt, dass Trauer und die Verarbeitung der Trauer ganz individuell sind. Alles, was für dich und deine Familie stimmig ist, ist gut. So erzählt uns beispielsweise Johanna, dass ihr 17-jähriger Sohn fünf Monate vor ihrem 40. Geburtstag durch einen Unfall verstorben ist. Die geplante Feier mit 70 Gästen, bei der ihr Sohn mit seinen Freunden hätte ausschenken sollen, wurde abgesagt. Der Geburtstag wurde dennoch gefeiert als Tag der offenen Tür im eigenen Poolhaus. Johanna wollte nicht alleine sein an diesem Tag und wurde durch die vielen Menschen, die zu Besuch kamen, abgelenkt.
Anders hat es Alexandra erlebt, die nach dem Tod ihrer kleinen Tochter nicht feiern wollte und konnte. Sie verbrachte den Tag wie jeden anderen auch. Was für sie in Ordnung war, war für ihre Familie und ihre Freunde schwer anzunehmen. Sie waren mit ihrer Entscheidung nicht glücklich, haben es aber letztlich akzeptiert.

Weihnachten und Silvester

Das erste Weihnachtsfest ohne Emilia bereitete uns schon Monate davor Bauchschmerzen. Das Fest der Liebe sollte auf einmal ohne unsere geliebte Tochter stattfinden? Im letzten Jahr saß Emilia fröhlich unter dem Christbaum und hatte die größte Freude mit den Geschenkbändern, die um die Päckchen gewickelt waren. Und jetzt hatten wir eine riesige Wunde in unseren Herzen:

Dezember 2016: Weihnachten ist in unserer Familie ein wichtiges, sehr traditionelles Fest. Seit Jahren feiern am 24.12. Robert und ich mit unserem Kind bzw. einmal mit beiden Kindern. Am 25. und 26.12. dann jeweils mit meiner Familie bzw. Roberts Familie. Gott sei Dank hat meine wunderbare Hebamme schon Ende April, also kurz nach Emilias Tod, gesagt: Wir fliegen nach Lanzarote und ihr könnt gerne mitkommen. Zuerst habe ich darüber gar nicht so nachgedacht, aber dann war klar: Das ist es.
Zu Hause hätten wir es nicht ausgehalten, also haben wir etwas gemacht, was wir noch nie getan haben. Am 23.12. sind wir frühmorgens ins Flugzeug gestiegen und haben zehn Tage in der Sonne und der Wärme verbracht. Das war auch für das Gemüt und die Seele gut. Und weil unsere Freunde einen Sohn in Ninas Alter haben, hatte meine große Tochter auch jemanden für den Strand und für die gemeinsamen Ausflüge ...
Das Jahr danach war ich zu Weihnachten mit Felix hochschwanger. Da waren wir wieder zu Hause. Auch Nina wollte wieder ihr traditionelles Weihnachtsfest. Es war trotzdem noch gewöhnungsbedürftig für uns alle.

Dezember 2016: Wenn ich an unser erstes Weihnachten nach Emilias Tod denke, kommt nur ein Wort: Flucht.
Ich konnte Jesu Geburt nicht feiern, wie sollte das auch funktionieren? Ich habe mich mit dem Tod auseinanderzusetzen. Da war diese Vorfreude, diese Fröhlichkeit, dieses Im-Kreise-der-Familie-Sein, und das alles hielt ich nicht aus. Mir fehlte ein riesengroßer Teil meines Herzens und all die gut gemeinten Ratschläge unserer Verwandten und Bekannten wollte ich auch nicht hören. Also ab nach Lanzarote, es war eine der besten Entscheidungen meines Lebens.

Ein Vater aus unserer Gruppe, dessen 21-jähriger Sohn ungefähr einen Monat vor Weihnachten plötzlich verstarb, berichtete: „Wir haben Weihnachten wie üblich bei den Verwandten gefeiert. Die Ablenkung hat uns gutgetan.“ Ganz anders haben es Miriam und ihr Mann erlebt, die Weihnachten an einem Ort verbringen wollten, wo sie niemand kannte. Sie haben zum Begräbnis ihres Sohnes – er ist im Alter von vier Jahren ganz plötzlich verstorben – von der Familie und Freunden Geld bekommen, das sie an Weihnachten, drei Monate nach seinem Tod, für eine Reise nach Ecuador nutzten. „Wir waren über die Feiertage in einem ganz kleinen Haus an einem Berg mit wunderbarer Aussicht“, erzählt Miriam von ihrer gemeinsamen Auszeit in einem Land, in dem beide noch nie gewesen sind. Sie ergänzt: „Für uns war es genau richtig und unser Sohn hat uns mit vielen schönen Zeichen durch die Weihnachtstage getragen.“
Manchmal meint es das Schicksal gar nicht gut mit uns. Paula, deren Sohn im August bei einem Brand ums Leben gekommen ist, erzählt, wie sie ihr erstes Weihnachten ohne ihn verbracht

haben: „Wir leben im Ausland und wollten zu Weihnachten die Feiertage mit der Familie in Deutschland verbringen. Zwei Tage, nachdem wir gelandet sind, ist ganz unerwartet mein Papa verstorben. Ich weiß gar nicht mehr, wie wir die Tage überstanden haben. Wir haben einfach nur irgendwie überlebt. Es tat unerträglich weh."

Vor allem wenn noch Geschwisterkinder da sind, sind die Eltern besonders bemüht, dass es für die auf Erden lebenden Kinder noch so etwas wie Normalität oder Rituale gibt. Auch Natascha hatte ein sehr mulmiges Gefühl im Bauch, wenn sie an Weihnachten dachte. Anfang November ist ihr dreijähriger Sohn nach schwerer Krankheit verstorben. Zurück blieben die Eltern und der fünfjährige Bruder. Die verwaiste Mama erkundigte sich bei anderen Familien, wie sie dieses Fest gefeiert hatten. „Weihnachten ausfallen zu lassen, kam für mich nicht infrage. Wie sollte ich meinem Sohn erklären, dass nach dem Tod des Bruders, was ja ohnehin schon schlimm genug war, nun auch kein Christkind kommen sollte", schildert Natascha ihre Überlegungen. „Wir haben dann einen Teil des Festes gemeinsam an unseren verstorbenen Sohn gedacht und ein Lied gesungen. Meine Schwester hat uns ein Päckchen unter den Weihnachtsbaum gelegt, dessen Inhalt mich zu Tränen rührte: Es waren Christbaumkugeln mit verschiedenen Bildern unseres verstorbenen Sohnes darin und ein Stern mit einem Foto für die Christbaumspitze. So wird unser Mausi bei jedem weiteren Fest ein Teil des Christbaumes sein. Nachdem wir unsere Tränen getrocknet hatten, konnten wir uns wieder voll und ganz auf unseren großen Sohn und seine Freude über die Geschenke konzentrieren."

Geschenke gibt es aber nicht nur für die lebenden Kinder, viele Eltern legen auch kleine Gaben zum Grab. „Im ersten Jahr war es für mich schwierig anzusehen, dass in der Vorweihnachtszeit alle Eltern Geschenke für ihre Kinder besorgen", erzählt uns Elena bedrückt. „Mein Mann und ich haben dann beschlossen, dass wir auch für unseren kleinen Engel etwas besorgen wollen, und haben ihr die Eisprinzessin auf einem Eisbär auf ihr Grab gelegt."

Das vergangene Weihnachtsfest war unser fünftes ohne Emilia. Es war ein sehr entspanntes und gemütliches Fest mit unseren Kindern. Wir haben uns danach unterhalten, dass es unser erstes wirklich gutes Weihnachtsfest war, seit Emilia verstorben ist. Wir haben neue Rituale gefunden, die zu uns und unserem jetzigen Leben passen:

Seit dem ersten Fest bekommt Emilia einen eigenen kleinen Christbaum für ihr Grab. In den letzten Jahren hat eine sehr liebe Freundin für uns Emilias Christbaum gemacht. Sie geht immer besonders auf unsere Wünsche ein und hat sehr schöne Ideen, zum Beispiel gab es heuer eine Lichterkette mit ganz kleinen leuchtenden Sternen, die mit einer Zeitschaltuhr jeden Abend eingeschaltet wurden. Die Kugeln auf Emilias Christbaum haben die gleiche Farbe wie bei uns zu Hause. Auch auf unserem Baum gibt es eine Christbaumkugel mit Fotos der Kinder: auf der einen Seite lacht uns Emilia entgegen, auf der anderen Seite umarmen sich Nina und Felix. Das ist für uns ein schönes Bild dafür, dass auch die drei Geschwister immer beisammen sind, auch wenn sie getrennt sind.

Am Heiligen Abend gehen wir, wenn es dämmrig wird, gemeinsam zu Emilias Grab, stellen den Christbaum auf und zünden eine Kerze an. Im Anschluss feiern wir zu Hause unser traditionelles Weihnachtsfest. Jedes Jahr sprechen wir von Emilia, wie es mit ihr an Weihnachten gewesen ist. Wie sie sich viel mehr für das Geschenkpapier und die Geschenkbänder interessiert hat als für die eigentlichen Geschenke. Es sind schöne Erinnerungen, die natürlich manchmal traurig machen, aber wir sind froh, dass wir diese Erinnerungen haben.

Weiter geht es in unserem persönlichen Jahreskreis. Auch den Jahreswechsel von 2016 auf 2017 haben wir noch auf Lanzarote verbracht. Es war ein sehr gemütlicher Abend mit unseren Freunden und auch hier waren wir froh, dass wir nicht zu Hause gewesen sind.

Emilias Geburtstag

Jänner 2017: Für uns ist klar, dass wir Emilias Geburtstag feiern, weil es ein wunderschönes, freudiges Ereignis war, als sie im Jänner 2015 in unsere Familie geboren wurde.

Wir laden eine Handvoll Freunde, die uns zu Emilias Lebzeiten und auch nach ihrem Tod begleitet haben und uns sehr nahe waren, zu einem „Open House" ein.

Es gibt Kaffee und Kuchen und es ist ein schöner Nachmittag, natürlich auch mit Wehmut und Schmerz. Aber die Freude, mit Freunden über Emilia zu sprechen, überwiegt. Denn zu diesem Zeitpunkt werden wir nicht mehr oft gefragt, wie es uns gehe, und es wird auch nicht mehr viel über Emilia gesprochen.

Es kommen auch Erinnerungen hoch, dass sie an ihrem ersten Geburtstag ganz viel Schokoladenkuchen gegessen hat. Bei ihrer großen Schwester waren wir in dem Alter noch viel strenger, was Schokolade anging. Irgendwie ist aber das Gefühl da, dass es passt, wenn Emilia ordentlich Kuchen isst. Damals haben wir ja nicht gewusst, dass es ihr einziger Geburtstag in dieser Form werden würde.

Auch ein Spaziergang zum Grab gehört zu jedem Geburtstag dazu und natürlich auch die Erzählungen über ihre Geburt.

Jänner 2017: Meine Schwiegermutter hat Ulla und mich an Emilias erstem Geburtstag nach ihrem Tod zu einem Frühstück zu ihr nach Hause eingeladen. Ebenfalls zu Gast war eine langjährige Freundin meiner Schwiegermutter, die ein Medium ist. Sie hat uns einen Brief von Emilia gechannelt, den sie uns dann zum Frühstück mitgebracht hat. Das war wunderschön, aber auch schmerzlich.

Wie kann man den Geburtstag des verstorbenen Kindes feiern? An diesem Tag wird uns wieder schmerzhaft bewusst, dass unser Kind an allen Ecken und Enden fehlt. Vermutlich ist es noch schwieriger, wenn der Geburts- und der Todestag auf den gleichen Tag fallen. Einerseits erinnern sich die Eltern zurück, wie sie ihr Kind im Arm hielten und sie es gespürt und gerochen haben. Damit wird ihnen auch bewusst, dass sie Mama und Papa sind. Andererseits begann auch gleich der Abschied von dem kleinen Wesen. Für diese Eltern liegen dann in den folgenden Jahren die Freude über die Geburt und der tiefe Schmerz über den Verlust sehr nah beieinander. Marianne erinnert sich mit uns zurück: „Am Anfang hat der Schmerz überwogen und die ganzen Ereignisse

waren an ihrem Geburts- und Todestag wieder so präsent und quälend. Erst mit den Jahren habe ich auch die Glücksmomente wahrnehmen können. Dass ich meine Tochter im Arm halten konnte, sie ausgiebig betrachten und liebkosen."
Einige Eltern aus dem Seelen-Kreis und aus unserer Begleitgruppe haben uns erzählt, dass sie diesen Tag so feiern, als ob ihr Kind noch da wäre. Da wird Kuchen gebacken, die Wohnung geschmückt oder es werden Luftballons aufgeblasen. Der Besuch beim Grab gehört für die meisten auch dazu.

Wir wollen hier ein paar Eltern zu Wort kommen und sie von der ersten Geburtstagsfeier ihres Kindes berichten lassen, die ohne die Hauptperson stattgefunden hat:

„Jedes Jahr backe ich für unseren Sohn eine Geburtstagstorte, die die ganze Familie aussucht. Je älter er wird, umso schwieriger ist das Aussuchen der Torte. Wir überlegen immer, was ihm gefallen könnte. Es ist uns wichtig, seinen Erdengeburtstag zu feiern und an diesem Tag ganz besonders an unseren Sonnenschein zu denken."

„Der erste Himmelsgeburtstag meiner Tochter ist erst ein paar Wochen her. Leider war der Tag überhaupt nicht feierlich. Es war den ganzen Tag eine angespannte Stimmung. Wir hatten auch kein Programm. Uns war einfach nicht nach Feiern zumute. Für den nächsten Himmelsgeburtstag wollen wir uns ein Programm nur für uns ausdenken."

„Der erste Geburtstag nach dem Tod meines Sohnes war sein 18. Mir war klar, dass normalerweise viel los gewesen wäre. Und das wollte ich beibehalten. Wir luden ungefähr zehn Freunde von ihm und die engste Verwandtschaft ein. Es gab Schinkenstangerl und

seinen Lieblingskuchen – Bananenschnitten! Vorher gingen wir alle in die Abendmesse.
Zu späterer Stunde wurde sogar die Shisha ausgepackt, weil das gerade „in" war. Ich habe immer soooo geschimpft darüber, aber da probierten wir es alle aus. (Ich glaube, mein Sohn wäre stolz auf mich und lachte sich ins Fäustchen.) Es gingen Fotoalben von ihm durch die Runde – vom Baby bis zum Teenager. Es gab viele Tränen, aber es war auch schön!
Der zweite Geburtstag von ihm war auch sehr besonders. Da kam ich vom Krankenhaus heim, mit seinem drei Tage alten Bruder. Ich wollte unbedingt heim, war ja aufgrund von Corona ganz alleine im Krankenhaus. Und außerdem mussten Bananenschnitten her. Das war ein richtiges Gefühlschaos. Freud und Leid lagen so nahe beisammen. An all seinen Geburtstagen besuchen wir auch die Unfallstelle und den Friedhof."

„Wir haben den ersten Geburtstag auch dieses Jahr gefeiert. Ich habe alles in ihrer Lieblingsfarbe Pink geschmückt und es gab ihren Lieblingskuchen und Pizza – auch ihr Lieblingsgericht – zum Abendessen. Es war schön und traurig zugleich. Unser Dreieinhalbjähriger hat niemanden die Kerzen ausblasen lassen. Er wollte, dass das seine Schwester macht, und konnte nicht verstehen, warum sie nicht kommt. Er hat auch nach den Geschenken für sie gefragt. Ich habe einen großen Luftballon gekauft und ein schönes Herz, das wir dann zum Grab gebracht haben. Dann war für unseren Kleinen die Welt wieder in Ordnung."

„Bei uns war es sehr krass, weil unser Sohn fünf Tage vor seinem vierten Geburtstag die Seiten gewechselt hat. Die Geschenke waren schon gekauft, der Kindergeburtstag geplant – und dann war er plötzlich weg. Unser Sohn ist bei meiner Mama verstorben und mein Mann und ich waren am Geburtstag immer noch in ih-

rem Haus. Seinen Geburtstag haben wir dann in der engsten Familie verbracht. Die Eltern meines Mannes aus Südafrika waren dann auch endlich angekommen und so konnten wir alle beisammen sein. Wir haben sein Lieblingsessen gekocht, Bilder und Videos angeschaut und Wunderkerzen entzündet. Ich glaube, für uns war es alle noch nicht „fassbar", dass er nicht mehr wiederkommt.
Bei unserem Zuhause – ca. vier Stunden von meiner Mama entfernt – haben sich alle seine Freunde vor unserer Haustür versammelt. Sie haben gesungen und Luftballons steigen lassen und haben Geschenke vor die Tür gestellt. Es hat mir das Herz zerrissen, als ich die Fotos gesehen habe, aber es hat mich auch so berührt."

Ostern

In unserem persönlichen ersten Trauerjahr schließt sich mit dem Osterfest nun fast der Kreis. Ostern war das einzige Fest, das Emilia zweimal in unserer Mitte verbracht hat. Ostern ist im christlichen Glauben das Fest der Auferstehung und somit der Sieg des Lebens über den Tod. Auch der Glaube an ein Leben nach dem Tod begründet sich durch dieses Fest.

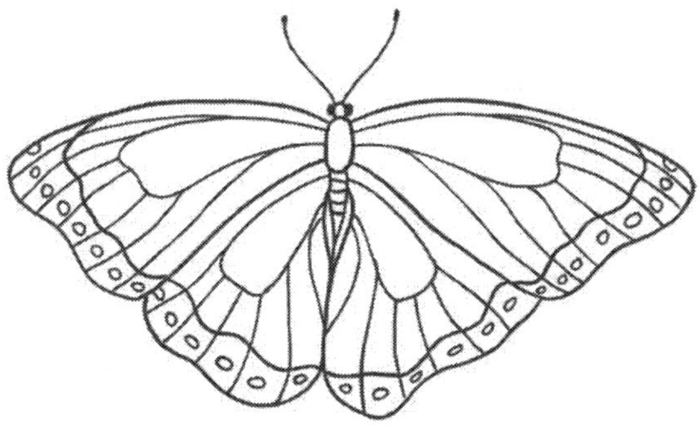

April 2017: So wie Weihnachten ist auch Ostern ein sehr traditionelles Fest in unserer Familie. Auch wir Erwachsenen verstecken und suchen Ostereier und Osternester in unserem Garten. Da ich kein geduldiger Mensch bin und mein „Tunnelblick" beim Suchen wenig hilfreich ist, mag ich diese Sucherei eigentlich nicht sehr. Das erste Osterfest nach Emilias Heimgang ist für mich noch unangenehmer, als es eh schon ist. Außerdem ist Ostern ja das Fest der Auferstehung, aber diesen Gedanken denke ich an diesem Tag nicht. Zu tief sitzt der Schmerz in mir. Am Abend bin ich froh, dass alles vorbei ist.

Alexander aus unserem Seelen-Kreis erzählt über das erste Osterfest ohne seinen Sohn, der ein halbes Jahr davor mit Anfang 20 ganz plötzlich verstorben ist: „Wir wollten eigentlich gar nichts machen, da Feiertage ohne unseren Sohn sowieso keine sind. Aber unsere 20-jährige Tochter bestand darauf, wenigstens wie früher Eier zu färben. Sie wollte wenigstens ein bisschen Normalität aufrechterhalten. Also waren sie und ihre Mutter wie gewohnt in der Küche beschäftigt. Und zum Ostersonntag wurde auch wie gewohnt die Oma besucht, die alleine lebt.
Abends sahen wir uns bei der Oma über 15 Jahre alte Videos an, die unsere beiden Kinder im Vorschulalter zeigten. Das geht noch irgendwie, weil diese Phase sowieso vorbei ist. Aber je jünger die Videos sind, umso schwerer ist es, sie anzuschauen."

Der erste Todestag

Kein anderer Tag im Jahreskreis bereitete uns schon Wochen vorher Kopfzerbrechen und verursachte Bauchschmerzen wie der erste Todestag von Emilia. Einerseits markierte dieser Tag irgendwie eine Zielfahne; es war der Beweis, dass wir das erste Jahr ohne Emilia geschafft haben. Wir haben die Jahreszeiten und alle Fest- und Gedenktage im Jahr gemeistert. Andererseits konnten wir uns gar nicht vorstellen, diesen Tag nochmals gedanklich zu durchleben. Im Austausch mit den verwaisten Eltern in unserer Gruppe haben wir sehr ähnliche Rückmeldungen bekommen. Eine Mama hat folgenden Post verfasst:

„Ich würde gerne mal eine Frage in die Runde werfen:
Wie habt ihr diesen einen Tag verbracht?
Exakt ein Jahr, nachdem es passiert ist?
Eigentlich würde ich ihn gerne ganz einfach vergessen.
Nicht auf den Kalender schauen.
Aber ich befürchte, das wird wohl kaum klappen."

Auch wir haben die Erfahrung gemacht: Verdrängen funktioniert im gesamten Trauerprozess überhaupt nicht und schon gar nicht an so einem wichtigen Tag wie dem ersten Todestag. Doch warum haben wir eine so große Angst vor diesem Datum? Chris Paul schreibt, dass uns der Todestag gewissermaßen aus unserer neu erlernten Alltagsroutine wirft.[25] Wir haben im ersten Jahr gelernt, mit unseren Gefühlen umzugehen und sind schon 365-mal wieder aufgestanden und haben weitergemacht. Unsere im Gehirn abgespeicherten Erinnerungen reagieren auf das Datum und werfen uns gefühlt wieder zurück an den Beginn des Trauerweges. Dies kann sich auch wieder in schlechterem Schlaf oder Übellaunigkeit äußern. Dazu kommt noch, dass unser Umfeld den Todestag meist nicht mehr im Gedächtnis hat und für sie das Leben ganz normal weitergeht. Nur für die Familienangehörigen und guten Freunde ist klar, welch schwierigen Tag es zu überstehen gilt.

---

[25] Vgl. Chris Paul, Ich lebe mit meiner Trauer. Das Kaleidoskop des Trauerns, Gütersloh 2021, S. 185f.

April 2017: Am 5. April 2016 habe ich um 5:30 Uhr meine kleine Tochter gestillt. Die Nacht war für mich sehr gut, ich habe durchgeschlafen, denn meine Schwester ist zu Besuch und hat die Nacht mit Emilia verbracht. Beim Stillen denke ich noch: Jetzt wird es langsam Zeit, dass wir aufhören, irgendwie trinkt sie nicht mehr wirklich viel. Ich weiß zu dem Zeitpunkt noch nicht, dass es das letzte Mal sein wird, dass ich sie in der Früh im Arm halte und sie bei mir trinkt. Emilia hat sich vor ihrem Tod noch selbst abgestillt, ich hatte danach nie irgendwelche Beschwerden oder unangenehme Gefühle in meiner Brust.

Meine Schwester berichtet, dass Emilia sehr unruhig war die ganze Nacht, dass sie viel getragen werden wollte. Zu meinem Erstaunen habe ich nichts davon gehört, obwohl unser Schlafzimmer nur durch eine Wand von Emilias Zimmer getrennt ist. Normalerweise habe ich Ohren wie ein Luchs, wenn es um meine Kinder geht. Emilia hat mir noch eine Nacht erholsamen Schlaf geschenkt, bevor ich die nächsten Tage fast nicht oder sehr wenig schlafe.

Emilia ist müde an diesem Morgen. Am Vortag wurde die Herzoperation abgesagt, weil sie ein bisschen erkältet war, und ich bin bei der Kinderärztin zur Abklärung mit ihr gewesen. Also lege ich meine kleine Maus in den Kinderwagen und spaziere mit ihr zur Bäckerei in unserer Siedlung, um frisches Gebäck fürs Frühstück zu holen. Am Weg nach Hause treffe ich Ninas Grundschullehrerin. Wir plaudern ein bisschen, Emilia lächelt aus dem Kinderwagen heraus.

Nachdem Robert und Nina das Haus in Richtung Schule verlassen haben, kuschle ich viel mit Emilia. Meine Schwester hat sich wieder hingelegt und will den Schlaf von der Nacht nachholen. Emilia ist wirklich sehr müde und still heute. Legt sich später auch auf ihrer Spieledecke wieder hin und schläft ein.

Eine Freundin kommt zu mir zu Besuch und Emilia liegt, während wir plaudern, die ganze Zeit bei mir im Arm und auf meinem Ober-

körper. Meine Freundin schaut sie an und sagt: „Sie schläft sich gesund, du wirst sehen, in ein paar Tagen wird sie herumlaufen."

Am frühen Nachmittag kommt Nina von der Schule nach Hause. Wir essen gemeinsam. Emilia liegt inzwischen auf der Couch und schläft wieder. Nach dem Essen kuschelt sich die große Schwester zu ihrer kleinen. Es ist ein rührendes Bild und ich freue mich über die Liebe der beiden zueinander. Robert hätte eigentlich am Nachmittag unterrichtsfrei, aber er begleitet einen Kollegen bei einer Tagesexkursion mit den Schülern und kommt erst gegen Abend nach Hause. Als er da ist, habe ich das Gefühl, dass ich Emilia duschen möchte, irgendwie möchte ich ihr die Energie der Erkältung abwaschen. Ich gehe mit ihr in die Dusche und es ist das erste Mal in etwas mehr als 14 Monaten, dass ich ein Duschbad und Shampoo für sie verwenden möchte. Bislang ist sie lediglich mit Wasser gewaschen, gebadet oder geduscht worden. Wir sitzen also am Boden in der Dusche und ich seife sie ein und ihr kleiner Körper wird so rutschig. Ich denke: Sie rutscht mir aus der Hand.

Robert und meine Schwester machen sie fertig fürs Bett und ziehen ihr den hellblauen Pyjama mit den weißen Wolken darauf an. Meine Schwester versucht, sie in ihr Gitterbett zu legen, damit sie schlafen kann. Nach ein paar Minuten kommt sie wieder mit Emilia im Arm, überreicht sie mir und sagt: „Sie will zu ihrer Mama." Ich gebe ihr noch ein Obstmus und einen Babykeks. Rückblickend habe ich zu dem Zeitpunkt zum ersten Mal das Gefühl, dass sie ganz kurz abwesend ist. Dann gehe ich mit Emilia auf dem Arm in Ninas Zimmer, wo ihr Robert gerade ein Beispiel in Mathematik erklärt. Ich setze mich auf Ninas Bett, es ist 18:15 Uhr und schaue auf Emilia in meinem Arm, die die Augen geschlossen hat. Auf einmal sackt ihr Kopf nach hinten ab. Ganz ruhig sage ich zu den anderen: „Emilia atmet nicht mehr." Ich spreche sie laut an, tätschle ihr die Wangen, lege sie auf eine Matratze am Boden und bewege ihre Gliedmaßen. Als ob ich selbst in Watte gehüllt bin, höre ich aus der Ferne Robert

mit der Rettung telefonieren und Nina laut und verzweifelt rufen und weinen. Sie hat sich hinter unserem Bett im Schlafzimmer versteckt. Ich gehe zu ihr, mit der leblosen Emilia im Arm, und rede beruhigend auf sie ein: „Emilia ist gleich wieder da. Alles wird gut." Meine Schwester kümmert sich um Nina, verlässt mit ihr das Haus und die beiden spazieren durch den Wald in unserer Siedlung.
Emilia immer noch im Arm, gehe ich ins Erdgeschoss, da ich mit dem baldigen Eintreffen der Rettung rechne. Ich lege Emilia auf den Hocker im Wohnzimmer und fange – ohne groß darüber nachzudenken – mit der Wiederbelebung an. Die Rettungssanitäter sind da und übernehmen sofort Emilia. Ich sitze stumm und ganz ruhig neben ihr auf der Wohnzimmerbank und streichle unaufhörlich ihre Hand. Um ca. 19:20 Uhr brechen wir ins Krankenhaus auf, um 19:54 Uhr wird sie für tot erklärt. Ich weiß es noch, als ob es gestern gewesen wäre.
Am 5. April 2017, an ihrem ersten Todestag, sprechen wir immer wieder über den Tagesablauf vor einem Jahr. Uns wird wieder bewusst, dass sie im Kreis der gesamten Familie gegangen ist, dass sie noch auf ihren Papa gewartet hat. Natürlich besuchen wir auch alle gemeinsam ihr Grab. Es sieht mit den Blumen und den Kerzen bunt und fröhlich aus, genauso, wie wir Emilia in Erinnerung haben.
Am späten Nachmittag kommt dann noch unser Highlight. Wir bekommen Emilia gechannelt. Unsere große Tochter hat mal diesen Begriff für jemanden umschrieben, der es nicht kannte. Sie hat Folgendes gesagt: Das ist ein Telefon aus der Geistigen Welt. Robert und ich hören gemeinsam zu, was uns Emilia mitteilen möchte, Nina bekommt ihre eigene Botschaft von ihrer Schwester. Wir können alles aufnehmen und später die Worte nochmals anhören.
Wenn ich heute an den ersten Todestag zurückdenke, war die Angst davor viel schlimmer, als es der Tag dann tatsächlich gewesen ist.

April 2017: Normalerweise bin ich ein Mensch, der Jahrestage oder besondere Anlässe gerne vergisst. Bei Emilias erstem Todestag ist das anders. Ich rede mir Wochen davor schon ein, dass das ein „ganz normaler Jahrestag sei". Überraschenderweise gelingt das sogar bis ungefähr eine Woche davor. Ab da steigert sich meine Unruhe täglich. Ich wache nach gutem Schlaf gereizt auf und werde immer unleidlicher und aggressiver. Mir fällt das sogar selbst auf (was sonst nicht der Fall ist), aber ich fühle mich diesen Gefühlen irgendwie total ausgeliefert. Ich versuche es mit Ablenkungen aller Art. Aber sobald ich sie beende, kommt dieses unbeschreibliche Gefühl wieder zurück. Ich habe schreckliche Angst vor diesem einen Tag. Einerseits bin ich, wie Ulla, froh, dass ich das erste Trauerjahr „überstanden" habe, andererseits wird mir mein Loch im Herzen voll bewusst. Mein „kaputtes" Herz schmerzt und wenn es so weitergeht, droht es am Todestag zu zerbrechen. Ich habe die Hose gestrichen voll und möchte mich am liebsten verkriechen oder alleine auf einem Planeten sein.
Und dann ist es so weit. Der Tag der Tage ist da. Ich schrecke in der Früh hoch und spüre: kein Groll, keine Angst, keine Ohnmacht. Lediglich ein „kleines Drücken" in der Herzgegend, das ist alles. Der Vormittag vergeht wie im Flug, immer noch alles ruhig in mir. Im Gegenteil, ich freue mich riesig auf den Besuch unserer guten Freundin, die uns eine Botschaft von Emilia überbringt.
Rückblickend war die Woche vor Emilias Todestag gefühlt die Hölle auf Erden. Der eigentliche Todestag war, entgegen allen Erwartungen und Befürchtungen, ein sehr positives Erlebnis in meinem Leben. Das Channeling von Emilia hat mir große Zuversicht gebracht und den Tag zu einem „Highlight" gemacht.

Ein Kinderzimmer, das keines mehr ist

Im Laufe des ersten Jahres kam auch die Frage auf, was wir mit Emilias Kinderzimmer machen werden. Bevor Emilia zur Welt kam, war es unser Gäste- und Bügelzimmer. Als sich unsere zweite Tochter ankündigte, richteten wir es liebevoll als Kinderzimmer her. Nach gut 14 Monaten brauchte sie ihr irdisches Zuhause nicht mehr.

Anfangs fällt es mir schwer, in Emilias Zimmer zu gehen. Es ist so still und leer hier. Kein fröhliches Gebrabbel mehr, kein Sitzen im Schaukelstuhl neben ihrem Gitterbett, bis sie am Abend eingeschlafen ist. Es ist unerträglich, die Musik ihrer Spieluhr zu hören. Ihre Wäsche zu waschen, die noch in der Schmutzwäsche ist, und in ihren Schrank zu legen ist eine enorme Kraftanstrengung und macht mir jedes Mal aufs Neue bewusst: Sie fehlt, sie kommt nie wieder, sie wird das alles, was ich in den Schrank lege, nicht mehr brauchen.

Kurz nach Emilias Tod sind wir uns einig, dass wir in ihrem Zimmer nichts verändern wollen. Alles soll bleiben, wie es ist. Eine weitere Veränderung, die uns daran erinnert, dass Emilia körperlich nicht mehr in unserer Familie ist, würden wir im Moment nicht verkraften. Manchmal setze ich mich auf die Couch in ihrem Zimmer, wo ich sie oft gestillt habe, und fühle einfach die Leere und den Schmerz in mir. Doch das kann ich nicht jeden Tag. Es tut einfach zu sehr weh.

Emilia zeigt uns dann selber, dass es Zeit ist, etwas zu verändern. An ihrer Zimmertür haben wir ihren Namen mit bunten Holzbuchstaben aufgeklebt. Während an der Nebentür die Buchstaben ihrer Schwester Nina schon viel länger kleben und fest halten, lösen sich Emilias Buchstaben auf einmal wie von alleine ab. Sie beginnen, langsam nach unten zu rutschen. Zunächst schieben wir sie wieder in die Ausgangsposition. Aber Emilia hat wie immer ihren eigenen Kopf: Irgendwann liegt der erste Buchstabe am Boden und dann erkennen auch wir, dass es Zeit wird, die Veränderung auch im Außen zu vollziehen. Wir bauen ihr Gitterbett ab und räumen es in die Garage und die Wickelkommode wird wieder zu einem normalen Regal, auf dem einige wichtige Spielsachen von ihr und eine Kerze stehen bleiben. Es wird auch Zeit, ihre Kleider auszusortieren. Sämtliche Veränderungen besprechen wir vorher immer zu dritt in der Familie. Wenn einer von uns dreien noch nicht so weit ist, lassen wir den Schritt. Das muss für uns alle passen. Im ersten Schwung können wir uns nur von ganz wenigen Kleidungsstücken trennen. Doch nach und nach wandert ihre restliche Kleidung in Kisten in den Keller. Alle paar Monate schauen wir sie durch und es darf sich – voller Dankbarkeit – immer wieder etwas verabschieden. Eine Kiste mit besonderen Stücken bewahren wir im Keller auf – so, wie wir es auch für unsere anderen beiden Kinder tun.

Für ihre persönlichen Erinnerungsgegenstände oder auch alle Karten und Briefe, die wir zu ihrer Geburt, zum 1. Geburtstag oder auch nach ihrem Tod bekommen, habe ich eine wunderschöne, große Schachtel besorgt. Sie steht bei uns in einem Schrank. Anfangs hat es sich wie wegschließen angefühlt, auch ein bisschen danach, dass ich es gar nicht so gerne sehen möchte, weil es nur wieder die Wunden aufreißt. Nun bin ich aber so weit, dass ich mir hin und wieder die Schachtel hole. Es ist jedes Mal ein Gefühl der Spannung in mir, wenn ich sie öffne. Oft fließen dabei Tränen über die Erinnerungen, aber auch der Dankbarkeit. Die Gegenstände machen Emilia für einen kurzen Augenblick wieder lebendig – zum Beispiel, wenn ich ihre über alles geliebte „Schnullerkuh" (ein Stofftier, an dem man den Schuller anbinden kann, damit man ihn leichter findet) wieder in meinen Händen halte. In diesen Momenten bin ich froh, dass wir ihr das Lieblingsstofftier doch nicht mit auf die letzte Reise gegeben haben.

Fast zwei Jahre nach Emilias Tod wird Felix geboren und ihr Zimmer bekommt einen neuen Bewohner. Es hat sich am Anfang gut und richtig angefühlt, dass Felix die Möbel und teilweise auch die Kleidung seiner Schwester bekommt. An Emilias Geburtstag, Felix ist fünf Tage alt, ziehe ich ihm einen Strampelanzug seiner Schwester an und schicke ein Foto von Emilia und eins von Felix in unsere Familiengruppe. Meine Mama hat mich später gefragt, warum ich mir das angetan habe. Es hat schon sehr geschmerzt, die beiden fast gleich zu sehen.
Felix schläft zu Beginn auch in Emilias Schlafsack. Aber Felix und damit auch wir haben sehr unruhige Nächte. Unser Unterbewusstsein hat anscheinend doch noch nicht alles verarbeitet und es kommen in uns verborgene Ängste hoch, dass auch Felix sterben könnte. Emilias Pyjamas und ihr Schlafsack kommen also in die Kiste in den Keller. Die Nächte werden wieder ruhiger.
Und dann wird es Zeit, sich ganz von Emilias Möbeln zu verabschieden. Felix soll seine eigene Einrichtung bekommen. Es fühlt sich nun für uns alle stimmig und richtig an, uns von ihren Gegenständen zu verabschieden und sie an eine wohltätige Organisation zu spenden.
Es gibt auch noch Bücher und ein paar Spielsachen von Emilia, mit denen Felix spielt. Da weiß er, dass er besonders gut aufpassen muss, weil „die gehören Emilia!".

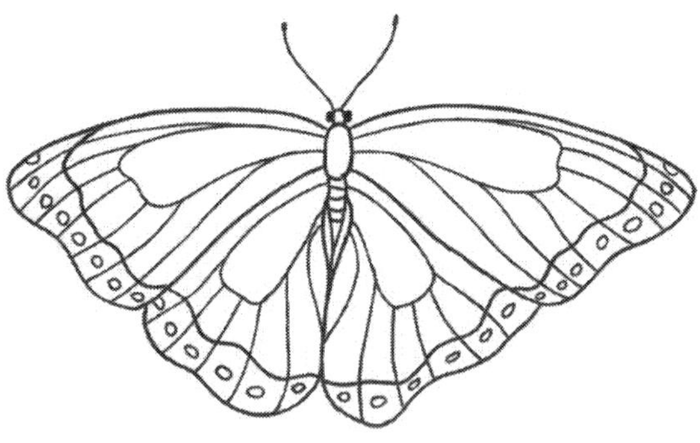

Nach Emilias Tod ihr Zimmer zu betreten, ist für mich sehr schwierig. Mein Verstand sagt mir so Sachen wie: „Was machst du da? Emilia ist nicht mehr da, du brauchst also nicht hineinzugehen!" Und dann ist da auch diese schreckliche und schmerzhafte Leere, die kaum auszuhalten ist, wenn ich mich an die vielen Stunden und Nächte erinnere, in denen ich meiner Prinzessin sehr nahe war. Was würde ich geben, um diese Nähe wieder zu spüren? Aber in diesem Raum ist für mich nur noch Dunkelheit. Immer wenn ich ihn betreten muss, um zum Beispiel die Jalousien aufzumachen, kommt diese Leere in mir hoch. Noch mehr, als es sonst am Tag der Fall ist.

Alles in Emilias Zimmer bleibt so, wie es ist. Auch nur die kleinste Veränderung würde für mich einen zusätzlichen Verlust bedeuten. Einen Verlust der Erinnerung an meine Wuki-Maus und das wäre dann wirklich der Todesstoß für mich. Jetzt ist sie schon körperlich nicht mehr zu spüren und dann verschwindet womöglich auch noch ihre Hinterlassenschaft. Das geht für mich auf gar keinen Fall.

Doch die Tage werden für mich wieder heller, ich fühle beim Betreten ihres Zimmers immer noch Leere, aber es kommen auch die positiven Gedanken wieder zum Vorschein. Und mit jeder Botschaft aus der Geistigen Welt, mit jedem Schritt, den ich in meinem Trauerprozess gehe, komme ich mit dem Raum, der früher Emilias Zimmer war, besser zurecht. Ich kann mich gemeinsam mit Ulla sogar dazu aufraffen, Emilias Kleidungsstücke durchzusehen und die Teile, die mir nicht am Herzen liegen, wegzugeben.

Als die Buchstaben an Emilias Tür langsam nach unten wandern, ist meine erste Reaktion natürlich, diese wieder neu anzukleben. Aber irgendwas in mir lässt mich stoppen, als ich die Sache in Angriff nehmen will. In mir läuft ein Zwiegespräch ab: „Lass Emilia ziehen, deine Erinnerungen an sie hängen nicht von den Buchstaben an der Tür ab. Du trägst sie in deinem Herzen. Spür hin. Wenn du willst,

findest du sie dort. Und spüre auch, wie glücklich sie ist. Das Zimmer und die Buchstaben sind für deine geliebte Prinzessin jetzt nicht mehr wichtig. Viel wichtiger ist ihr, dass es dir wieder gut geht und du deine Lebensfreude wieder findest."
Und so nehmen wir die Buchstaben von der Tür ab und legen sie in die Erinnerungsbox, die wir für sie gekauft haben.
Als Felix in das Zimmer einzieht, ändert sich gewaltig was in mir. Der Raum ist wieder mit Leben gefüllt. Ich fühle es, jedes Mal, wenn ich das Zimmer betrete: Ich habe einen weiteren Schritt in meinem Trauerprozess gemacht.

Wie verwaiste Eltern mit persönlichen Gegenständen oder dem Zimmer ihres verstorbenen Kindes umgehen, ist sehr individuell. Einige ertragen den Anblick der Sachen der Kinder nicht. Sie räumen das Zimmer gleich leer und verschenken Kleidung und Spielsachen. Oft ist es dann leider auch so, dass die Eltern es später bereuen, dass die Lieblingsstücke des Kindes nicht mehr da sind. In unserer Gruppe erzählten die meisten Eltern, dass sie am Anfang gar nichts verändert haben. Bei vielen sind lediglich Hilfsmittel für die Krankenpflege sofort aus den Zimmern gekommen, der Rest blieb für lange Zeit unverändert. Eine Mama schrieb uns, dass das Zimmer auch nach fast drei Jahren unberührt sei. Selbst die ungewaschene Wäsche hänge noch über dem Schreibtischstuhl ihres Sohnes, der im Alter von 17 Jahren plötzlich verstorben ist. Nun wolle der jüngere Bruder ins Zimmer des großen einziehen und er schläft auch schon in dessen Bett. Doch für die Mutter ist es auch nach drei Jahren noch schwer, das Zimmer zu räumen.
Erst wenn wir den Verlust nach und nach begreifen und auch akzeptieren, können wir eine Veränderung langsam zulassen. Sarah, deren Tochter Mona im Alter von fünf Jahren im Frühsommer 2020 plötzlich verstorben ist, erzählt: Mona sollte vor dem

Schulbeginn ein größeres Zimmer im Haus bekommen und hat mit ihren Großeltern Urlaub bei Verwandten gemacht, während zu Hause alles vorbereitet wurde. Sie war sehr überrascht und erfreut, als sie ihr neues Reich in Besitz nahm. Eine Woche später war sie tot, ihr Zimmer hat sie also gar nicht wirklich genießen können. Sarah hat im späten Herbst begonnen, Monas Kleidung an eine befreundete Familie weiterzugeben. Deren Tochter zieht nun mit großer Freude jeden Tag ein Kleidungsstück ihrer verstorbenen Freundin an. Das Zimmer hat sich verändern dürfen, es wird nun als Arbeitszimmer für die ganze Familie verwendet. Sarah freut sich, dass das Zimmer ihrer Tochter nun eine sinnvolle Verwendung hat, auch wenn die Veränderung am Anfang schwer war. Heute sagt sie: „Es ist mein Lieblingszimmer, weil ich mich dort einfach wohlfühle."

Emilias Grab

Auch unser Umgang mit dem Grab hat sich im Lauf des ersten Trauerjahres sehr verändert. Die erste Herausforderung war, überhaupt einen passenden Ort für unser Kind zu finden, wenn man das Wort passend hier überhaupt verwenden kann. Darüber haben wir ja schon berichtet, dass Emilia uns an diesen Ort geführt hat. In der Zeitspanne zwischen ihrem Tod und dem Begräbnis haben wir auch den Steinmetz ausgesucht und sind heute noch sehr dankbar, dass dieser unglaublich einfühlsam war. Im Nachhinein haben wir uns diese ganze erste Zeit auch immer geführt und getragen gefühlt.

Als der Grabstein zwei Monate nach ihrem Begräbnis fertig war und aufgestellt wurde, hat uns das noch mal ganz klar gemacht: Hier liegt unser Kind begraben. Ihren Namen zu lesen, den Ulla auf Anraten des Steinmetzes mit ihrer Handschrift geschrieben

hat, riss wieder eine tiefe Wunde in unseren Herzen auf. Nun war es auch endgültig nach außen hin sichtbar, dass unser Kind hier begraben liegt.
Gleichzeitig ist das Grab auch der Ort, der davon zeugt, dass dieser Mensch tatsächlich gelebt hat und dass er einen Platz im Leben anderer Menschen hatte. Dieser Aspekt ist uns erst im Nachhinein richtig bewusst geworden. Emilia hat nicht lange hier auf Erden gelebt, und es hat sie außer unserer Familie, der Verwandtschaft, unseren Freunden und ein paar anderen Kindern und Erwachsenen aus Babytreffs auch nicht wirklich jemand gekannt. Doch ihr Grabstein verbildlicht ihre Existenz auch gegenüber völlig Fremden.

2016: Von Anfang an gehe ich täglich zu Emilias Grab. Es ist, als ob ich ihr dort besonders nahe bin. Ich steige aus dem Alltag aus und nehme mir bewusst Zeit für Emilia und mich. Waren die Tage sonst damit ausgefüllt, Emilia zu versorgen und zu betreuen, nehme ich mir nun eigens Zeit, um mit ihr Zwiesprache zu halten. Auf dem Friedhof selbst ist es immer so ruhig und friedlich, da kommen auch meine Gedanken zur Ruhe. Wenn ich ganz bei mir bin, spüre ich Emilia immer bei mir sitzen. Über Monate ist mir der tägliche Gang zu ihrem Grab sehr wichtig, obwohl Emilia für mich nicht dort ist. Vielmehr begleitet sie mich auf dem Weg dorthin, ist mit mir dort und dann geht sie wieder mit mir weg. Erst gegen Ende des ersten Jahres besuche ich das Grab nicht mehr täglich. Aber bis heute bin ich gerne auf dem Friedhof, weil ich dort sehr gut in meine Mitte kommen kann.

2016: Der tägliche Besuch von Emilias Grab gibt mir zu Beginn irrsinnigen Halt und das Gefühl, meiner Tochter nahe zu sein. Als dann endlich der Grabstein montiert wird, ist es auch nach außen hin nicht mehr zu leugnen: Hier ist Emilia begraben. Oft gehe ich alleine oder mit unserem Hund zum Grab und zünde eine Kerze an. Dann setze ich mich noch auf die Bank in der Nähe und lasse meine Gedanken umherschweifen. Ich schätze die Ruhe auf diesem Friedhof sehr und auch das viele Grün. Dort kommt mein Inneres zur Ruhe und ich tanke auf. All die Dinge, die wie wilde Kugeln in mir umherfliegen, ordnen sich wie von selbst.

Durch das Seifenblasen-Fläschchen, das eines Tages bei Emilias Grab stand, entwickelt sich für mich auch ein gewisses Ritual bei ihrem Grab. Ich freue mich, wenn sich das Windrad, das wir von einem befreundeten Paar bei der Beerdigung bekommen haben, dreht. Es ist das Erste, das mir aufgefallen ist: Es ist windstill und das bunte Windrad dreht sich trotzdem. Da hat wohl jemand eine Freude, dass ich hierher komme.

Oft kommt mich meine Maus besuchen und ich spüre sie dann ganz nah bei mir auf meinem Schoß sitzen. Manchmal fühle ich aber auch eine große Unruhe in mir, wenn ich vor dem Grabstein stehe. Aber ich merke, dass das nicht die Unruhe bei Emilia ist, sondern meinen derzeitigen Zustand widerspiegelt. Ich bedanke mich dann für den Hinweis und gehe erleichtert wieder nach Hause. Die Botschaft für mich ist eindeutig: Emilia geht es dort, wo sie jetzt ist, gut.

Manche Eltern gehen – so wie wir – anfangs täglich oder sogar mehrmals täglich zum Grab ihres Kindes, weil sie sich dort dem Kind besonders nahe fühlen. Auch Sybille erzählt uns, dass sie täglich bei ihrem Sohn ist. Meist verbringt sie dort ca. eine Stunde, an besonderen Tagen, wie zum Beispiel an seinem Geburtstag oder an Weihnachten, sind es aber auch viele Stunden. Sie hält dort Zwiesprache mit ihrem Sohn, sagt ihm, dass sie ihn liebt, und spielt ihm Lieder vor.
Wieder andere halten den Anblick des Grabes überhaupt nicht aus und vermeiden deshalb den Gang zum Friedhof.
Auch hier zeigt sich wieder, dass jeder für sich selbst einen Weg finden muss, weil es in der Trauer kein Patentrezept gibt, was guttut und was nicht. Das gilt auch für das Elternpaar untereinander: Manchmal sind wir gerne gemeinsam oder auch zusammen mit den Kindern bei Emilias Grab. Und dann wieder hat jeder von uns das Gefühl, dass er jetzt alleine bei Emilia sein möchte. Für uns ist es immer wichtig, dass wir klar aussprechen können, was wir gerade wollen. Und wenn unsere Teenie-Tochter nicht mit uns gemeinsam zum Grab ihrer Schwester gehen mag, ist das in Ordnung für uns.

Neben der klassischen Sarg- oder Urnenbestattung auf dem Friedhof gibt es natürlich auch noch andere Möglichkeiten der Bestattung. Tanjas erwachsener Sohn wollte beispielsweise im Mittelmeer bestattet werden. Ein Teil der Asche von Sandras und Pauls kleinem Sohn wurde nach seinem plötzlichen Tod bei einer Baumgruppe im Wald verstreut, die schon immer eine besondere Bedeutung für die Familie hatte. Sandra erinnert sich, dass die Familie genau ein Jahr vor seiner Abschiedsfeier exakt bei dieser Baumgruppe gespielt hat. Damals sind Fotos entstanden, wie ihr kleiner Sohn auf einem großen Stein vor den Bäumen liegt. Heute sieht es aus, als ob der Junge dort aufgebahrt gewesen wäre, während seine Familie um ihn getanzt hat. „Wenn ich mir die Fotos anschaue, zeigen sie mir, dass alles vorbestimmt ist, so unglaublich das ist", ergänzt Sandra leise.

Was an den „besonderen Tagen" hilft

Um die Feste im Jahreskreis – natürlich nicht nur im ersten Trauerjahr – gut begehen zu können, möchten wir dir hier noch eine kleine Zusammenfassung geben, was uns bzw. unseren trauernden Eltern an diesen Tagen geholfen hat. Einige Anregungen haben wir auch im Buch von Chris Paul „Ich lebe mit meiner Trauer" gefunden.

- ♥ Werde dir bewusst, welcher besondere Tag im Jahreskreis als Nächstes ansteht, und spür in dich hinein, wie du diesen Tag verbringen oder was du an dem Tag machen magst. Teile diese Gedanken auch mit deiner Familie, damit ihr den Tag gemeinsam so planen könnt, dass es für alle aushaltbar ist.
  Statt deiner Familie kannst du natürlich auch gute Freunde an deine Seite holen. Menschen, die dir bei deiner Trauer eine Unterstützung sind, sich mit Ratschlägen zurückhalten und auch deine Emotionen aushalten können.
- ♥ Sei dir auch im Klaren darüber, dass die Emotionen an solchen Tagen besonders intensiv sein können. Besinne dich darauf, auf welche Werkzeuge oder Methoden du bisher zurückgreifen konntest, wenn es sehr schwierig war. Das können Achtsamkeits- oder Entspannungsübungen sein, bewusstes Atmen, die Bewegung in der Natur oder auch das Gegenteil: alles hinausschreien oder -trommeln, was gerade in dir ist.

- ♥ Schau dir den Erste-Hilfe-Koffer an, den du dir zusammengestellt hast. Was daraus kannst du sofort für dich umsetzen?
- ♥ Überlege dir, ob du dir an diesem Tag freinehmen magst und vielleicht auch deine Kinder vom Kindergarten oder von der Schule zu Hause bleiben wollen.
- ♥ Wer außer der engsten Familie soll noch eingebunden werden? Die Großeltern, Verwandte, Freunde von dir, Freunde deines verstorbenen Kindes? Brauchen andere Familienmitglieder Beistand von jemand außerhalb der Familie?
- ♥ Du kannst beruhigende ätherische Öle einsetzen, die dich unterstützen: Lavendel, Melisse, Neroli, Petit Grain Bitterorange, Bachblüten (Notfallmischung), pflanzliche Beruhigungsmittel (Baldrian, Melisse, Lavendel)
- ♥ Ideen, was du an dem Tag machen kannst:
    - das Grab besuchen
    - besondere Blumen aufstellen
    - selbst gestaltete Kerzen beim Grab, zu Hause, beim Krankenhaus, an der Unfallstelle, dem Fundort usw. anzünden
    - den Sterbeort aufsuchen
    - Lieblingsspeise oder Lieblingskuchen des Kindes essen
    - Fotoalben oder Filme des Kindes ansehen
    - bewusst Erinnerungsgegenstände anschauen und in die Hand nehmen, darüber reden und spüren
    - Luftballons in den Himmel steigen lassen
    - den Erinnerungsplatz im Haus neu arrangieren (evtl. ein anderes Foto wählen oder Blumen hinstellen)

- eine Kerze auf den Tisch stellen bei den Mahlzeiten
- in der Familie über das verstorbene Kind sprechen, an lustige oder traurige Begebenheiten erinnern
- Verwandte, Freunde oder Arbeitskollegen bitten, von deinem verstorbenen Kind zu erzählen, und diese Geschichten in einem besonderen Büchlein sammeln
- meditieren – dich mit deinem Kind verbinden
- Zwiesprache mit deinem Kind halten
- deinem Kind einen Brief schreiben
- Tut dir Musik gut an diesem Tag? Wenn ja, welche?
- Menschen, die uns oder unserem Kind wichtig waren, einladen oder sich an einem besonderen Ort zum Austausch über das verstorbene Kind treffen. Jeder Gast kann einen Gegenstand mitbringen, den er oder sie mit dem vorausgegangenen Kind oder einer Begebenheit mit ihm oder ihr verbindet. So entwickelt sich im Laufe der Zeit eine schöne Schatzkiste an Erinnerungen für die Eltern und Geschwister.

Rückblick auf das erste Trauerjahr[26]

Dauer ca. 30 bis 45 Minuten

Ihr braucht ein Blatt Papier und drei verschiedenfarbige Stifte.
Ziel dieser Übung ist es zu erkennen, wie es dir selbst im ersten Jahr gegangen ist und wo ihr euch als Paar nahe oder fern voneinander gefühlt habt.
Bevor ihr mit der eigentlichen Übung beginnt, nehmt euch ein paar Minuten Zeit, um anzukommen. Zündet eine Kerze an und wenn es für euch passt, meditiert fünf Minuten gemeinsam.

Danach nehmt beide jeweils ein leeres Blatt im Querformat und zeichnet eine Linie auf.
Der Anfang der Linie markiert das Sterbedatum eures Kindes, am Ende steht der erste Jahrestag des Todes:

†	1
5.4.2016	5.4.2017

(Wir zeigen dir anhand unseres Beispiels, wie du die Übung gestalten kannst.)

---

[26] Inspiriert von Kachler/Majer-Kachler, Gemeinsam trauern – gemeinsam weiter lieben, S. 92.

Du kannst die Strecke dazwischen nach Halbjahren, Quartalen oder Monaten gliedern, um einen besseren Überblick zu haben, und auch hier die entsprechenden Daten eintragen.

Erster Schritt:

- Überlege, was in diesem Jahr in den verschiedenen Bereichen deines Lebens (Familie, Beruf, Freizeit usw.) passiert ist, und trage besondere negative oder positive Ereignisse in deiner Zeitachse ein.
- Überlege für dich, wie es dir dabei gegangen ist. Nimm einen anderen Stift und trage über und unter deiner Zeitachse die Höhen und Tiefen deiner Gefühlswelt ein. Die Zeitachse zeigt den Nullpunkt an. Lass dir Zeit und fühle in dich hinein, wie du deine Ausschläge markieren möchtest.
- Verbinde die Punkte in der zeitlichen Reihenfolge, sodass die Linie wie eine Fieberkurve oder eine EKG-Linie aussieht.

Zweiter Schritt:

- Gehe gedanklich noch einmal durch dein erstes Trauerjahr, und zwar mit dem Fokus auf deine Partnerschaft. Wann hast du dich deinem Partner/deiner Partnerin besonders nahe gefühlt? Wann war eine deutliche Distanz zwischen euch zu spüren?
- Trage auch diese Höhen und Tiefen eurer Partnerschaft mit einer anderen Farbe in der Zeitachse ein.
- Verbinde die Punkte wieder in der zeitlichen Reihenfolge.
- Betrachte dein Bild: Wie verlaufen die beiden Linien? Welche Zusammenhänge kannst du erkennen?

Dritter Schritt:

- ♥ Legt nun eure beiden Zeitachsen nebeneinander und sprecht über eure Erkenntnisse. Vergleicht eure Linien, ohne die jeweils andere zu bewerten.
- ♥ Welche Hinweise könnt ihr für euren weiteren Trauerweg mitnehmen?
- ♥ Worauf wollt ihr in Zukunft mehr achten oder sprechen?

Diese Übung könnt ihr gerne auch zu späteren Jahrestagen durchführen.

Deine Wunde ist wahrscheinlich

nicht deine Schuld,

doch deine Heilung ist

deine Verantwortung.

Buddhistische Weisheit

Schuld suchen, Wahrheit finden

(Selbst)Vorwürfe und die Kraft der Vergebung

Frühling 2016: In der Zeit zwischen Emilias Tod und ihrem Begräbnis quälen mich einige Fragen so sehr, dass ich nachts nicht schlafen kann: Kann es sein, dass Emilia noch leben würde, wenn ich aufmerksamer gewesen wäre und wir fünf Minuten früher den Rettungswagen gerufen hätten? Kann es sein, dass Emilia ihr letztes Obstmus erbrochen hat und daran erstickt ist, weil ich ihre Füße Richtung Bauchraum angehockt habe, als sie leblos auf der Matratze lag? Kann es sein, dass ich bei der Reanimation unserer zarten kleinen Maus entweder beim Beatmen viel zu fest geblasen habe, dass ihre Lunge geplatzt ist, oder viel zu stark die Herzmassage durchgeführt habe, sodass eine Rippe gebrochen ist, und die hat ein Loch in die Lunge gebohrt und sie ist daran gestorben? Diese Fragen rotieren fast permanent in meinem Kopf, obwohl ich ein paar Stunden nach Emilias Tod, noch im Krankenhaus, von unserer Kinesiologin höre, dass Emilia zu ihr gekommen sei, um sich von ihr zu verabschieden und ihr gesagt habe, dass sie jetzt gehe. Dies war ein erster kleiner Trost, aber mein Kopf sagte mir, dass ich den Tod von Emilia hätte verhindern können. Ich weiß, dass Emilia obduziert wird, da es sich trotz ihrer Vorerkrankungen um eine ungeklärte Todesursache handelt. Mit der Kinderärztin spreche ich einige Zeit später über den Obduktionsbericht. Sie weiß nichts von meinen Gedanken, die mir seit Wochen das Leben noch schwerer machen, als es ohnehin schon ist. Sehr einfühlsam, aber trotzdem sachlich, erklärt sie mir, dass ihr Herz einfach aufgehört hat zu schlagen, weil es ihm zu anstrengend geworden ist. Dekompensation des Herzens nennt man das dann im Bericht. Sie sagt nichts von einer geplatzten oder durchbohrten Lunge oder einer zu späten Reaktion. Sie

meint sogar, man hätte nichts tun können. Und ich weiß, wie viele Fragen sie sich selber gestellt hat, ob sie etwas übersehen hat, als wir am Tag vor Emilias Tod noch in ihrer Praxis waren, um die Erkältung abzuklären. Die Stimmen in meinem Kopf werden ein bisschen ruhiger. Doch erst der erste Jenseitskontakt mit Emilia, drei Monate nach ihrem Tod, erleichtert mein Gewissen komplett. Wir hören vom Medium, dass unsere Tochter selbst entschieden hat, ihr irdisches Dasein zu beenden, da sie ihre Lebensaufgabe für diese Inkarnation mehr als erfüllt hat. (Du wirst darüber im Kapitel Jenseitskontakte noch mehr lesen.) Langsam dringt die Botschaft in meinen Kopf ein und sickert bis in mein Herz: Ich bin nicht schuld an Emilias Tod.

Wenn es um den Tod des eigenen Kindes geht, steht für viele Beteiligte schnell die Frage nach der Schuld im Raum.

- Hätte ich mein Kind fünf Minuten früher abholen sollen? Wäre es dann nicht selbst über die Straße gegangen?
- Warum musste der betrunkene Autofahrer gerade dann die Fahrspur wechseln, als dort mein Kind mit dem Fahrrad gefahren ist?
- Hätte ich mehr für mein Kind tun können? Eine zweite Arztmeinung oder ein neues Medikament? Wäre es dann noch am Leben?
- Hätte ich mein Kind doch früher zum Arzt gebracht!
- Warum war ein Stau auf der Autobahn und der Rettungswagen konnte nicht zu meinem Kind durchkommen, als dieses einen Autounfall hatte?

Oder bei einem Suizid:

- ♥ Habe ich die Zeichen für die Tat meines Kindes übersehen? War ich ihm oder ihr gegenüber nicht aufmerksam genug?
- ♥ Habe ich die Probleme meines Kindes nicht erkannt?
- ♥ Würde mein Kind noch leben, wenn man die Suizidgedanken früher erkannt hätte?

Diese oder ähnliche Fragen quälen die Hinterbliebenen. Und dabei geht es natürlich nicht nur um die Eltern. Auch Geschwister, Verwandte, Bekannte oder andere Beteiligte sind davon betroffen.
Außerdem ist beim Thema Schuld oft auch ein zweiter Aspekt untrennbar mit dabei: Strafe.
Denn in unserer Gesellschaft ist es nun einmal so: Wer Schuld auf sich geladen hat, muss auch bestraft werden. Und damit stehen noch mal eine Vielzahl von unterschiedlichen Meinungen und Sichtweisen zur Debatte. Jeder Mensch hat nämlich sein eigenes Wertesystem, das heißt, jeder Mensch legt für sich ganz allein das Strafmaß und die Dauer der Strafe fest. Natürlich ist damit jeder Mensch im Recht und kollidiert mit seiner Meinung vielleicht schon mit dem anderen Elternteil über diese Bereiche, was zu zusätzlichen Spannungen innerhalb der Familie führen kann.
Wie du siehst, ist das ein sehr komplexes Thema. Trotzdem wollen wir es so einfach wie möglich halten und dabei den Bogen weit spannen.
Gibt es überhaupt Schuld? Wenn ja, was versteht man darunter? Ist Schuld für alle gleich oder gibt es da Unterschiede?
Es gibt viele Definitionen von Schuld. Hier zum Beispiel eine aus dem Online-Wörterbuch von Google:
„... bestimmtes Verhalten, bestimmte Tat, womit jemand gegen

Werte, Normen verstößt; begangenes Unrecht, sittliches Versagen, strafbare Verfehlung ..."
Auch in der Literatur gibt es die Grundannahme: Schuld existiert tatsächlich. Darin sind sich Autoren und Autorinnen, wie zum Beispiel Chris Paul in ihrem Buch „Schuld – Macht – Sinn"[27], einig.
Ein sehr großer Unterschied besteht auch in den oft verwendeten Begriffen „Schuld" und „Schuldgefühl".
Während es beim Begriff „Schuld" so etwas wie „tatsächliche Schuld" gibt, gibt es den Begriff „tatsächliches Schuldgefühl" nicht.
Ein Beispiel: Eine Frau entschließt sich, ihr Baby abzutreiben, und lässt den Eingriff dann auch durchführen. In diesem Fall sind sich alle einig, dass es die „Schuld" der Frau ist, dass das Baby nicht mehr lebt. Es ist tatsächlich in ihrer Hand gelegen, da gibt es nichts schönzureden.
Beim Begriff „Schuldgefühl" handelt es sich um eine Emotion. „Ich fühle mich schuldig!" Dabei kann Folgendes auftreten: Niedergeschlagenheit, Zorn, Ärger, Wut, sich selbst schlechtmachen, Selbstvorwurf, Scham ...
Das Schuldgefühl oder auch „das schlechte Gewissen" ist durch die inneren Werte und die persönlichen Regeln eines jeden einzelnen Menschen festgelegt. Erschwerend kommt hinzu, dass es gegenüber den Beteuerungen von anderen Menschen, die meinen, es läge keine Schuld vor, sehr widerstandsfähig ist. Das beschreibt auch Chris Paul in ihrem Buch „Schuld – Macht – Sinn": „Es sind die verinnerlichten Regeln, die unser Gewissen und unsere Moralvorstellungen ausmachen, irgendwann haben wir sie gelernt. Manche sind uns buchstäblich ‚eingeprügelt' worden, andere sind uns gar nicht bewusst, trotzdem formen sie unsere

---

[27] Chris Paul, Schuld – Macht – Sinn. Ein Arbeitsbuch für die Begleitung von Schuldfragen im Trauerprozess, Gütersloh 2010, S. 16.

Vorstellungen von ‚richtig' und ‚falsch', ‚schicklich' und ‚unangemessen'".[28]

An diesem Punkt möchten wir noch genauer auf einen Bereich eingehen, den Chris Paul „vagabundierende Schuld" nennt. Dabei handelt es sich um Schuldvorwürfe, Schuldzusammenhänge und Schuldmechanismen, die nicht gleich bleiben, sondern sich verändern können. Hier ein Beispiel:

Eine Frau erhält einen Anruf aus der Schule, dass ihre Tochter beim Sportunterricht einen Unfall hatte und mit dem Rettungsdienst ins Krankenhaus gebracht worden sei. Im Krankenhaus ist das Mädchen kurze Zeit darauf ihren Verletzungen erlegen. Die Mutter ist voller Zorn gegenüber der Sportlehrerin, sie habe unachtsam gehandelt. Dieser Vorwurf wird bei einem Gespräch mit der Sportlehrerin und dem Direktor der Schule entkräftet. Daraufhin richtet sich die Wut der Mutter gegen die Dame im Sekretariat, sie habe die Rettungskräfte nicht schnell genug alarmiert. Auch dieser Vorwurf wird in einem Gespräch widerlegt. Anschließend richtet sich die Aggression der Mutter gegen die Einsatzkräfte und droht sogar mit einem Gerichtsverfahren wegen falscher bzw. unzureichender Rettungsmaßnahmen. Schließlich kommen in der Mutter Selbstzweifel hoch, ob es sinnvoll und richtig gewesen sei, die gesundheitlich angeschlagene Tochter an diesem Tag überhaupt in die Schule zu schicken. Sie macht sich deshalb riesige Vorwürfe.

In diesem Beispiel sieht man, wie Schuldvorwürfe immer wieder an andere Adressaten gerichtet werden. Anfangs gegen andere, dann gegen sich selbst und vielleicht auch noch gegen die Verstorbene und möglicherweise alles sogar parallel und gleichzeitig. Die Schuldzuweisungen „vagabundieren" also umher. Das erschwert die Sache erheblich, denn all diese unterschiedlichen An-

---

[28] Paul, Schuld – Macht – Sinn, S. 26f.

schuldigungen müssen, um mit dem Thema Schuld ins Reine zu kommen, aufgearbeitet werden.
Wie kann man als Beschuldigter oder als Vorwerfender mit dem Thema Schuld umgehen bzw. dieses für sich lösen?
Wir versuchen, diesen komplexen Prozess kurz und übersichtlich zu beschreiben:[29]

In der Täterposition bzw. als der Beschuldigte

- Sich der Schuld bewusst sein und diese annehmen
  Dabei ist man sich als „Täter" bewusst, dass man Regeln gebrochen hat und dadurch andere Personen zu Schaden gekommen sind. Weiter empfindet man das selbst als falsch.
- Um Verzeihung bitten
  „Entschuldige bitte", diese Worte lernten wir schon als Kinder. Damals war uns vielleicht nicht immer bewusst, dass wir damit auch die Bewertung unserer falschen Handlung, aus der Sicht des Opfers, übernommen haben. Das ist ein zentraler Punkt, denn damit sind wir gefühlt mit dem Opfer „auf gleicher Ebene", wir sind von unserer „erhöhten Täterposition" heruntergestiegen und bitten um Vergebung.
- Sich selbst verzeihen
  Wenn man das Opfer um Verzeihung gebeten hat, kommt für viele vielleicht der schwerste Teil. Sich selbst verzeihen. Es ist, wie wenn man in einen Spiegel sieht und erkennt: „Das bin ich. Ich weiß jetzt, wozu ich fähig bin, im Guten wie im Schlechten. Und das alles bin ICH."[30]

---

[29] Vgl. Paul, Schuld – Macht – Sinn, S. 177ff., 189f.
[30] Paul, Schuld – Macht – Sinn, S. 190.

In der Opferposition bzw. als der Vorwerfende

Die Opferrolle stellt sich unserer Meinung nach wesentlich schwieriger dar. Als Täter hat man etwas „Böses" getan und dafür muss man mit einer Strafe rechnen. Das leuchtet ein und damit ist die Sache auch schon getan. (Verzeih uns bitte diese sehr einfache Darstellung. Natürlich ist das oftmals alles andere als leicht, als Täter damit fertig zu werden.) Aber in der Opferrolle ist die Sache komplizierter. Es besteht nämlich keine Pflicht, dem Täter zu verzeihen. Wem großes Leid widerfahren ist, bei dem ist oft der Wunsch nach Rache oder Strafe für den Täter sehr groß. Das dauert manchmal genauso lange an wie die Auswirkung der Tat selbst. Nach dem Unfalltod des geliebten Kindes nimmt man die Vergebung für den Täter vielleicht mit ins eigene Grab, zu groß war der Schmerz über diesen Verlust. Verzeihen und Aussöhnen waren leider nicht möglich. Das heißt dann aber auch, dass man sein gesamtes Leben immer in Verbindung mit dem Täter und der damit in Verbindung stehenden Tat bleibt.

Aber gehen wir einmal von dem bestmöglichen Ausgang der Sache aus: Wir verzeihen dem Täter. Was heißt das dann genau?

Ein Mensch hat uns das Schlimmste angetan, was wir uns nur vorstellen können. Er ist für den Tod unseres geliebten Kindes verantwortlich. Diese Tat lässt sich nicht mehr rückgängig machen, ebenso wenig wie die Wut, den Zorn und die Aggression ihm gegenüber.

All das ist verständlich, es geht hier schließlich um das eigene Kind. Aber was passiert mit all den Energien, die bei dieser Sache im Spiel sind?

Diese Energien lösen sich nicht auf, nur weil man sie nicht ständig und überall wahrnimmt. Man trägt sie mit sich herum, die ganze Zeit. Und diese Energien sind ehrlich gesagt keine „Kleinigkeiten". Sie haben sehr hohes, leider aber negatives, Potenzial. Sie

können, ausgelöst durch scheinbare Kleinigkeiten, immer wieder hochkommen.
Wenn man sich dieser Tatsache bewusst werden kann, besteht die Chance, diese Energien in Frieden gehen zu lassen. Dazu ist es notwendig, eine klare Definition des Verlusts sowie des Schuldvorwurfs zu erarbeiten, damit ein Vergebungsprozess in Gang kommen kann. In dieser Zeit der Klärung durchlaufen die Personen unangenehme Gefühle wie Zorn, Ekel, Schmerz, Ohnmacht und Leere. All diese Emotionen müssen gefühlt werden und einen Ausdruck erfahren. Dazu dienen alle Möglichkeiten wie Reden, Schreiben, Gebete, Malen, Werken, Singen und andere.
In dieser Zeit der Klärung für sich selbst stellen sich dann immer öfter neue Gefühle ein, wenn auch, zu Beginn des Prozesses, nur kurz: Respekt und Mitgefühl. Diese beiden Gefühle gelten für beide Rollen: für die des Täters und für die des Opfers. Das beschreibt auch Chris Paul. Ihrer Erfahrung nach ist das Ausleben der negativen Gefühle die beste Basis für eine gelassene und verzeihende Einstellung.[31]

Wir haben zum Thema Schuld auch eine Information der Geistigen Welt erhalten, die Robert gechannelt hat. Diese möchten wir euch auch gerne mitgeben:

„Hallo aus der Geistigen Welt!
Heute geht es uns um ein Thema, das jede und jeder mit sich selbst ausmachen muss. Es geht um Schuld bzw. Schuldgefühl.
Wir spüren, dass viele von euch darunter leiden. Dabei geht es um viele ungeklärte Fragen in Zusammenhang mit dem Tod eures geliebten Kindes. Also, es geht um uns.
Wir möchten euch gerne aus der Geistigen Welt nochmals sagen

---

[31] Vgl. Paul, Schuld – Macht – Sinn, S. 190f.

und damit bekräftigen, dass es uns ausgezeichnet geht. Wir können euer Gedankenkarussell nicht verstehen. Ihr sucht sehr oft die Schuld für unser Ableben im Außen oder bei euch selbst. Das ist nicht notwendig, denn für uns gibt es keine Schuld. Niemand hat Schuld, dass wir zurück nach Hause gegangen sind. Niemand, weder ihr noch jemand anders noch eine bestimmte Situation.
Wir wissen, dass das oft nicht leicht zu verstehen ist, aber fühlt euch bitte zu unseren Worten. Fühlt, wie gut es uns hier geht. Und wenn der richtige Zeitpunkt für euch gekommen ist, werden wir euch hier bei uns empfangen.
Der richtige Zeitpunkt für uns war schon, darum sind wir in Frieden nach Hause zurückgegangen.
Schließt Frieden mit eurer Schuld bzw. euren Schuldgefühlen, sie sind für uns total unangebracht. Aber das ist natürlich die Entscheidung von jeder Einzelnen bzw. jedem Einzelnen.
Wir freuen uns, wenn wir uns in Frieden wiedersehen.
Bis dahin, eure Lieben"

Das Buch „Ich bin das Licht" von Neale Donald Walsch[32] erklärt Kindern auf einfache Art und Weise, warum auf der Welt schlimme Dinge passieren. Es kann uns helfen, mit Schuld und Vergebung noch besser umzugehen.
Die kleine Seele bemerkt, dass sie etwas ganz Besonderes ist, und spricht Gott darauf an. Gott bestätigt ihre Erkenntnis und weist sie darauf hin, dass alle anderen Seelen genauso besonders sind wie sie. Alle sind ein helles Licht und auf ihre eigene Art und Weise einzigartig. Nachdem die kleine Seele herausgefunden hat, dass sie sich selbst aussuchen kann, in welcher Weise sie besonders sein möchte, fragt Gott nach. Ihre Antwort: Sie möchte

---

[32] Neale Donald Walsch, Ich bin das Licht. Die kleine Seele spricht mit Gott, Roßdorf 1999.

jemandem vergeben können. Aber da im Himmel nur Seelen mit hellem Licht waren, gab es keinen, der ihr etwas Schlimmes angetan hatte. Als die anderen Seelen neugierig herankamen, um dem Gespräch zu lauschen, erklärte sich eine sehr freundliche von ihnen bereit, der kleinen Seele in ihrem nächsten Erdenleben etwas Böses anzutun, damit sie ihr dann vergeben kann. Und so bereiteten sich die beiden Seelen, die schon viele Erdenleben gemeinsam erlebt hatten, auf ihr nächstes Abenteuer vor.

Meditation – Vergebung

(Eine Audio-Datei für diese Meditation findest du im Downloadbereich, siehe S. 313)

Dauer: ca. 15 bis 20 Minuten

Finde für dich die Sitz- oder Liegeposition, in der du am besten entspannen kannst. Das kann auf einem Sessel sein oder auf einem Sitzkissen oder auf einer Matte auf dem Boden.
Nimm einen tiefen Atemzug, halte die Luft kurz an und atme anschließend ganz langsam wieder aus. Einatmen, Luft kurz anhalten und dann langsam wieder ausatmen. Beim Einatmen konzentrierst du dich nur auf den kühlen Luftstrom, der durch die Nase fließt, beim Ausatmen spürst du, wie die warme Luft wieder durch die Nase strömt. Beim Einatmen atmest du Ruhe ein, beim Ausatmen verteilt sich diese Ruhe in deinem ganzen Körper. Einatmen – Ruhe einatmen, ausatmen – Ruhe im ganzen Körper verteilen.

Konzentriere dich jetzt auf deine Füße, diese werden bei jedem Atemzug leichter, bis sie schon fast nicht mehr spürbar sind; dann weiter zu den Beinen und anschließend zu deinem Rumpf. Alles wird leicht und ruhig in dir. Auch in deinen Oberkörper strömt nun Ruhe, die Schultern werden weich, die Anspannung lässt nach, immer tiefer und tiefer kommst du zur Ruhe; deine Arme, Hände und dein Kopf sind vollkommen in Ruhe.
Sollten Gedanken kommen, lass sie einfach weiterziehen, halte nichts fest, alles fließt in dir und um dich herum. Du bist vollkommen entspannt. Solltest du noch eine Anspannung in dir spüren, nimm ein paar tiefe Atemzüge und lass die Luft bzw. die Ruhe dorthin strömen. Du bist nun vollkommen entspannt. Alles ist in Ruhe.
Stelle dir nun einen Lichtkreis vor, der dich umgibt. In diesem Lichtkreis bist du vollkommen sicher. Stelle dir nun eine Person oder eine Situation in deinem Leben vor, die dich belastet. Bitte diese Person oder die Situation näher zu kommen, in deinen Lichtkreis. Nichts kann passieren, du bist in deinem Lichtkreis vollkommen sicher. Welche Gefühle und Emotionen entstehen, wenn du diese Person oder Situation vor dir stehen siehst? Teile das deinem Gegenüber gedanklich mit, sprich alle Details aus, die in dir sind. Spüre tief in dich. Nimm dir dafür einen Augenblick Zeit.
Du hast deinem Gegenüber alles mitgeteilt, was in dir war. Hat sich dadurch etwas in dir geändert oder ist alles gleich geblieben? Egal, was passiert ist, alles ist richtig und passiert zu deinem Wohl. Nimm noch ein paar Atemzüge und spüre nochmals in dich. Alles, was jetzt in dir ist, darf sein.
Nun verlasse deinen Körper und versetze dich in dein Gegenüber. Wenn es ein Mensch ist, dann versetzt du dich in ihn hinein, wenn es eine Situation ist, dann hat sie so etwas wie ein Bewusstsein, einen Grund, warum diese Situation vor dir erschienen ist. Ver-

setze dich nun in das Bewusstsein der Situation und betrachte dich selbst aus der Position deines Gegenübers. Was siehst du da? Was nimmst du wahr? Welche Gefühle kommen dabei hoch? Teile dir diese Gefühle aus der Sicht der gegenüberliegenden Position mit. Halte nichts zurück, du bist in diesem Lichtkreis in absoluter Sicherheit. Für alles ist jetzt die richtige Zeit und der richtige Platz. Lasse nichts zurück. Nimm dir dafür einen Augenblick Zeit.

Kehre nun wieder in deinen eigenen Körper zurück und spüre in dich hinein. Hat sich etwas verändert in dir? Was spürst du jetzt im Vergleich zu vorher? Alles darf sein, alles ist richtig, so wie es ist.

Erhebe dich nun aus deinem Körper und betrachte deinen Lichtkreis aus der Vogelperspektive. Was nimmst du außer euch beiden sonst noch wahr? Gibt es etwas, das sich verändert hat, was anders geworden ist als zu Beginn eures Treffens? Was nimmst du aus deiner Vogelperspektive wahr? Welche Gefühle und Emotionen kommen dabei in dir hoch? Teile das den beiden im Lichtkreis stehenden Personen oder der Situation mit. Du kannst alles sagen, jetzt ist der richtige Zeitpunkt dafür. Und wenn du den Abstand noch weiter vergrößerst, dich noch weiter herauszoomst, siehst du plötzlich den Herzschlag von Mutter Erde erscheinen. Du fühlst trotz der großen Entfernung die Wärme von Mutter Erde. Ihr Wohlwollen, ihre Energie. Auch Mutter Erde möchte den beiden im Lichtkreis etwas mitteilen. Vielleicht sind es Worte, vielleicht sind es Gefühle oder vielleicht möchte Mutter Erde nur sein. Alles ist richtig, so wie es ist. Höre gut zu oder spüre gut, was Mutter Erde euch zu sagen hat.

Bedanke dich für die Energie, die Kraft und die Güte von Mutter Erde und kehre dann wieder in deinen Körper im Lichtkreis zurück. Hat sich etwas verändert? Spüre genau hin. Und nun frage dein Unterbewusstsein: Kannst du der Person oder der Situation,

die dir gegenübersteht, verzeihen? Kannst du damit in Frieden leben bzw. sie ziehen lassen?
Wenn du diese Frage mit JA beantworten kannst, darf die Situation oder die Person in Frieden gehen. Wenn bei der Frage ein NEIN erscheint, ist es auch in Ordnung. Vielleicht kannst du Mutter Erde fragen, was für ein JA noch fehlt.
Egal welche Antwort, nimm dir noch einen Augenblick Zeit, um das Gespräch mit dir oder mit Mutter Erde zu Ende zu bringen.
Du bedankst dich und betrachtest noch einmal dein Gegenüber. Ihr habt beide das Richtige getan. Werte nicht, alles passiert genau zur richtigen Zeit. Bedanke dich nochmals bei dir, deinem Gegenüber und Mutter Erde und komme langsam wieder hierher in diesen Raum zurück. Spüre deinen Körper, wie er auf dem Sessel sitzt oder auf dem Boden liegt. Recke und strecke dich; wenn du willst, kannst du gähnen. Und wenn es für dich in Ordnung ist, öffnest du die Augen und bist wieder ganz im Hier und Jetzt.

Am Ende wird alles gut.

Und wenn es nicht gut ist,

ist es noch nicht das Ende.

Oscar Wilde

Das schwarze Loch – und der Weg heraus

Trauerschmerz will gefühlt werden

Schwarze Löcher im Weltall üben so eine starke Anziehungskraft aus, dass nichts in ihrer Nähe entkommen kann. Nicht einmal das Licht. Das schwarze Loch in unserer Seele, das nach dem Tod eines geliebten Menschen entsteht, macht uns Angst, dass wir der Dunkelheit nie mehr entkommen können, dass wir in einen Abgrund stürzen und unrettbar verloren sind. Die Angst vor dem schwarzen Loch kann so groß sein, dass wir es tunlichst vermeiden wollen, auch nur in die Nähe des schwarzen Lochs zu kommen, um nicht mit Haut und Haar darin verschlungen zu werden.

Frühling 2017: „Na, hab ich einen Vogel!? Ich bin doch nicht blöd! Ich werde mich doch nicht FREIWILLIG in das schwarze Loch begeben. Kannst du dich noch erinnern, Robert, als dir Ulla deine Tochter im Schockraum übergeben hat? Das war aber nicht so super, eigentlich gar nicht super! Und jetzt willst du Wahnsinniger dich freiwillig noch einmal so einem Schmerz aussetzen? Willst du das wirklich?"
Solche Sätze hat mir mein Verstand sehr oft vorgesagt. Natürlich wollte ich so eine Situation nicht noch einmal erleben, also habe ich brav zugestimmt und meine Gefühle eingesperrt, missachtet und mir selbst verboten. Super funktionieren, auf keinen Fall hinspüren und einfach weitermachen. Im Nachhinein würde ich sagen: „the men´s way".
Ich habe es, bis auf kleine Ausnahmen, fast ein Jahr lang geschafft, meine Gefühle einzusperren. Erst in einem geschützten Kreis, begleitet von erfahrenen Männern, ist dann das große Beben bzw. der tiefe Fall ins schwarze Loch gekommen.

Ich kann mich nicht mehr genau an den Moment bzw. die Situation erinnern, als ich mich das erste Mal in das schwarze Loch begeben habe. Was ich aber mit Sicherheit noch sagen kann, ist, dass es für mich nach jeder Schmerzphase leichter wurde. Ich habe auch festgestellt, dass diese Phasen immer kürzer wurden, je öfter ich sie zugelassen habe.

Herbst 2016: In den ersten Monaten nach Emilias Tod bin ich eine Meisterin darin, meine Gefühle wegzudrücken und nicht hinzusehen, wie es tief drinnen in mir aussieht. Ich habe riesige Angst, in ein großes schwarzes Loch zu fallen, aus dem ich nie wieder herauskomme. Doch mein Körper ist schlau und lässt sich nicht so leicht austricksen. Ich werde immer öfter krank bzw. fühle ich mich nicht fit und bin angeschlagen. Mein Körper schreit nach Ruhe und nach Auseinandersetzung mit meinem Innersten. Solange ich kann, halte ich durch oder lege mich nur kurz hin, um danach wieder genauso weiterzumachen wie vorher. Ich gehe immer wieder über meine Grenzen, was weder gut für mich noch meinen Körper ist.
Eine Freundin spricht mich darauf an und sagt mir ziemlich unverblümt ins Gesicht: „Du schaust nicht hin! Du drückst den Schmerz weg. Du musst den Schmerz annehmen und hindurchgehen." Besonders gern höre ich das nicht. Allein der Gedanke, dass ich mich mit diesem Schmerz, der wie ein Monster auf mich wirkt, auseinandersetzen soll, lässt Panik in mir aufsteigen. Meine Freundin lässt – Gott sei Dank – nicht locker und mit ihrer Hilfe traue ich mich in das schwarze Loch hinein. Sie ist bei mir und stellt mir Fragen: Wie schaut das Loch aus, was ist deine größte Angst, was passiert, wenn du in das Loch hineingehst?
Ich stehe in unserem Wohnzimmer und höre all diese Fragen. In meinem Kopf tobt ein Kampf. Ein Teil will endlich einen Schritt machen und schauen, was passiert, der andere Teil hat furchtbare

Angst und steht wie versteinert am „Abgrund". Ich wage es dennoch und gehe tatsächlich einen Schritt nach vorne. Und da sind alle meine Gefühle im Loch versammelt und es tut weh, unendlich weh. Die Tränen laufen mir über die Wangen, ich krümme mich zusammen und kauere auf dem Boden. Es fühlt sich an, als ob es mir mein Herz herausreißt. Meinen ganzen Körper schüttelt es und ich schluchze. Bilderfetzen ziehen durch meinen Kopf. Mein ganzer Körper schmerzt. Ich weiß, dass ich nicht alleine bin, und so kann ich mich dem Schmerz tatsächlich zum ersten Mal hingeben. Halte alle Gefühle in mir aus.

Ich weiß nicht mehr, wie lange das alles gedauert hat, aber irgendwann wird es ruhiger in meinem Körper. Die Tränen versiegen. Ich liege am Boden und fühle mich unendlich leer. Und erstaunlicherweise viel leichter als zuvor.

Entspannung dient der Heilung

In ihrem Buch „Trauern mit Leib und Seele"[33] betonen Klaus Onnasch und Ursula Gast, dass der Verlust eines geliebten Menschen eine ungeheure Stressbelastung für unseren Organismus darstellt. Unter Stress reagieren wir immer noch so, als ob uns – wie in der Urzeit – der Säbelzahntiger im Dschungel begegnet: Wir kämpfen oder fliehen.

Der Sympathikus (Teil des vegetativen Nervensystems) versetzt uns automatisch in einen Alarmzustand. Es werden alle Kräfte mobilisiert, um auf die Herausforderung adäquat reagieren zu können: Atmung und Herzschlag werden schneller, der Blutdruck wird erhöht, die Verdauungstätigkeit verringert usw.

Andererseits müssen wir uns nach der Bedrohung auch wieder entspannen, um uns zu erholen und Kräfte zu tanken für neue Herausforderungen in unserem Leben. Hier kommt der Parasympathikus (der Gegenspieler zum Sympathikus) ins Spiel: In der Entspannung verlangsamen sich Atmung und Herzschlag wieder, die Verdauungstätigkeit wird wieder aufgenommen.

Solange unser Körper im Stress- bzw. Alarmzustand ist, kann keine Heilung geschehen. Deshalb ist es in der stressigen Zeit der Trauer besonders wichtig, bewusst Momente der Entspannung zu schaffen, damit sich unser Organismus wieder erholen kann.

Auch dem Weinen kommt eine besondere Bedeutung zu, denn mit den Tränen fließen Stresshormone nach außen. Weinen wird daher oft als Erleichterung empfunden und wir fühlen uns nachher innerlich ruhiger und freier.

---

[33] Klaus Onnasch/Ursula Gast, Trauern mit Leib und Seele. Orientierung bei schmerzlichen Verlusten, Stuttgart ^{6}2020, S. 41f.

Achtsamkeit-Rosine

Achtsamkeit bedeutet, mit einer neugierigen, offenen und akzeptierenden Haltung ganz im Hier und Jetzt zu sein und allen auftretenden Gedanken und Emotionen zu begegnen, ohne zu werten. Wir nehmen wahr, was gerade ist, und nicht, was sein soll.
Unser Leben verläuft jedoch größtenteils im Autopilot-Modus ab. Meistens sind wir bei alltäglichen Dingen mit unseren Gedanken woanders und konzentrieren uns nicht auf die Tätigkeit, die wir gerade ausführen.
Wenn wir aber Achtsamkeit praktizieren, werden unsere Gedanken ruhiger und Stress wird reduziert. Sobald wir im Hier und Jetzt sind, hat die Angst vor der Vergangenheit oder der Zukunft keinen Platz. Achtsamkeit kann deshalb auch im Trauerprozess sehr heilsam sein, weil wir aus der gedanklichen Dauerschleife um unser Kind für eine gewisse Zeit aussteigen können.
Achtsamkeitsübungen gibt es sehr viele. Eine sehr bekannte ist die „Rosinen-Übung", die wir dir hier mitgeben möchten:
Du brauchst dazu eine Rosine und ca. 15 Minuten Zeit, die du ungestört verbringen kannst.

- ♥ Schau dir mit der Haltung eines kleinen Kindes, das noch nie eine Rosine gesehen hat, die Rosine an und betrachte sie von allen Seiten. Welche Farbe hat sie? Wie ändert sich die Farbe, wenn sich das Licht ändert? Wie ist ihre Oberfläche beschaffen?
- ♥ Nun nimm die Rosine in die Hand und berühre sie: Wie ist die Oberfläche beschaffen? Wie fühlt sich ihre Konsistenz

an? Um die Eindrücke intensiver wahrzunehmen, kannst du gerne die Augen schließen.

- Führe nun die Rosine zu deiner Nase und nimm wahr: Wie riecht die Rosine? Welche Aromen kannst du erkennen?
- Im nächsten Schritt lege die Rosine zwischen deine Lippen und spüre, wie sie sich anfühlt.
- Dann lass die Rosine in deinen Mund gleiten und bewege sie mit der Zunge langsam hin und her. Nun beiße hinein. Wie fühlt sich das an? Ist die Rosine eher saftig oder eher trocken? Welchen Geschmack hat die Rosine?
- Am Ende der Übung schluckst du sie hinunter und spürst dem Weg vom Mund über die Speiseröhre in den Magen nach.

Wie hat es sich angefühlt, die Rosine auf diese Weise zu essen? Welchen Unterschied hat das achtsame Essen im Vergleich dazu gemacht, wenn du die Rosine einfach hinuntergeschluckt hättest? Wie ist es dir mit deinen Gedanken gegangen? Sind diese oft abgeschweift? Nimm alles ohne Wertung wahr, so wie es sich gerade zeigt. Gerne kannst du deine Erfahrungen in deinem Notizbuch notieren.

Gut gesichert in die schwarze Hölle

Was hat uns beiden damals geholfen, als wir uns in diesen Abgrund begaben?

Aus unserem tiefsten Inneren heraus können wir sagen, dass wir zu Beginn unseres Trauerprozesses *niemals* allein in das schwarze Loch gestiegen sind. Wir hatten immer Menschen an unserer Seite, die unsere starken Emotionen ausgehalten haben. Die nicht versucht haben, uns gut zuzureden oder uns zu beeinflussen. Es waren immer Personen, die den Raum gehalten haben und uns eine neutrale Stütze waren, wenn wir sie gebraucht haben. Das ist so wie beim Bergsteigen: Man geht niemals allein, man verbindet sich mit einem zweiten Menschen mit einem Seil, um bei einem Unfall nicht komplett abzustürzen. Auf diese Sicherung muss man sich zu 100 Prozent verlassen können.

Um sich in der Gegenwart eines anderen mit dem schwarzen Loch auseinanderzusetzen, braucht man eine solide Vertrauensbasis, denn bei diesem Prozess geht es bis zum Grund der eigenen Seele und dann wieder zurück. Suche dir eine Person deines Vertrauens, mit der du dir sicher bist, diesen Prozess durchlaufen zu können. Besprecht euch vorher, welche Dinge auf euch zukommen können. Vereinbare mit deinem Unterbewusstsein eine für dich passende Dauer, nach der du spätestens wieder „zurückkommen" möchtest. Wenn dir das jetzt komisch vorkommt, ist das vollkommen normal. Sei dir versichert, dein Unterbewusstsein weiß genau, was wir meinen, und wird dir deinen Wunsch erfüllen. Schließlich will alles in dir nur dein Bestes!

Später, wenn du schon mit dem Prozess vertraut bist, kannst du alleine in den Abgrund gehen, da kennst du dich und deine Gefühle wahrscheinlich schon besser.

Wenn du in den Abgrund schaust, lass alles zu, was hochkommt und gelebt werden will. Das kann Weinen, Schreien, Schmerz usw. sein. Halte nichts zurück. Du kannst darauf vertrauen, dass es dir danach besser gehen wird. Die Menschen in unserer Trauergruppe haben das auch schon öfters bestätigt, wie zum Beispiel Brigitte: „Manchmal wurde es ein bisschen leichter für kurze Zeit. Es gab wieder fast normale Zeiten, dann kam wieder eine ‚Welle', wie wir es nannten. Es hatte keinen Sinn, sich zu wehren, sich mit Fernsehen oder anderem zuzudröhnen. Am ‚besten' war es, sich hinzulegen, zu weinen und schreien, bis diese Schmerz-Welle vorbei war. Zuerst hatte ich Angst vor diesen Momenten, der

Schmerz schien nicht beherrschbar zu sein, ich wollte ihn nicht spüren, vor lauter Angst, dass er nie mehr, nicht eine Sekunde lang verschwinden würde, wenn er einmal gekommen war. Aber bald merkte ich, er verabschiedet sich wieder. Jedes Mal geht er wieder und dann geht es besser als vorher. Und die Abstände wurden größer, zwischen dem Schmerz war irgendwann wieder viel gutes Leben. So empfand ich es auch bei meiner Familie. Das war das Schönste, dass niemand dauerhaft in der schwarzen Hölle blieb, sondern es alle herausgeschafft haben."

Erste Hilfe in der Trauer

Wir haben andere betroffene Mamas und Papas gefragt, was in ihrem Erste-Hilfe-Koffer enthalten ist und welche Trostpflaster sie verwenden, wenn sich die Trauer ganz intensiv meldet:

„Bücher lesen über das Leben nach dem Tod, Austausch mit anderen Betroffenen, Termin bei einem Medium (also einer Person, die Jenseitskontakte herstellen und mit Verstorbenen kommunizieren kann)."

„Natur, gutes Essen zubereiten, Blumen, Sonne, Gespräche, Trauergruppen, über ein Medium in Kontakt treten."

„Meine Freundinnen, Bücher, Jenseitskontakte, ätherische Öle, Familie, eine Woche Auszeit für mich alleine, Natur."

„Die Natur, Gespräche mit Psychologin, Trauerbegleiterin, Baum umarmen, um Kraft zu bekommen, beim Spaziergang mit meinem Sohn Zwiesprache halten."

„Meine Geschwister, Familie und Freundinnen, die mich einfach in den Arm genommen haben, über mein Kind sprechen, Bücher, Jenseitskontakt, Auszeit von der Arbeit, Selbsthilfegruppe."

Meine Trauer und ich

Suche dir einen ruhigen Ort und nimm Papier und Stift oder dein Notizbuch zur Hand. Informiere deine Familie, dass du in den nächsten 20 Minuten nicht gestört werden möchtest. Bereite dir gerne noch dein Lieblingsgetränk zu. Atme ein paar Mal bis tief in den Bauchraum ein und finde deine innere Mitte. Gedanken, die gerade da sind, kannst du liebevoll weiterschieben.

Lies dir die folgenden Fragen durch und schreib deine spontanen Impulse dazu auf:

- ♥ Nehme ich mir bewusst Zeit und Raum für mich selbst und meine Traurigkeit?
- ♥ Trauere ich lieber alleine oder möchte ich jemanden bei mir haben?
- ♥ Wie kann ich meine Traurigkeit aus mir herauslassen?
- ♥ Habe ich einen bestimmten Ort, wo ich meiner Traurigkeit Raum geben kann?
- ♥ Gibt es Zeiten im Tagesverlauf, an denen es mir leichterfällt, meine Traurigkeit zuzulassen?

Wenn du alle Fragen beantwortet hast, dann schreibe noch das aktuelle Datum auf deine Aufzeichnungen und verwahre diese an dem für dich richtigen Ort.
Noch ein Vorschlag von uns:
Wenn du diese Übung in regelmäßigen Abständen wiederholst und dabei ebenfalls jedes Mal das Datum zu deinen Antworten notierst, dann hast du eine Sammlung deiner Gedanken, auf die

du, aus eigener Erfahrung können wir das sagen, in der Zukunft sehr gerne zurückgreifen wirst. Außerdem kannst du zu einem späteren Zeitpunkt nochmals genau nachlesen, wie es dir im Lauf der Zeit ergangen ist und ob und wie sich die Dinge für dich verändert haben. Ein wahrer Schatz sozusagen.

Tipps für bzw. gegen die Traurigkeit

Gibt es überhaupt Tipps gegen Traurigkeit? Ja, wir denken, jeder findet genug Ablenkung in seinem Leben, um sich nicht mit den Gefühlen im Inneren auseinandersetzen zu müssen: stundenlanges Surfen im Internet, in eine Serie hineinfallen, sich in die Arbeit stürzen, übermäßig Sport treiben usw.
Wir kennen fast alle der klassischen Ablenkungen, haben jedoch die Erfahrung gemacht, dass es uns in unserem Trauerprozess weiterbringt, wenn wir uns mit dem Verlust auseinandersetzen und das Erlebte verarbeiten. Besser ist es also, wenn wir Tipps *für* die Traurigkeit befolgen. Eigentlich ist es ein einziger Tipp: ALLES DARF SEIN!
Genauso individuell wie wir Menschen sind, so individuell ist auch unsere Trauer. Also ist alles in Ordnung, was der trauernden Person gerade guttut:

- ♥ Weinen oder lachen
- ♥ Lebensfreude empfinden oder Trübsal blasen
- ♥ zu einer Einladung gehen oder absagen
- ♥ dunkle Kleidung tragen oder farbenfrohe
- ♥ den ganzen Tag auf der Couch liegen oder etwas unternehmen
- ♥ sich ablenken oder dem Schmerz in die Augen schauen
- ♥ etwas tun, was einem guttut, oder es bleiben lassen

Lieder, Bücher, Filme

Wir haben verwaiste Eltern aus unserer Gruppe gefragt, welche Lieder, Bücher oder Filme sie mit ihrem verstorbenen Kind verbinden und welche für sie hilfreich in schweren Zeiten sind.

Lieder:

Glashaus – Trost
Robbie Williams – Love My Life
Kinderlieder, die mein Kind gerne gehört hat
Jon and Vangelis – I'll Find My Way Home
Sign of Decay – My Angel
Johannes Oerding – An guten Tagen
Andreas Bourani – Auf uns
Staubkind – Kleiner Engel
Schandmaul – Euch zum Geleit
Louis Armstrong – What A Wonderful World

Bücher:

Pascal Voggenhuber – Kinder in der Geistigen Welt
James Van Praagh – Im Himmel zu Hause
Elisabeth Kübler-Ross – Über den Tod und das Leben danach
Bettina-Suvi Rode – Von Libellen, Schmetterlingen und dem Tanz auf dem Regenbogen
Neale Donald Walsch – Ich bin das Licht
Bernard Jakoby – Unsterbliche Kinderseelen
Barbara Pachl-Eberhart – Vier minus drei
Mechthild Schroeter-Rupieper – In deiner Trauer getragen

Filme:

Coco – Lebendiger als das Leben
Die Hütte – Begegnung mit Gott
Hinter dem Horizont
Im Zeichen der Libelle
Soul
Tränen der Erinnerung
Das Schicksal ist ein mieser Verräter

Unser Coach gab uns folgende Empfehlung: Wenn die Passage, das Lied oder die Szene besonders schmerzt, sie so oft lesen, hören oder anschauen, bis es leichter wird und die Tränen versiegen.

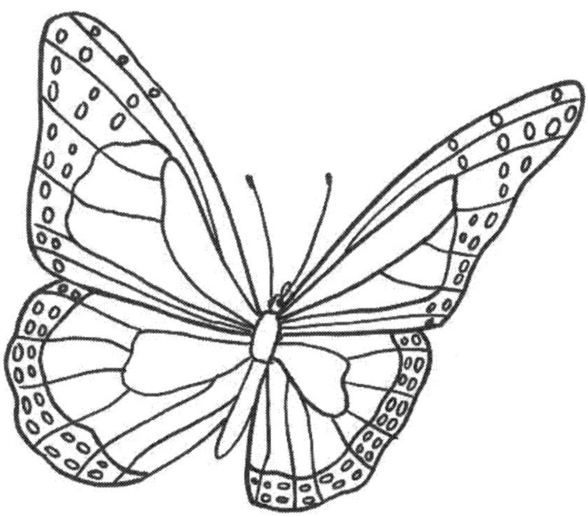

Freudeliste

Dauer: ca. 15 Minuten

Damit du gerüstet bist, wenn du vor dem nächsten schwarzen Loch stehst, kannst du dir eine Freudeliste erstellen.
Es geht in dieser Übung darum, dass du Dinge findest, die du sofort umsetzen kannst, damit du dein Energielevel wieder erhöhst.

Achtung: Die Freudeliste soll dir helfen, in einen guten inneren Zustand zu kommen. Es geht nicht darum, damit das Weinen oder Gefühlsausbrüche zu unterdrücken oder deine Trauer auf Abstand zu halten. Die Auseinandersetzung mit deinen Gefühlen ist ein wesentlicher Schritt im Trauerprozess. Wir sollten aber auch umgekehrt die Möglichkeit haben, schnell und einfach auf Dinge zurückgreifen zu können, die uns einfach guttun. Denn damit kommt auch unser Körper in einen entspannten Zustand und wir gönnen unserem Organismus eine Pause von der Stressbelastung.

Setz dich in Ruhe hin, atme ein paar Mal tief ein und aus und forsche in deinem Herzen, welche Dinge es gibt, die dir Freude bereiten und die du im Augenblick umsetzen kannst. Es sollten auf jeden Fall zehn unterschiedliche Sachen auf deiner Liste stehen, damit du dann je nach Laune schnell das Passende parat hast.

Wir geben dir Einblick in unsere Freudelisten, damit du eine Vorstellung bekommst, was das alles sein kann:

- Musik hören
- Spazieren gehen
- Mandala malen
- Meditieren
- Tanzen zur Lieblingsmusik
- Wasser trinken
- Dankbarkeit (aufzählen, wofür ich trotz allem dankbar bin)
- Bewusst eine aufrechte Körperhaltung einnehmen
- Duschen
- Sport machen
- Familienmitglied umarmen
- Bewusst atmen
- Buch lesen
- Laut singen
- Affirmationen
- Fußbad machen
- In die Badewanne legen
- Freund/Freundin anrufen
- Auf dem Boden liegen und alles „Belastende" bewusst an die Erde abgeben

Du kannst darüber weinen,
dass er/sie gegangen ist,
oder du kannst lächeln,
weil er/sie gelebt hat.
Du kannst die Augen schließen und beten,
dass er/sie wiederkommt, oder
du kannst sie öffnen und sehen,
was er/sie zurückgelassen hat.
Dein Herz kann leer sein,
weil du ihn/sie nicht sehen kannst,
oder es kann voll der Liebe sein,
die er/sie für dich und andere hatte.
Du kannst weinen und ganz leer sein oder
du kannst tun, was er/sie von dir wollte,
dass du lächelst, deine Augen öffnest,
Liebe gibst und weiterlebst.

Verfasser unbekannt

Das große Warum

Und wie wir damit leben können

Herbst 2017: Warum musste gerade Emilia sterben? Wir haben so lange auf ein zweites Kind gewartet – und dann stirbt unsere kleine Prinzessin wieder! Das ist nicht fair. Wie soll ich da an einen gerechten Gott glauben? Wir hätten ihr eine liebevolle Familie, ein Heim und jeden Tag die Liebe schenken können, die ich in mir trage. Andere Paare kriegen ein Kind nach dem anderen, alle wirken irgendwie verwahrlost und trotzdem sind alle gesund und vor allem am Leben. Dass du mir das angetan hast, das verzeihe ich dir nie!

Wenn ich jetzt für unser Buch diese Zeilen schreibe, schäme ich mich für meine Anschuldigungen. Ich war so sehr in mir gefangen und beschuldigte alle und jeden, der in irgendeinem Zusammenhang mit Emilias Tod stand. Am allermeisten aber beschuldigte ich Gott. Obwohl ich mit einem Gott im kirchlichen Sinne immer weniger anfangen konnte. Und gerade deswegen war ich so enttäuscht. Für mich gibt es eine Macht, die auf alles Leben auf Erden achtet und es schützt. Im christlichen Glauben nennt man diese Macht Gott. Aber das war für mich schon lange kein Thema mehr. In meiner Welt bestraft Gott niemanden für seine Taten. Man kommt auch nicht in die Hölle, wenn man während seines Lebens Böses getan hat. Umso größer war die Enttäuschung, als Emilia ging. Mein Glaube an eine „gerechte" Macht oder Kraft war dahin. Du hast mir mein Kind genommen, du kannst mir gestohlen bleiben. Ich hasse dich! Nimm das Leben von bösen Menschen, aber doch bitte nicht das Leben eines unschuldigen Kindes, noch dazu meines Kindes!

Aber trotz all meiner Vorwürfe war da eine Ruhe. Ich habe dieser höheren Macht alle Anschuldigungen an den Kopf geworfen und trotzdem wurden mir Signale und Botschaften geschickt, die Frie-

den in sich trugen. Im krassen Gegensatz zu meinem Inneren, denn dort herrschte Krieg! Krieg gegen eine Macht, die für mich nur ungerecht und unfair war. Bei jeder neuen Welle des Zorns entstand in mir aber immer mehr ein Gefühl des Friedens. Als würde ich auf einen Boxsack einschlagen, der all die Energie in sich aufnimmt, nicht zurückschlägt und auch noch dabei lächelt. Wenn ich den Boxsack oder unseren Gong anschaute, nachdem ich sie in meiner Wut „bearbeitet" hatte, fühlte ich Dankbarkeit von diesen Dingen ausgehen. Was soll das? Ich lege meine ganze Wut in die Schläge und was kommt zurück? Ein „Dankeschön"!? Das machte mich am Anfang noch rasender, denn es fühlte sich so an, als wolle sich da wer vor mir und meiner Kraft verstecken. Und das konnte ich gar nicht haben zu dieser Zeit. Erst mir mein Kind wegnehmen und dann nicht „die Eier haben", sich mir zu stellen.

Erst nach und nach ergab dies für mich Sinn. Als dann auch noch die ersten Botschaften von Emilia aus dem Jenseits zu mir kamen, verstand ich die Lage besser.

Im letzten Modul des Mentorings sprechen wir über „ausnützen". Und während unser Mentor das gerade erarbeitete Plakat noch einmal in seinen Worten zusammenfasst, verknüpfe ich die Worte „Sinn" und „es geht weiter", die auf dem Plakat stehen, mit dem Tod meiner Tochter. Es ist einer der Momente, in denen ich weiß, dass das, was gerade in mir passiert, von meinem verstorbenen Kind kommt. Und genau in diesem Augenblick zeigt mir Emilia den „Sinn" ihres Todes. Es fällt mir wie Schuppen von den Augen. Ich beginne auf der Stelle zu heulen und zu schluchzen, wie ich es bis jetzt erst wenige Male getan habe. Meine Tochter löst für mich das Rätsel nach dem Warum ihres frühen Sterbens. Es ist eine wahnsinnig schmerzhafte Erfahrung, doch sie ist wahnsinnig heilsam für mich. Es war nicht Gott oder eine andere Macht, die mir Emilia weggenommen hat. Es war ihr freier Wille, wieder zurückzugehen, nach Hause.

Es gibt einen Sinn, aber du kannst ihn nur selbst finden

Von Pascal Voggenhuber, einem Medium aus der Schweiz, haben wir bei einem Vortrag folgenden Ansatz gehört: Das Leben jedes Menschen ist wie eine Zugfahrt. Man weiß zu Beginn seines Lebens um das Ziel der Reise. Man setzt sich also in den Zug und fährt los. An welchem Bahnhof man dann aber aussteigt und für wie lange, das ist die Entscheidung eines jeden Einzelnen. Dafür hat „Gott" uns den freien Willen geschenkt. Und wenn man sein Ziel nicht in diesem Leben erreicht, dann halt in der nächsten Inkarnation. Und dieses „Spiel" geht so lange, bis man sein Ziel erreicht hat. Am Ende ist jede Seele frei und kann selbst entscheiden, ob sie noch einmal inkarnieren will oder nicht.

Emilias Seele war mit der Reise halt nach 14 Monaten fertig. Dann hatte sie ihr Ziel erreicht. Was wir aber noch nicht erzählt haben ist, dass Emilia eigentlich schon während der Schwangerschaft ihr Ziel erreicht hatte. Ihr einziges Ziel war, bedingungslose Liebe zu spüren. Und das haben wir ihr bereits in der Schwangerschaft gegeben. Wir waren so glücklich und liebten unser Kind in Ullas Bauch so sehr. Außerdem erzählten wir ihr immer, dass wir uns schon so auf sie freuen. Das war dann auch der Grund, warum sie bei uns blieb. Gebraucht hätte sie es nicht mehr für ihr Ziel. Aber sie entschied sich, in ihrem selbst gewählten Körper, zu uns zu kommen. Mit all den „Baustellen" im Körper, ihrem kranken Herzen und mit Trisomie 21.

Aber es war Emilias freier Wille, ihre Entscheidung, doch noch bei uns „auf die Welt zu kommen". Dafür sind wir ihr unendlich dankbar, denn durch sie und ihr Wesen konnten wir erkennen, warum sie bei uns war und warum sie auch wieder gegangen ist. All das wäre ohne diese (schmerzhafte) Erfahrung für uns nicht möglich gewesen.

Es war ein langer Weg, aber heute können wir den „Sinn" ihres Lebens und ihres frühen Todes erkennen. Das haben wir auch unserer geliebten Emilia zu verdanken. Sie hat durch ihr Leben und ihren Tod unser beider Leben in eine komplett andere Richtung gelenkt. Ohne diese Ereignisse wäre das für uns wahrscheinlich nicht möglich gewesen.
Einen Sinn im Tod des eigenen Kindes zu erkennen, das wünschen sich viele verwaiste Eltern. Wir sind fest davon überzeugt, dass es diesen Sinn gibt. Aber den Schlüssel dazu, den hast nur du selbst, niemand sonst kann die Frage nach dem Sinn für dich beantworten.
Die folgende Übung kann dir dabei helfen, eine Spur oder einen Anhaltspunkt für deine „Reise nach innen" zu finden.

Reise nach innen

In der folgenden Übung wollen wir ein paar Anhaltspunkte für dich in deine Erinnerung rufen, was dir dein Kind für dein weiteres Leben mitgeben möchte.
Bevor du mit der eigentlichen Übung beginnst, nimm dir ein paar Minuten Zeit, um anzukommen. Zünde eine Kerze an und wenn es für dich passt, meditiere fünf Minuten.

- Welche Gefühle kommen in dir hoch, wenn du an das Leben deines Kindes denkst?
  (Auch wenn du ein Sternenkind hast, dann schau auf die Gefühle, die bei der Schwangerschaft aufgetreten sind.)
- Wie hat sich dein Kind auf Erden gezeigt? War es lebenslustig, eher ruhig, war es ein Sonnenschein ...?
- Falls dein Kind eine Krankheit hatte, wie ist es damit umgegangen? War es niedergeschlagen, mutlos, trotzdem voller Energie ...?
- Was fällt dir als Erstes ein, wenn du an dein Kind denkst? (Wir meinen damit natürlich nicht, als dein Kind gelitten hat oder schon tot war.)
- Wenn du dein Kind mit einem Wort beschreiben müsstest, was wäre das für ein Wort?
- Wie hat sich dein Leben mit der Geburt deines Kindes verändert?
- Wie hat sich dein Leben mit dem Tod deines Kindes verändert?

- ♥ Hatte dein Kind einen Lieblingsplatz im Haus oder draußen? Wie hat dieser ausgesehen, was hat dein Kind dort gemacht?

Mach dir zu den oben angeführten Fragen gerne Notizen. Gibt es bei deinen Antworten Dinge, die dir bis jetzt noch nicht klar waren? Tausche dich mit deiner Familie oder einer vertrauten Person aus.

Sinn finden im Erzählen und Erinnern

Der amerikanische Psychologe Robert Neimeyer betont, dass die Antwort auf die Sinnfrage in erster Linie durch rückblickende Erzählungen und die Wiedergabe von Lebensgeschichten gefunden werde. Dies deckt sich mit unserer Erfahrung. Die Erzählungen innerhalb der Familie, wie die Mitglieder der Großfamilie Emilia erlebt haben und welche persönlichen Erlebnisse noch in Erinnerung sind, waren für uns sehr tröstlich. Das war oft sehr überraschend und heilsam für uns, denn natürlich haben wir viele Begebenheiten noch nicht gekannt. Obwohl jeder um Emilia getrauert hat, wurde bei solchen Runden auch viel gelacht. Ein Aspekt, der unserer Meinung nach sehr wichtig ist.

Was mein Kind für mich ist[34]

Dauer ca. 10 bis 15 Minuten

Nimm dir für diese Übung genug Zeit und teile deiner Familie mit, dass du in der nächsten Viertelstunde nicht gestört werden möchtest. Schalte dein Handy aus und lege dir ein paar Blätter Papier und einen schönen Stift bereit.
Ziel dieser Übung ist es, an dein verstorbenes Kind zu denken und dabei zu überlegen, was du alles mit deinem Engel verbindest.
Dazu schreibst du den Namen deines Kindes auf. Und zwar so, dass die Buchstaben senkrecht untereinander stehen.
Dann findest du zu jedem Buchstaben eine Eigenschaft oder Dinge, die dein Kind mochte bzw. vielleicht sogar gar nicht mochte, Worte, die dein Kind beschreiben, wie es war oder wie es zu dir war.
Wenn du diese Übung mit einer anderen Person gleichzeitig machst, kannst du dich im Anschluss vielleicht darüber austauschen und damit eventuell neue Anekdoten oder Geschichten von deinem Kind erfahren. Aus unserer persönlichen Erfahrung können wir dir sagen, dass diese Übung einerseits schmerzhaft sein, aber auch sehr viel Heilung dabei geschehen kann.

---

34 Inspiriert durch Jule Kienecker/Mechthild Schroeter-Rupieper, Hilf mir, wenn ich traurig bin, Ostfildern 2019, S. 72.

Hier noch ein persönliches Beispiel von Robert:

Zwischen zwei Türen

Vielleicht kennst du den Spruch: „Wenn sich eine Türe schließt, öffnet sich eine andere." Das hört sich erst mal sehr einfach an: Wenn sich eine Tür schließt, dann brauchst du nur eine neue aufzumachen und schon ist alles erledigt. So einfach ist es natürlich nicht. Was passiert, wenn ich durch die Tür, die sich schließt, trotzdem durchgehen will? Was, wenn ich den Raum, in dem ich mit meinem Kind lebe, nicht verlassen will? Das ist unserer Meinung nach eine philosophische Frage. In Wirklichkeit werden wir nicht gefragt, sondern es ist einfach so, dass die Tür zufällt. Da hat man keine andere Wahl. Das Kind ist gestorben, man kann nicht beim verstorbenen Kind bleiben. Das ist für uns so ähnlich wie die Vertreibung aus dem Paradies.

Dann einfach eine andere – offene – Tür zu nehmen, funktioniert nicht einfach so; und bestimmt nicht bei einem so einschneidenden Ereignis wie dem Tod des eigenen Kindes. Da gibt es Verunsicherung, ungeklärte Fragen und vieles mehr. Diese Situation muss erst einmal begriffen werden. Genau das beschreibt auch William Bridges in seinem Buch „Transitions. Making sense of life´s changes". Er spricht von einer „neutralen Zone".[35] Dabei bezieht sich das Wort „neutral" nicht auf den eigenen Gefühlszustand (der ist alles andere als „neutral"), sondern auf den Umstand, dass das alte Leben nicht mehr stimmt und das neue Leben sich noch nicht etabliert hat. In diesem Zusammenhang spricht Bridges weiter von dem Gefühl der Wehmut. Dieses Wort setzt sich aus zwei Gefühlen zusammen: aus Weh und Mut. Die bekannte Situation, das Leben mit dem eigenen Kind, zu verlieren, tut weh, und den neuen Weg durch die neue Tür zu gehen, erfordert Mut, Ausdauer, Geduld und vor allem Zeit.
Sich dieser neutralen Zone bewusst zu werden und den Weg zu gehen lohnt sich trotz aller Anstrengung. Es ermöglicht die Chance auf einen Neubeginn, auf ein Leben voller Hoffnung, an dem unser verstorbenes Kind zwar nicht mehr teilnimmt, in dem wir aber eine neue Beziehung zu ihm entwickeln können.

[35] Vgl. William Bridges, Transitions. Making sense of life´s changes, New York 2019, S. 136ff.

Die Erinnerung ist ein Fenster,

durch das ich dich sehen kann,

wann immer ich will.

Quelle unbekannt

Was bleibt?

Erinnerungen, schmerzhaft und kostbar zugleich

Was bleibt mir von meinem über alles geliebten verstorbenen Kind? Schmerz, Ohnmacht, Zorn, Hoffnungslosigkeit, offene Fragen, Zweifel, Wut, Mut, Liebe, Hoffnung auf ein Wiedersehen ... Diese Liste ließe sich ins Unendliche fortsetzen, so vielfältig sind die Antworten. Wie der Spruch zu Beginn des Kapitels zeigt, ist es unserer Meinung nach wichtig, mit dem verstorbenen Kind in Verbindung zu bleiben. Die Erinnerungen an die gemeinsame Zeit – und war sie auch noch so kurz – sind deshalb für trauernde Eltern besonders kostbar. Gleichzeitig kann es unglaublich schmerzhaft sein, an das verstorbene Kind zu denken. Ob Erinnerungen als schön oder schrecklich empfunden werden, ist nicht zu jeder Zeit gleich und verändert sich im Lauf des Trauerprozesses.

Erinnerungen im Verlauf des Trauerweges

Unmittelbar nach dem Tod

Wir wurden mit Emilias Tod aus dem Paradies hinausgeworfen, die Tür war geschlossen, daran ist nicht zu rütteln. Unmittelbar nach ihrem Tod waren da nur tiefer Schmerz und dunkle Gefühle. Alle Erinnerungen waren schrecklich, zu tief war der Fall und zu schmerzhaft alles, was mit Emilia verbunden war.

Die Aufarbeitung unserer Trauer beginnt, wir sind auf dem Weg

Herbst 2016: Auf der Fahrt in die Schule schalte ich das Autoradio ein und da ist es: „Auf uns" von Andreas Bourani, das Lied, das für Ulla und mich so wichtig ist. Mein Bauch reagiert blitzschnell, es geht alles Schlag auf Schlag. So tiefe Sehnsucht nach Emilia steigt in mir hoch, ich beginne fürchterlich zu schluchzen. Ich spüre wieder dieses Gefühl in mir, dieses große, alles verschlingende Loch, das Emilias Tod zurückgelassen hat. Es bleibt mir nichts anderes übrig, als das Radio auszuschalten. Sonst laufe ich Gefahr, wieder hineinzufallen in diesen tiefen Abgrund, wo ich gefühlt nicht mehr herauskomme. Als es im Auto wieder still ist, beginne ich mich langsam wieder zu fassen. Die Erinnerung an Emilia tut einfach nur weh, das steht in diesem Moment für mich fest.

Vieles, was uns vor dem Tod unseres Kindes wenig berührt hat, kann jetzt tief greifende Emotionen, Gefühle oder Handlungen auslösen. Wir spüren dabei dieselben Gefühle wie zu Beginn unseres Trauerprozesses. Das kann dann Angst, Wut oder Selbstzweifel in uns auslösen. Es kommen so Gedanken hoch wie: „Ich dachte, das Thema hätte ich schon hinter mir gelassen!" oder „Warum reagiere ich jetzt so, wie ich es gerade tue? Was ist da in mir los?"
Es lässt sich aber auch eine Entwicklung in unserem Trauerprozess erkennen. Wir haben bei dem Lied „Auf uns" im Lauf der Zeit eine Veränderung wahrgenommen, die zeigt, dass wir einen Weg gegangen sind. Von dem totalen Zusammenbruch über das Gefühl der totalen Kraft, gepaart mit Tränen in den Augen, bis hin zu dem tiefen Gefühl des Friedens in uns war alles dabei.

Wir haben ein neues Bild von unserem verstorbenen Kind

Frühling 2021: Nach vielen, oft sehr schmerzhaften Auslösern habe ich es geschafft. Wenn ich an meine Wuki-Maus denke, empfinde ich zu 98 Prozent Freude in mir. Ich blicke mit einem Gefühl der Dankbarkeit auf die Zeit mit ihr zurück. Ich sehe, was sie für mich persönlich hinterlassen hat. Ihr Tod ist keine Fehlentscheidung von einem gleichgültigen, lieblosen Gott. Ich kenne den Grund, warum alles so gekommen ist, wie es gekommen ist, und bin damit in Frieden.
Trotzdem geht es mir manchmal schlecht und ich muss weinen oder spüre Wut in mir, wenn ich an Emilias Tod denke. Die Narbe, die Emilia in meinem Herzen hinterlassen hat, ist nicht zu leugnen. Sie zu spüren, tut weh. Aber mein Herz ist nicht mehr gebrochen, das riesige Loch klafft nicht mehr. Es wird immer etwas zurückbleiben, was mich an den Verlust meiner Tochter erinnert. Aber ich bin damit in Frieden, ich darf meine Wunde pflegen, so wie ich es mit einer körperlichen Wunde auch von Zeit zu Zeit mache, wenn ich sie wieder einmal spüre.

Manchmal plagen uns vielleicht Gedanken wie: „Du vergisst dein Kind, die Erinnerungen verblassen bereits!" Solchen negativen Gedanken gebührt großer Dank, sie erinnern uns an unser Kind und lösen vielleicht etwas in uns aus. Zum Beispiel, sich wieder einmal hinzusetzen und in Erinnerungen zu schwelgen oder genau hinzuspüren, was in unserem Herzen gerade los ist. Und wenn wir Schmerz in unserem Herzen spüren, ist es gut, wenn wir ihn zulassen.

Was hilft, die Erinnerung lebendig zu halten?

Wir möchten dir ein paar Dinge nennen, die uns geholfen haben, die Erinnerung an unsere Tochter lebendig zu erhalten:

Fotos und Videos unseres geliebten Kindes

Ein Hoch auf die Technik! Wir haben dank der guten Handykameras sehr viele Fotos von Emilia. Es freut uns auch, wenn wir Bilder von den Großeltern oder unseren Verwandten bekommen, die wir noch nicht kennen. Und wenn wir in der Familie auf den Handys die Fotos durchscrollen oder der Bildschirmschoner am Computer neue Fotos zeigt, gibt es dann oft für alle große Überraschungen und wir hören den Satz: „Ach, was für ein großartiges Foto, bitte schick mir das!", und beim nächsten Besuch sehen wir dann genau dieses Foto in einem Rahmen im Wohnzimmer stehen.

Ein Fotobuch von einem besonderen Anlass des Kindes

Um ehrlich zu sein, auf unseren Handys sind zusammen sicherlich an die 70.000 Fotos gespeichert. Wer soll denn da noch den Überblick behalten? Aus diesem Grund haben wir nach der Geburt unserer großen Tochter Nina angefangen, von den wichtigen Ereignissen in unserem Leben Fotobücher zu erstellen. Die werden dann auch immer wieder durchgeblättert, wenn es darum geht, bei einem Geburtstag oder einem Familienfest in Erinnerungen zu schwelgen.

Gedenkplatz in der Wohnung

Unsere Verstorbenen haben nicht nur auf dem Friedhof einen eigenen Platz. Auch in unseren Wohnungen oder Häusern können wir so einen Platz haben. Dort ist es dann möglich, spezielle Dinge mit besonderem Erinnerungswert für uns Hinterbliebene aufzustellen. Dieser Platz ist dann immer im Blickfeld und erfreut das Auge bei jedem Vorbeigehen.

Erinnerungsstücke

Schon kurz nach Emilias Tod haben wir von einer guten Freundin erfahren, dass sich unser Engelchen gerne über Lichtspiele zeigt. Diese Person ist sehr feinfühlig und hat außerdem einen sehr guten Draht zu Emilia. Aufgrund dieser Gegebenheiten haben wir von unserer Freundin dann auch einen geschliffenen Kristall bekommen, der, wenn die Sonne richtig hineinstrahlt, wunderschöne Regenbogenfarben erzeugt. Diese Farbpunkte bewegen sich auch dann, wenn sich der Kristall auch nur ein bisschen dreht. Es ist jedes Mal eine große Freude, wenn jemand in der Familie dann ruft: „Seht nur, Emilia tanzt wieder in unserer Mitte!"

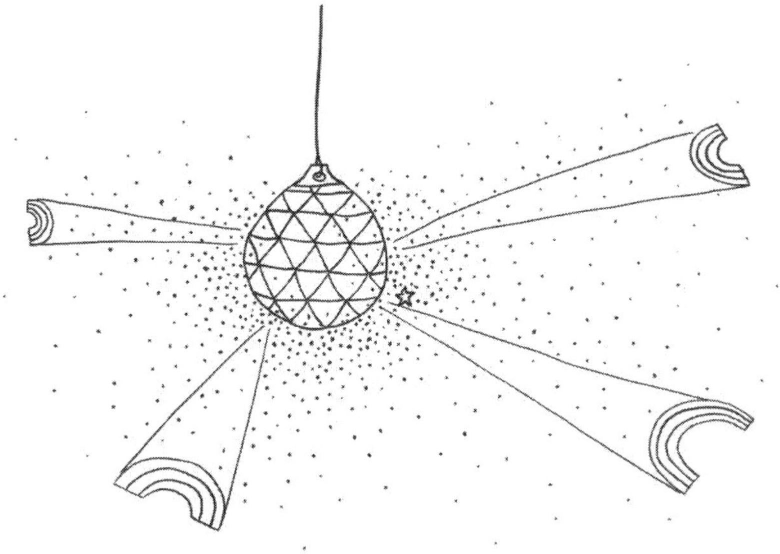

Ein weiteres Erinnerungsstück ist Emilias Haarlocke, die wir noch im Spital abgeschnitten haben. Sie hat einen Spezialplatz auf dem Gedenktisch von Emilia. Mit ihren Haaren bleibt uns ein Stück ihrer „Körperlichkeit" in Erinnerung. Wir haben auch versucht, Emilias Geruch zu konservieren. Dazu haben wir ihre getragene Kleidung in Glasschüsseln mit Deckel gegeben und gehofft, damit etwas sehr Wesentliches festhalten zu können. Leider war der Geruch nach ein paar Tagen nicht mehr vorhanden.

Auch Seifenblasen verbinden wir mit Emilia. In unserem letzten Urlaub sind wir in einen Ort gefahren, wo plötzlich mitten auf der Straße Seifenblasen herumgeflogen sind. Wir sind der Sache anschließend auf den Grund gegangen und haben ein Spielzeug entdeckt, das vor der Eingangstür zu einem Spielwarengeschäft aufgestellt war und in regelmäßigen Abständen Seifenblasen erzeugt hat. Wir wussten sofort, dass Emilia bei uns mit dabei ist.

Sehr gute Erinnerungen, die die Kinder in unserem Gedächtnis halten, sind die Erzählungen von ganz besonderen Anlässen. Wo wir im Kreis der gesamten Familie waren und gemeinsam den Geburtstag, Weihnachten, Ostern oder ein anderes Fest gefeiert haben. Wir erinnern uns sehr gerne zurück und erzählen uns dann immer unsere Beobachtungen rund um Emilia. Auch dabei kann immer wieder ein Stück Erinnerung aufgefrischt werden und Heilung passieren.

Auch das Lieblingsessen unserer verstorbenen Kinder ist eine wunderschöne Erinnerung. Emilias Lieblingsgericht war Spaghetti Bolognese. Dieses Gericht gab es dann auch bei der Zehrung. Es war für uns das einzig wirklich mögliche Essen, das wir an diesem Tag essen konnten. Und bei jedem Bissen hatten wir das Gefühl, mit Emilia gemeinsam an einem Tisch zu sitzen und eine

gemeinsame Mahlzeit einzunehmen. Das war und ist uns in unserer Familie sehr wichtig. Gemeinsam mindestens einmal pro Tag am Tisch zu sitzen und zusammen zu essen. Dabei werden dann immer Geschichten und Anekdoten erzählt und die Verbundenheit in unserer Familie ist sehr gut zu spüren.
In diesem Zusammenhang gibt es noch eine Besonderheit bei Emilia: Sie ist das einzige Kind unserer Familie, das Brokkoli leidenschaftlich gerne gegessen hat. Bei jedem Essen mit Brokkoli ist dann automatisch Emilia Gesprächsthema und Nina, unsere große Tochter, ist immer noch verwundert, wie Emilia dieses Gemüse essen konnte.

Auch Kleidungsstücke können wundervolle Erinnerungen an die Vergangenheit auslösen und bewahren. Wir finden es in diesem Zusammenhang eine großartige Idee, aus den Kleidungsstücken deines Kindes zum Beispiel eine Puppe anfertigen zu lassen oder selbst anzufertigen. Wenn du dich durch diese Idee angesprochen fühlst, wirst du im Internet sicher schnell fündig.

Auch können gewisse Worte, Gesten oder Begebenheiten die Erinnerung lebendig halten. Wir erinnern uns, dass Emilia vor lauter Freude immer ganz wild mit ihren Händchen gefuchtelt hat, wenn ihr Opi gekommen ist. Sie hat ihm dann zur Begrüßung immer die Brille vom Gesicht gerissen und dabei gestrahlt. Opi war die einzige Person, bei der sie das machen durfte und es auch voller Freude gemacht hat. Wir haben Opi oft vorwurfsvoll angeschaut und manchmal darauf angesprochen, weil Emilia doch auch Grenzen lernen sollte. Doch heute steckt die Brille in der Blumenvase bei Emilias Grab und jedes Mal huscht uns ein Lächeln über unsere Lippen, wenn wir uns daran erinnern. Diese Art von Erinnerungen haben für uns einen hohen Stellenwert, da sie immer präsent sind und nicht verblassen.

Auf jeden Fall wird, unserer Meinung nach, das Weiterleben maßgeblich durch die Erinnerungen an das geliebte Kind bestimmt. An die Zeit vor dem Verlust. Das gibt ein Gefühl der Nähe und eine Sicherheit, dass diese Zeit auch Wirklichkeit war.

Brief schreiben

Nimm dir für diese Übung genug Zeit und teile deiner Familie mit, dass du in der nächsten Stunde nicht gestört werden möchtest. Schalte dein Handy aus und lege dir ein paar Blätter Papier und einen schönen Stift bereit.
Wahrscheinlich hattest du auch schon den Wunsch, mit deinem Kind Kontakt aufzunehmen. Stelle dir vor, dein Kind lebt jetzt auf einem anderen Kontinent und du schreibst ihm einen Brief. Du kannst all deine Emotionen, Gefühle und Gedanken hineinnehmen und all deine Fragen stellen, so zum Beispiel:

- Was machst du den ganzen Tag?
- Wie sieht es da aus, wo du jetzt bist?
- Wie geht es dir?
- Hast du einen Lieblingsplatz, an dem du dich gerne aufhältst?
- Hast du schon andere Verwandte und Bekannte getroffen?

Alle Fragen, die dir in den Sinn kommen, sind erlaubt und sogar erwünscht. Vertraue einfach darauf, dass alles möglich ist. Lass dir gar nicht so lange Zeit für diese Übung, sondern schreib schnell auf, was gerade in deinen Gedanken ist. Vielleicht erinnerst du dich noch, wie du früher aus dem Urlaub nur ganz kurz zu Hause angerufen und dich auf das Wichtigste beschränkt hast, weil so ein Anruf teuer war. Ungefähr in diesem Bewusstsein schreibst du deinen Brief. Wir haben diese Übung auch schon sehr oft gemacht und dabei Wunder erlebt.

Wenn du den Brief geschrieben hast, stecke ihn in einen Umschlag und lege ihn an einen Platz, der sich für dich richtig anfühlt. Für Ulla war das ein besonderer Platz im Büro und für Robert in der untersten Schublade seines Nachtkästchens. Es sollte auf jeden Fall ein Platz sein, an dem du selten bis gar nie nachsiehst. Lass den Brief dort einfach liegen.

Nach ca. zwei Wochen nimmst du wieder ein Blatt Papier zur Hand und drehst die Sache um. Denke intensiv an dein Kind und versetze dich in seine Lage. Was würde dir deine Tochter/dein Sohn schreiben? Lass dich einfach darauf ein und fange an zu schreiben, ohne groß nachzudenken.

Lege anschließend den neuen Brief zur Seite und hole deinen ersten Brief wieder hervor. Lies ihn dir nochmals durch. Anschließend liest du den zweiten Brief. Hast du Antworten auf deine Fragen bekommen?
In jedem der Antwortbriefe von Emilia wurden unsere Fragen beantwortet. All diese Briefe waren voller Liebe und Zuneigung uns Eltern gegenüber.
Noch ein Hinweis: Schreibe unbedingt das Datum auf den jeweiligen Brief. Das ist im Nachhinein eine große Hilfe.
Und jetzt, einfach tun, nicht darüber nachdenken und in vielleicht zwei Wochen einen wundervollen Antwortbrief von deinem Engel erhalten. Und wenn es beim ersten oder zweiten Mal nicht geklappt hat, sei nicht traurig und versuche es weiter.

Wir sind alle nur Besucher auf dieser Welt
und zu dieser Zeit.
Unsere Seelen sind nur auf der Durchreise.
Unsere Aufgabe hier ist es, zu beobachten,
zu lernen, zu wachsen,
zu lieben und dann wieder nach Hause zu gehen.
Weisheit der Aborigines

Verbunden für immer

Wie unsere Kinder aus der Geistigen Welt mit uns Kontakt aufnehmen

Juli 2016: Das ist unfassbar! Die Tränen strömen fast waagrecht aus meinen Augen! So geheult habe ich schon lange nicht mehr! Und wenn ich das richtig mitbekomme, ist es bei Ulla genauso. Wir sitzen beide in einem hellen Raum in einem Altersheim und bekommen gerade einen Jenseitskontakt von einem Medium aus England, das wir davor noch nie in unserem Leben gesehen haben. Es ist anscheinend etwas Besonderes, denn wir dürfen als Paar diesen Termin gemeinsam wahrnehmen. Wenn mir nicht so etwas Schreckliches passiert wäre, hätte ich diesen Termin sicher nicht vereinbart. Ein Mensch, der mit den Verstorbenen reden kann, so ein Blödsinn! Das ist doch alles Humbug, so wie die Zaubertricks im Fernsehen, da ist auch immer ein super ausgeklügelter Trick am Laufen. Ulla kennt Jenseitskontakte schon von früher und ist der Sache gegenüber wesentlich aufgeschlossener als ich.

Aber gefühlt nach dem zweiten Satz von Janette ist von einer sehr jungen Seele die Rede. Außerdem beschreibt sie uns die Seele sehr genau! Zusätzlich deutet sie auf eine Stelle am Fußboden, wo angeblich ein kleines Mädchen in einem weißen Kleid sitzt und spielt. Janet beschreibt, wie sich dieses Kind fortbewegt, sie nennt es „butt shuffeling", also auf dem Hintern sitzend und sich auf eine ganz spezielle Art und Weise fortbewegend.

Und spätestens jetzt hat sie mich erwischt. Mir bleibt innerlich der Mund offen stehen. Woher weiß diese Person so viele Dinge von Emilia, ohne sie davor jemals gesehen zu haben? Sie beschreibt uns Emilia so genau, dass es für mich keinen Zweifel geben kann.

Aber die „Beweisführung" ist noch nicht vorbei. Am laufenden Band präsentiert uns Janette Fakten aus unserer gemeinsamen Vergangenheit mit Emilia. Mein Verstand kommt nicht mehr hinterher, sich zu wehren, und muss meine alte Haltung gegenüber dem Jenseits bedingungslos aufgeben. Das ist die Geburtsstunde eines weiteren neuen Kapitels in meinem Leben, das sich von meinen früheren Haltungen und Meinungen um 180 Grad unterscheidet.
Zum Beispiel erzählt Emilia, dass wir ihr noch im Krankenhaus, also bereits nach ihrem Tod, etwas weggenommen haben! Große Verwunderung bei Ulla und mir, was sie bloß meint. Aber was wir ihr weggenommen haben, ist eh schon wieder nachgewachsen! Jetzt ist der Groschen gefallen! Wir haben Emilia im Krankenhaus auf Anraten unserer Kinesiologin eine Locke abgeschnitten, mit nach Hause genommen und dort in einem Glas aufbewahrt. Mein Verstand rotiert, mein Bauch krampft sich zusammen und ich heule weiterhin wie ein Schlosshund. Ulla geht es nicht anders, beide sitzen wir da mit einem total durchweichten Taschentuch und schluchzen und heulen um die Wette.
Am Ende angelangt, fragt uns Janette, ob wir noch Fragen stellen wollen. Was habe ich da gerade gehört? Wir können Fragen stellen? Ja, ähm ... Da quälen mich seit dem Tod meines Kindes unzählige Fragen und dann kommt die Gelegenheit dazu und ich bin heillos überfordert ...
Warum ist Emilia ins Jenseits gegangen? Das ist die Frage, die am meisten anklopft, die mich am meisten quält. Warum passiert mir das als Papa? Zuerst über zehn Jahre kein zweites Kind, dann endlich ist es so weit und dann ist es von einem Tag auf den anderen vorbei mit den zwei Kindern. Nie wieder wird es meine zwei Mädels auf einem Foto geben. Warum? Warum macht das ein gütiger, gnädiger Gott? Das ist nicht fair! Gott ist nicht fair!
Die Antwort kommt fast wie aus der Pistole geschossen! Meine mich so sehr quälende Frage ist anscheinend sonnenklar. Zumin-

dest hat es für mich im Nachhinein so den Anschein. „It was her time to go!" Mir bleibt der Mund schon wieder offen und ich merke, wie sich mein Bauch noch mehr zusammenkrampft. Emilia hat das, was sie auf Erden noch lernen musste, gelernt. Und dafür hat sie sich als Eltern Ulla und mich ausgesucht. Horizontale Tränen! Es klappt mich komplett zusammen, ich kann nicht mehr. Ein Gefühl, das unbeschreiblich ist, durchfließt meinen Körper. Emilia ist eine ganz alte Seele, die „nur noch" Liebe erfahren musste. Bedingungslose Liebe. Das war das letzte Puzzlestück für sie, das ihr in ihrem Bild noch gefehlt hat, und Ulla und ich durften es vervollständigen. Dafür bedankt sich unsere Tochter bei uns. In meinem ganzen Leben sind meine Gefühle noch nie so Achterbahn gefahren wie jetzt gerade. Ich muss meine Tochter gehen lassen, habe nicht den Funken einer Chance, etwas dagegen zu tun, und dann das! Emilia bedankt sich für die Zeit bei uns. Sie hat sich immer so geliebt gefühlt, vom ersten Augenblick an, als wir wussten, dass wir noch einmal Eltern werden würden. Diese bedingungslose Liebe, das haben wir ihr gegeben. Unendlicher Stolz kommt in mir hoch und genauso viel Demut, dass ich der Papa meiner wundervollen Tochter sein darf, erfüllt mich.

Dann eine Frage von Emilia an Ulla und mich: „Warum seid ihr immer so traurig und weint so viel? Es geht mir doch ausgezeichnet und ich bin sehr viel bei euch! Alle meine körperlichen Gebrechen sind dort, wo ich bin, nicht mehr präsent. Ich kann hier springen und herumhüpfen vor Freude, wie ich will. Nur eure Traurigkeit macht mich auch traurig. Das braucht ihr nicht, mir geht es ausgezeichnet. Und außerdem werden wir uns ja wiedersehen. Aber das wird noch dauern, schließlich habt ihr noch eine Aufgabe zu erfüllen." Halleluja! Ich bin sowas von baff, unfassbar. In meinem ganzen Leben habe ich das noch nicht erlebt. Ich weiß gar nicht mehr, was los ist mit mir, so schnell geht alles. Ich stehe komplett neben mir und bringe den Mund nicht mehr zu.

Mit großer Dankbarkeit für diese so entscheidende Stunde in unseren Leben verabschieden sich Ulla und ich von Janette und fahren wieder nach Hause. Stolz, Dankbarkeit, Wehmut, Schmerz und was weiß ich noch alles kommen in mir zusammen – so schmerzhaft und gleichzeitig so heilsam war diese Begegnung mit dem Jenseits.

Unsere Überzeugung

Mittlerweile durften wir schon einige Jenseitskontakte mit Emilia erleben. Immer war sie voller Liebe und Dankbarkeit uns gegenüber. Immer waren es Momente, in denen Anteile unserer Seele heilen durften. Niemals waren Anschuldigungen, Ärger, Hass oder andere negative Gedanken und Gefühle im Spiel. In der Geistigen Welt kennt man das nicht. Solche Gefühle gibt es anscheinend ausschließlich auf der Erde. Hier auf Erden kann man Bekanntschaft damit machen und lernen, damit umzugehen bzw. seine Aufgaben zu bewältigen.

Wir haben viele Bücher gelesen, zum Beispiel jene vom Schweizer Medium Pascal Voggenhuber, haben verschiedene Vorträge von Medien (Astrid Wipfli-Rieder, Pascal Voggenhuber) und Demonstrationsabende (vor Publikum wird mit Jenseitskontakten „bewiesen", dass es die Geistige Welt gibt, und Botschaften von Verstorbenen überbracht) besucht. Folgendes möchten wir euch mitgeben: Jede Meinung zu diesem Thema ist richtig. Wenn also jemand damit nichts anfangen kann, ist das o.k. Wir sind nicht auf einer Mission unterwegs, die lautet, alle müssen an die Geistige Welt glauben. Absolut nicht. Wir können sogar sehr gut nachvollziehen, dass es Menschen gibt, die so denken. Schließlich war Robert früher ja auch dieser Meinung.

Womit wir allerdings nicht mitgehen können, ist die Vorstellung, dass es Seelen gibt, die nicht „ins Licht gegangen sind" oder „nicht zurückgehen können"; die in einer Art „Zwischenwelt" hängen geblieben sind; und auch nicht, dass es „dunkle Seelen" geben soll. Wir haben in den letzten drei Jahren von Roberts Ausbildung niemals von einer solchen dunklen Seele gehört. Oder von einer Seele, die „herumirrt" und durch unsere Trauer zurückgehalten wird, wieder in die Geistige Welt zu gehen. Das ist für uns absoluter Unsinn. In der Geistigen Welt ist alles Liebe, warum sollte es da so etwas wie „die dunkle Seite" geben. Gott – oder wie auch immer du die Energie bezeichnen möchtest, die alles auf der Erde zusammenhält – ist reine Liebe, verzeiht alles und urteilt nicht. Wir sind wie er, und er Gott sei Dank nicht so wie wir!
Die Geistige Welt ist sehr intelligent. Sie unterstützt uns nach Kräften, lässt uns aber unsere eigenen Erfahrungen machen, falls das für unsere Entwicklung hier auf Erden erforderlich ist. Diese „Entwicklung", von der wir hier berichten, die haben wir „oben im Himmel" gemeinsam ausgemacht. Wir stellen uns das immer so vor: Alle betroffenen Seelen sitzen quasi im Himmel bei einem Lagerfeuer zusammen und machen die Entwicklungsschritte für ihre nächste Inkarnation auf Erden aus. Wenn die Pläne für alle anwesenden Seelen gemacht wurden, begeben wir uns auf die Erde, um diese Erfahrungen zu machen.
Für uns ist die Geistige Welt absolut „real", wir können sie zwar (noch) nicht sehen, sind aber felsenfest davon überzeugt, dass es sie gibt. So viele „Zufälle", die wir seit dem Tod von Emilia erleben durften, gibt es gar nicht. Außerdem gibt es für uns seit dem Tod von Emilia keine Zufälle mehr. Keinen einzigen. Alles in unserem Leben passiert, weil es irgendeine höhere Macht gibt, die alles steuert. Alles passiert, weil es so sein muss. Sonst machen wir keine Erfahrungen, die für die Erfüllung unserer „im Himmel" selbst gestellten Aufgaben notwendig sind.

Herbst 2016: Ungefähr ein halbes Jahr nach Emilias Tod bin ich bei einem Wochenendseminar über Jenseitskontakte angemeldet. Eine liebe Freundin ist eine der beiden Lehrerinnen und hat mir vorgeschlagen, doch mal vorbeizukommen. Mit mindestens 15 weiteren Personen, die ich vorher noch nie in meinem Leben gesehen habe, sitze ich also im Sesselkreis und wir beginnen mit einer Meditation. Es geht darum, unser inneres Licht bis ins Universum auszudehnen. Das klappt bei mir ein bisschen zögerlich, aber es funktioniert.

Dann werden die Anfänger und die Fortgeschrittenen getrennt. Bei den Anfängern geht es mit Übungen zur eigenen Energieblase weiter. Dann holen wir unseren Geistführer dazu und bitten auch einen Verstorbenen in unser Energiefeld.

Nach ca zwei Stunden gefüllt mit Vorübungen ist es so weit: Unsere Lehrerin gibt uns den Auftrag, zu zweit zusammenzugehen und unseren ersten Jenseitskontakt herzustellen. Wir sind eine ungerade Zahl und ich bleibe übrig. Deshalb bekomme ich jemanden von den Fortgeschrittenen zugeteilt. Leicht nervös setze ich mich der sympathisch wirkenden Frau gegenüber. Sie beginnt und beschreibt mir die Energie, die sie wahrnimmt: Da ist eine sehr junge weibliche Energie und sie sagt Mama zu mir. Meine Augen füllen sich mit Tränen und ich freue mich so sehr, dass gleich Emilia kommt. Mein Gegenüber erzählt mir von ganz viel Liebe in unserem Haus, dass mir unser Hund so guttut, da er mich hinaus ins Leben bringt. Als Botschaft höre ich: Ich soll mein Leben leben, ich habe viel in mir, um anderen weiterzuhelfen.

Ich bin zutiefst berührt und glücklich. Nach einer kurzen Pause an der frischen Luft wechseln wir und ich bin an der Reihe, meinen ersten Jenseitskontakt herzustellen.

Ich gehe in meine Energie, bitte eine verstorbene Person aus dem Umfeld meiner Partnerin zu mir und beschreibe, was ich wahrneh-

me: Es ist ein junges Mädchen, im Teenager-Alter, lebenslustig, lebt im ländlichen Raum, einen Hund kann ich auch wahrnehmen. Mein Gegenüber kann mit allen meinen Informationen etwas anfangen und freut sich, dass auch ihre Tochter für sie da ist. Dann bekomme ich ein Bild, wo das junge Mädchen in der Mitte ist, umarmt von zwei weiteren Mädchen. Alle drei wirken so fröhlich. Ich kann sogar bis ins Detail die Bluse beschreiben, die Farben, das Muster, die die verstorbene Tochter trägt. Meine Partnerin schaut mich mit großen Augen an und sagt: „Das war ihre Lieblingsbluse." Jetzt mache ich große Augen. Ich bringe noch ein paar Beweise und übermittle ihr am Schluss auch noch eine Botschaft von ihrer Tochter. Dann bedanke ich mich bei der Seele, dass sie gekommen ist, und beende meinen ersten Jenseitskontakt.

Wir umarmen uns beide glücklich und weinen gemeinsam um unsere Kinder. Das Gefühl in mir kann ich nicht annähernd beschreiben: glückselig, euphorisch, ein Stück weit geheilt.

Zeichen unserer Kinder

Sehr oft hören wir in unseren Seelen-Kreisen oder bei Einzelgesprächen mit verwaisten Mamas oder Papas den Wunsch nach einem Zeichen des verstorbenen Kindes. Eine „Rückmeldung" von seinem Kind aus der Geistigen Welt und damit auch die Gewissheit, dass es dem Kind, dort wo es jetzt gerade ist, gut geht, würde so guttun!

Dabei sind solche klaren Zeichen aus dem Jenseits sehr schwer für unsere Kinder. Es bedarf einer hohen Energie, um zu uns und durch unsere Trauer durchzudringen. Oft steht uns Eltern nämlich der Kopf im Weg und wir glauben, dass es sich dabei um Einbildung oder um „Zufälle" handelt.

Der Amerikaner James Van Praagh kommuniziert mit verstorbenen Seelen. In seinem überaus tröstlichen Buch „Im Himmel zu Hause. Was Kinderseelen über das Leben nach dem Tod berichten" beschreibt er u.a. folgende Zeichen, mit denen unsere verstorbenen Kinder versuchen, mit uns in Kontakt zu treten. Vielleicht kannst du dich in der einen oder anderen Möglichkeit wiederfinden.[36]

Träume

Dieser Möglichkeit bedienen sich unsere Kinder sehr gerne, da wir in einem anderen Bewusstseinszustand sind, wenn wir schlafen. Unser Verstand ist dann weitgehend ausgeschaltet. Dadurch ist es für sie einfacher, zu uns durchzudringen. Unsere Verstorbenen können uns so Botschaften schicken und auf bestimmte Sachverhalte hinweisen. Unser Geist kann unseren Körper im

---

[36] Vgl. James Van Praagh, Im Himmel zu Hause. Was Kinderseelen über das Leben nach dem Tod berichten, München 2014, S. 165ff.

Schlaf verlassen und sich in die sogenannte Astralwelt begeben. In sehr realistischen Träumen treffen wir uns dann mit unseren lieben Seelen aus der Geistigen Welt.
Dominik, ein verwaister Papa, berichtet uns von seinem Traum. Sein Sohn ist trotz seiner Erkrankung für alle überraschend mit Anfang 20 verstorben. Dominik hat ihn am Morgen tot im Bett gefunden, wo der junge Mann am Vorabend noch gemeint hatte, er sei zu jung fürs Grab. Drei Wochen nach dem Tod hat der Vater folgenden Traum: „Ich träume, dass wir die wegen Corona abgesagte Abiturfeier (Maturafeier) nachholen. Mein Sohn war auf seinem knallgelben orthopädischen Dreirad dabei. Als die Veranstaltung zu Ende war, holte ein Lehrer ihn neben die Bühne der Aula. Dort konnte jeder, der es wollte, sich zum Abschied ein Autogramm von meinem Sohn mitnehmen. Und das waren viele! Meine Familie und ich saßen dabei und sahen zu, wie er fleißig Signaturen setzte. Als ich aufwachte, hatte ich geradezu das Gefühl, er hätte sich mit diesem Traum endgültig von uns verabschieden wollen."

Elektrizität

Da ja alles in unserem Leben aus elektromagnetischer Energie besteht, können unsere Kinder die elektromagnetischen Felder, von denen unsere Küchengeräte, Lampen, Radios und dergleichen umgeben sind, manipulieren. Das soll jetzt nicht heißen, dass jede flackernde Glühbirne ein Zeichen aus der Geistigen Welt ist, aber vielleicht hast du schon einmal das Radio eingeschaltet und genau in diesem Moment wurde das Lieblingslied deines Engels gesendet. Oder mitten in der Nacht hat sich der Fernseher eingeschaltet und es lief ein Film oder eine Serie, die euch besonders verbunden hat.
Bei uns war es am Abend die Nachttischlampe von Robert: Immer, wenn wir mit unserem kleinen Sohn am Abend zum Lesen

der Gute-Nacht-Geschichte gemeinsam in unserem Bett gelegen sind, hat das Licht zu flackern begonnen. Einige Abende hintereinander hat sich das Schauspiel wiederholt. Wir sind auch nicht gleich am ersten Abend draufgekommen, dass Emilia ihre Finger im Spiel haben könnte. Nach einiger Zeit ist uns aufgefallen, dass das Licht nur flackert, wenn wir gemeinsam mit Felix kuscheln. Wenn wir später beide noch gelesen haben und die Nachttischlampe eingeschaltet war, war das Licht ganz ruhig und normal.

Einen bestimmten Duft riechen

Vielleicht hast du plötzlich einmal einen ganz bestimmten Duft wahrgenommen, obwohl dieser in der Nähe nicht real vorhanden war (z. B. den Duft der Lieblingsblumen oder der Lieblingsspeise deines verstorbenen Kindes). Unsere lieben Verstorbenen können Duftstoffe übertragen, um so auf sich aufmerksam zu machen.
„Auch wenn ich ganz alleine bin, rieche ich manchmal das Rasierwasser meines Sohnes. Für mich ist das ein Zeichen, dass mein Sohn bei mir ist", erzählte uns eine verwaiste Mama aus unserer Facebook-Gruppe.

Fotos

Schon vor einigen Jahren sind uns bestimmte Lichtpunkte, sogenannte Orbs, auf Fotos aufgefallen. Erst seit wir uns intensiver mit der Geistigen Welt beschäftigen, wissen wir, dass sich unsere Verstorbenen durch diese Lichtkugeln, die sich in Form, Größe und Farbe unterscheiden, bemerkbar machen. Wir erinnern uns noch gut an ein Gruppenfoto, das nach einer Woche energetische Ausbildung zur Erinnerung aufgenommen wurde. Über unseren Köpfen waren mindestens genauso viele Orbs wie Personen auf dem Foto. Wir alle auf dem Bild waren erfüllt von guter Energie und einige von uns waren – wenn vielleicht auch nur unbewusst –

medial veranlagt. Dies sind gute Voraussetzungen für unsere Vorausgegangenen, um sich bemerkbar zu machen.

Symbole

Seelen aus der Geistigen Welt können auch Symbole, Schilder, Werbeplakate oder Überschriften in Zeitungsartikeln nutzen, um uns eine Nachricht zu übermitteln. Lenas Sohn ist ein paar Tage nach der Geburt verstorben. Sie erzählt uns im Seelen-Kreis folgende Begebenheit: Kurz vor seinem ersten Todestag ist sie verzweifelt und traurig, dass ihr Sohn nicht bei ihr sein kann. In einer ruhigen Minute bittet sie ihn um ein Zeichen, einfach um zu wissen, dass er doch in ihrer Nähe ist. Am nächsten Tag fährt sie mit dem Auto zur Bank. Am Schalter bediente sie ein junger Mann, den sie zuerst gar nicht so richtig wahrnahm. Aber plötzlich sieht sie sein Namensschild. Darauf stand der Vorname ihres Sohnes und sie weiß sofort, dass es das erwünschte Zeichen ihres Sohnes ist. Danach fährt sie zu ihrem Sohn in den Friedwald und es geht ihr viel besser.

Tiere als Zeichen

Tiere sind auch eine gute Möglichkeit, um mit uns auf der Erde zu kommunizieren. Schmetterlinge, Libellen oder Vögel sind beliebte Zeichen, an denen verwaiste Eltern erkennen, dass ihr verstorbenes Kind bei ihnen ist.

Die Beerdigung von Elviras Tochter fand im Februar statt. In der Kirche sah sie einen wunderschönen Schmetterling, der bis zum Schluss der Feierlichkeiten geblieben ist. Brigitte berichtet uns von einer Begebenheit mit Vögeln: „Ich habe meinen Sohn um ein Zeichen gebeten, als ich auf unserer Terrasse lag. Ich sagte vor mich hin: ‚Nicht einmal Vogerl fliegen!' Plötzlich kreisten über mir drei große Vögel. Ich sagte zu meinem Sohn: ‚Da bist du ja, aber warum drei?' Da wurde mir klar: Mein verstorbener Bub und seine zwei Brüder. Nach einer Weile trennten sich die Vögel und einer flog in eine andere Richtung als die beiden anderen. Ich freue mich einerseits immer über ein Zeichen meines Sohnes, andererseits bin ich auch traurig, weil ich ihn ja so gerne drücken möchte."

Von Nora, deren Sohn ganz plötzlich kurz vor seinem vierten Geburtstag verstarb, bekamen wir folgende Nachricht:

„Wir haben so viele wunderschöne Zeichen und Botschaften bekommen, das ist wirklich unglaublich. Ich könnte stundenlang erzählen, aber ich will euch von unseren ersten Zeichen erzählen, die wir so richtig wahrgenommen haben. Wir sind ungefähr drei Wochen nach seinem Tod – davor haben wir in einer Art Schockstarre irgendwie überlebt – auf eine dreitägige Wandertour gegangen, weil wir das Gefühl hatten, wir müssen nach oben auf den Berg und die Natur spüren. Zuvor sei noch gesagt, dass der Regenbogen und die Libelle eine wichtige Rolle in diesen drei ganz schlimmen ersten Wochen gespielt haben und sehr wichtig für uns geworden sind.

Am Abend bevor es losging, haben wir auf einem Campingplatz an einem See übernachtet. Kaum waren wir dort angekommen und hatten das Auto abgestellt, erschien ein wunderschöner voller Regenbogen über dem See. Uns war sofort klar, unser Sohn ist dabei! Am nächsten Tag saßen wir oben am Berg und waren völlig verzweifelt und wir sprachen darüber, dass es so hat sein müssen, dass es der Lebensplan unseres Buben war zu gehen. Mein Mann rief aus: „Nein, ich zweifle daran!" Genau in diesem Moment löste sich ein Stein weiter oben und polterte laut herunter – in sicherer Entfernung und niemand war in der Nähe. Es war, als ob unser Sohn sagen wollte: ‚Nein, Papa, es hat wirklich so sein sollen.' Und nun kommt für mich das Schönste. Wir übernachteten in der Nähe eines kleinen Bergsees. Am Abend saßen wir in einer Wiese und schauten in die Weite, als plötzlich eine Libelle angeflogen kam. Sie umkreiste meinen Mann mehrere Male, setzte sich auf seine Hand und schaute ihn an und flog dann davon. Am nächsten Morgen saß ich auf dem Balkon unseres Quartiers, als plötzlich wieder eine Libelle angeflogen kam. Sie setzte sich auf meine Hand und schaute mir ganz intensiv in die Augen, wir blieben so für eine unglaublich lange Zeit. Wir schauten uns immer in die Augen. Dann flog sie auf meinen Kopf und blieb dort ebenfalls sitzen. Sie war mindestens 20 Minuten bei mir, bevor sie wieder weggeflogen ist. Für mich war klar, dass unser Sohn bei uns gewesen ist. Dass er uns begleitet hat und es immer tun wird!"

Das Gefühl, berührt zu werden

Es kommt sehr häufig vor, dass wir das Gefühl haben, jemand hat uns sanft im Gesicht gestreichelt oder uns am Rücken berührt. Wenn man alleine ist, kann es sogar vorkommen, dass man das Gefühl einer Umarmung wahrnimmt.

Frühling 2018: Nichts vermisse ich mehr, als Emilia in meinen Armen zu spüren. Sie zu halten, in ihr lachendes Gesicht zu sehen und dieses unglaubliche Glück zu spüren, das man nur kennt, wenn man Vater ist. Dieses tief sitzende Glück fehlt mir jetzt. Es hinterlässt eine riesige Leere in mir, nicht nur in meinem Herzen, auch noch anderswo. Ich kann das gar nicht genau lokalisieren, so groß ist diese Leere.
Aber meine Tochter weiß das natürlich und „erlöst" mich von diesem Schmerz.
Ich sitze bei meinem ersten Übungsabend für Medialität. Meine gute Freundin leitet diesen an und hat mich auch eingeladen, mir diese Sache einmal anzusehen. Es hapert ordentlich bei mir, ich bin viel zu viel „im Kopf", ich lasse die Zügel nicht los und vertraue der Geisti-

gen Welt noch nicht so hundertprozentig. Das merkt die aufmerksame Kursleiterin und kommt zu mir. „Wie ich sehe, vertraust du deinem Geistführer noch nicht!", stellt sie in den Raum. Ganz genau erkannt, wie denn auch, ich habe zwar mal einen Jenseitskontakt bekommen, aber jetzt soll ja ich mit der Geistigen Welt in Kontakt treten. Das ist ja ganz was anderes! „Okay, Robert, ich kann dich gut verstehen, dass dir dein Geistführer noch nicht ganz geheuer ist. Was hältst du von Emilia als deinen Kontakt zur Geistigen Welt? Vertraust du Emilia in diesem Punkt?" Was für eine Frage, natürlich, zu 137 Prozent! Auf meine Wuki-Maus ist immer Verlass! „Na, dann probiere noch einmal die Übung von vorhin gemeinsam mit Emilia." Was, wie? Wie soll das gehen, ich weiß doch nicht, wann Emilia da ist oder nicht? Wieder kann Sissy „Gedanken lesen" und beruhigt mich. „Vertraust du Emilia wirklich?" Ich bejahe das. „Na, dann lass dich überraschen!"

Und was das für eine Überraschung ist! Nach einer kurzen Einstimmung und dem Aufbau meiner „Energieblase" bekomme ich ein mir bis dahin unbekanntes, starkes Gefühl in meinem rechten Kieferknochen, das vom rechten zum linken Kieferknochen wandert. Ich bin total überrascht, kann noch gar nicht richtig „nachdenken" (Gott sei Dank), und dann kommt auch schon dieses tiefe Gefühl aus meinem Bauchraum zu mir hoch. Genau dieses Gefühl hatte ich immer, wenn mich meine Maus nach der Arbeit in der Eingangstür in Empfang nahm. Sie strahlte mich an und alles Belastende und Negative, das ich von der Arbeit mitgebracht hatte, war augenblicklich weggeblasen. Ich hob meine Prinzessin hoch und umschloss sie fest mit meinen Armen. Dann wurde nur noch gelacht, Blödsinn gemacht und dann war Funtime im Kreise der Familie angesagt.

Genau auf dieselbe Art zeigt sich mir Emilia jetzt aus der Geistigen Welt. Die Übungen an diesem Abend verlaufen super für mich und ich bin voll happy. „Na, was hab ich dir gesagt?", fragt mich meine Kursleiterin lächelnd.

Diese Art der „Kontaktaufnahme" und Berührung verwendet Emilia auch heute noch, um mir mitzuteilen: „Hey Papa, ich bin hier, hier bei dir. Ganz nahe, spürst du mich?"

Meditation

In unserem oft hektischen Alltag bekommen wir gar nicht mit, was alles um uns herum vor sich geht. Wir sind selten mit unseren Gedanken im Hier und Jetzt, sondern sorgen uns über die Zukunft oder ärgern uns über die Vergangenheit. Manchmal übernimmt der Autopilot die Steuerung und wir fragen uns dann: Wie bin ich eigentlich nach Hause gekommen? Was wollte ich gleich noch aus dem Keller holen? Habe ich schon Zucker in den Kaffee gegeben?
Wenn wir meditieren, befinden wir uns im Augenblick, weil wir uns entweder auf unseren Atem, die Flamme einer Kerze oder ein bestimmtes Mantra (heilige Silbe, Vers oder Lied) fokussieren. Gedanken lassen wir einfach weiterziehen, ohne ihnen Beachtung zu schenken. Unser Geist kommt zur Ruhe und wir empfinden eine Stille in uns. Wenn wir in so einem entspannten Zustand sind, können Geistwesen besser zu uns durchdringen. Wir sind empfangsbereit, weil sich durch die Meditation auch unsere Schwingung erhöht.
Es ist also durchaus empfehlenswert, sich die Zeit und den Raum zu geben, um zu meditieren. Wir tun etwas für uns und unser Wohlbefinden und stimmen uns auf eine Verabredung mit der Geistigen Welt ein.

Wir haben viele verschiedene Möglichkeiten beschrieben, wie sich unsere lieben Verstorbenen aus der Geistigen Welt bemerkbar machen können. Sei jedoch nicht traurig, wenn du zurzeit keine Zeichen erhältst. Einerseits sind unsere Kinder im Himmel sehr beschäftigt, andererseits tun sie sich oft schwer, zu uns durchzudringen, wenn wir zu sehr mit unseren Gedanken beschäftigt sind. Wovon wir aber überzeugt sind: Eines Tages werden wir uns wiedersehen! Wir wissen, wenn unsere Zeit gekommen ist, holt uns Emilia ab und empfängt uns in der Geistigen Welt. Bis dahin meditieren wir, verbinden uns mit ihr und fühlen sie, wenn wir ganz bei uns sind.

Heilung ist möglich

Herbst 2021: Eine Ahnung, wie es sein wird, wenn Emilia mich abholt, habe ich vor Kurzem bekommen, als ich an einem Abend für Rückführungen in frühere Leben teilgenommen habe.

Drei Rückführungen stehen auf dem Programm. Bei der ersten bin ich in einem Leben, von dem ich schon weiß, dass ich es hatte. Ich denke, ich werde von meinen himmlischen Helfern langsam herangeführt, damit auch mein Verstand alles nachvollziehen und glauben kann.

Also kann ich mich bei der zweiten Rückführung noch besser entspannen und darauf einlassen. Ich tauche wieder in ein früheres Leben ein, sehe, wo ich gewohnt habe, dass ich Familie hatte, wie ich gekleidet war und noch vieles mehr.

Gegen Ende der zweiten Rückführung sollen wir zu dem Zeitpunkt gehen, der zwei Tage vor unserem damaligen Tod gelegen ist. Ich sehe mich und auch, wie ich dann sterbe. Unsere Lehrerin sagt, dass wir uns nun als Seele, die wir sind, in die Geistige Welt begeben sollen und wir dort schon von einer lieben vorausgegangenen Seele erwartet werden.

Meine Seele ist kaum in der Geistigen Welt angekommen, da ist schon Emilia da und empfängt mich. Wir sollen uns dann auch umsehen und spüren, wie es sich in der Geistigen Welt so anfühlt.

Was soll ich euch sagen: Das ist die reine Liebe, das schönste Licht und ein Strahlen und eine Wärme, wie ich es hier auf Erden nie erlebt habe.
Für mich so besonders ist aber, Emilia zu sehen und zu spüren. Zu meiner Überraschung ist es nicht mehr schmerzhaft, sie zu sehen und zu wissen, dass ich gleich wieder in mein irdisches Leben zurückgehen werde. Unsere Begegnung ist nur schön und voller Liebe. Und ich weiß, ich gehe wieder zurück, ich zweifle nicht eine Sekunde, ob ich nicht lieber dort bleiben würde.
Nach jeder Rückführung besprechen wir in der Gruppe, was jeder erlebt hat. Die Lehrerinnen und zwei Schüler in Ausbildung lesen während der Rückführungen unsere "Energien" und können auch die verschiedenen Leben wahrnehmen.
Als ich erzähle, dass in der Geistigen Welt meine Tochter auf mich gewartet hat, nicken alle freudig und meinen: Ja, wir haben deutlich die junge Energie bei dir wahrgenommen.
Auch andere Teilnehmer berichten von ihren Erlebnissen aus der Geistigen Welt. Manche von ihnen meinen, dass sie eigentlich gar nicht mehr zurückkommen wollten, weil es so wunderbar dort ist.

Wir möchten diese Erfahrung unbedingt mit dir teilen, um dir mitzugeben: Ja, Heilung kann geschehen, auch wenn dein Kind gestorben ist. Obwohl wir am Anfang nicht wussten, ob wir nicht lieber unserer Tochter nachfolgen sollen, sind wir jetzt wieder glücklich in unserem Leben. Das war bei Gott kein leichter Prozess und wir haben viele Rückschläge erlebt. Auch heute sind wir noch traurig, dass Emilia körperlich nicht mehr bei uns ist, weil sie einfach fehlt. Aber die Trauer und der Schmerz um ihren Tod bestimmen nicht mehr unser Leben.

Meditation – Begegnung mit einem lieben Verstorbenen

(Eine Audio-Datei für diese Meditation findest du im Downloadbereich, siehe S. 313)

Suche dir einen ruhigen Ort, an dem du die nächsten zehn bis fünfzehn Minuten nicht gestört wirst. Schalte auch dein Handy aus. Halte dir dein Notizbuch und einen Stift bereit, sodass du Gedanken, Erkenntnisse oder Botschaften gleich im Anschluss aufschreiben kannst.

Setze dich bequem hin und schließe die Augen. Spüre noch einmal nach, ob alles für dich passt oder ob du noch etwas verändern möchtest. Wenn noch etwas zu verändern ist, dann tu es jetzt.
Konzentriere dich mit geschlossenen Augen auf deinen Atem. Bei jedem Einatmen atmest du Ruhe ein, bei jedem Ausatmen verteilt sich die Ruhe auf deinen ganzen Körper. Einatmen – Ruhe aufnehmen, ausatmen – Ruhe im Körper verteilen. Einatmen – Ruhe, ausatmen – verteilen, in den ganzen Körper strömen lassen.
Einatmen – ausatmen.
Sollten Geräusche auftauchen, mache einfach weiter. Jedes Geräusch bringt dich noch tiefer in die Entspannung. Sollten Gedanken durch deinen Kopf ziehen, nimm sie wahr und lass sie weiterziehen.

Du atmest ruhig und gleichmäßig und kommst immer mehr in die Entspannung.

Stell dir nun vor, dass du auf einem schmalen Weg gehst, der in einen kleinen Wald führt. Du gehst auf diesem Weg und nimmst den Untergrund unter deinen Füßen wahr. Ist er steinig oder ganz weich oder ganz anders? Wie fühlt er sich an?

Du gehst auf dem Weg weiter und betrittst den Wald. Es wird merklich dunkler und kühler, aber trotzdem fühlt sich alles sehr gut an.

Du gehst den Weg weiter, der leicht ansteigt und auf eine Lichtung führt.

Auf dieser Lichtung angekommen setzt du dich ins Gras, die Sonne scheint wunderbar auf dich. Alles rundherum ist lebendig, die Vögel zwitschern, du siehst viele farbige Blumen. Du spürst das saftige Gras, in dem du sitzt. Du bemerkst, wie aus dem Wald ein helles Licht auf dich zukommt. Es kommt langsam, um dich nicht zu erschrecken. Es kommt immer näher und näher und es setzt sich neben dich.

Du kennst diese Energie, diese Schwingung, die neben dir sitzt, nur zu gut. Der Schleier um dieses Leuchten herum hebt sich und du erkennst einen lieben Verstorbenen. Er bzw. sie freut sich, dich hier zu treffen.

Ein wohlig warmes Gefühl macht sich in dir breit und du bist mit diesem Leuchten komplett eins. Ihr beide seid jetzt eine Energie.

Diese gemeinsame Energie fühlt sich so schützend, so miteinander, so geborgen an.

Dein geliebter Verstorbener gibt dir ein Zeichen, dass du eine Frage stellen kannst.

Für diese Frage bzw. die Antwort nimm dir einen Moment Zeit.

Du hast deine Frage gestellt und darauf eine Antwort bekommen. Das können Worte, Bilder, Gefühle, Farben oder etwas ganz anderes gewesen sein.

Und wenn du jetzt noch keine Antwort erhalten hast, verzweifle nicht. Du wirst sie mit Sicherheit noch erhalten.
Eure beiden Energien sind immer noch verschmolzen und du genießt diesen Zustand.
Ihr umarmt euch noch einmal, dann wird es Zeit, Abschied zu nehmen.
Du lächelst deinem Verstorbenen noch einmal zu und stehst dann auf.
Du bedankst dich auf deine Weise und beginnst den Weg, auf dem du gekommen bist, wieder zurückzugehen. Kurz bevor du die Lichtung verlässt, drehst du dich noch einmal um und siehst dieses strahlende Licht noch auf der Lichtung sitzen.
Du weißt in diesem Moment, wenn du Kontakt mit deinem lieben Verstorbenen aufnehmen möchtest, wird er an dieser Stelle auf dich warten.
Mit dieser Gewissheit gehst du den Weg wieder zurück bis zum Ausgangspunkt deiner Reise.
Du streckst und reckst dich, gähnst, wenn du willst, und kommst wieder ganz im Hier und Jetzt an.
Und wenn es für dich richtig ist, öffnest du die Augen.

In jedem Ende

liegt ein neuer Anfang.

Miguel de Unamuno

Ende und Anfang

Wir hoffen, dass es uns gelungen ist, dir durch unsere Geschichte zu vermitteln, dass Trauer ein Prozess und am besten gemeinsam durchzustehen ist. Daher freuen wir uns, wenn du jetzt, am Ende dieses Buches, deine Erkenntnisse, Impulse oder Aha-Erlebnisse mit uns teilst, damit auch wir noch weiterwachsen können.

- ♥ Wie geht es dir jetzt?
- ♥ Hat sich für dich durch dieses Buch etwas verändert? Wenn ja, was?
- ♥ Was hat dir im Buch gut gefallen, was nicht so?
- ♥ Gibt es Dinge bzw. Bereiche, die dir gefehlt haben?
- ♥ Kannst du dieses Buch weiterempfehlen? Wenn ja, warum? Wenn nein, warum nicht?
- ♥ Was brauchst du, um die nächsten Schritte in deinem Trauerprozess gehen zu können?

Schick uns deine Erkenntnisse, Fragen bzw. Anregungen an jetzt@von-grau-zu-bunt.com, das freut uns riesig.

Solltest du als verwaiste Mama oder verwaister Papa noch weiteren Input brauchen, dann komm in unsere Facebook-Gruppe „VON GRAU ZU BUNT – Begleitung nach dem Tod deines Kindes“, besuche unsere Facebook-Seite VON GRAU ZU BUNT oder schau bei unserem Youtube-Kanal „von grau zu bunt – Begleitung für verwaiste Eltern“ vorbei.

Fühl dich von uns umarmt. Unsere Kinder tun dies sicherlich in der Geistigen Welt.

Ein Gruß aus der Geistigen Welt

Hallo Mamis und Papis!
Hier ist Emilia.
Ich weiß, dass ihr traurig seid, weil auch von euch eine Tochter oder ein Sohn in die Geistige Welt gewechselt hat und niemand kann den Schmerz wegnehmen, wirklich niemand.
Ihr weint um uns, denn ich gehöre auch zu den Kindern, die schon in das „andere Leben" gegangen sind. Für mich war es in diesem Moment des Weggehens von meiner Familie genau richtig, aber ich habe natürlich bei meiner Familie viel Schmerz und Trauer zurückgelassen, das weiß ich auch, doch es war für mich als Seele die richtige Entscheidung.
Ich erzähle es aus meiner Sicht: Ich durfte in eine wunderbare Familie hineingeboren werden, ich wurde geliebt, ich war willkommen und mein Leben begann bei meiner Familie, ich war aufgehoben und beschützt und wurde mit Liebe überschüttet, doch ich war ein bisschen krank. Es wurde alles getan, damit ich ganz gesund werde, doch mein Körper wollte nicht ganz so mit – und wisst ihr, ich wäre trotz allem nie ganz gesund geworden. Ich habe beschlossen, wieder „nach Hause" in die Geistige Welt zu gehen, wo wir alle herkommen.
Das Wichtigste in meinem Leben war diese Liebe, die ich bei meiner Familie erleben durfte, und auch ich habe ihnen meine ganze Liebe gegeben, ich strahlte alle an, wenn ich jemand sah und fühlte. Ich lachte und weinte auch. Ich erlebte in dieser kurzen Zeit alles, was ich mir wünschte.
Ich kämpfte auch tapfer, wenn wir zu den Untersuchungen bei den Ärzten waren, manche hatten auch kalte Hände. Ich spürte alles und ich wusste, meine Familie wird immer für mich da sein, ohne Wenn und Aber. Ja, das wusste ich, doch ich habe mich entschieden.

Ihr Mamis, Papis, Geschwister, Opas und Omas habt genau dasselbe für eure Kinder getan, das wissen wir alle hier, wo wir sind, und es war genau richtig so, wie es gekommen ist, niemand hätte mehr tun können. ES GEHT UNS ALLEN GUT, WIR SIND GANZ GESUND UND ES TUT NCHTS WEH.
Bitte denkt alle daran, so wie es war, war es genau richtig. Wir Kinder in der Geistigen Welt sind fröhlich, lachen und sind glücklich, denn wir sind ja noch bei euch, nur sehen könnt ihr uns nicht, aber wir euch. Wir sind nicht weg, wir bleiben ein Teil von euch, das wird immer so bleiben.
Noch etwas: Wir möchten DANKE sagen, dass uns unsere Familien so geliebt haben und immer lieben werden, so wie wir euch lieben.
In dieser Liebe bleiben wir für immer verbunden. Seid wieder glücklich und fröhlich. Ihr dürft es!
Ich und wir umarmen unsere Familien.

EMILIA

Emilia im Sommer 2015

(Emilias Brief wurde von einem Medium gechannelt)

Dank

Wir haben unser erstes Buch geschrieben. Was vor einem Jahr noch ein kühner Traum war, ist jetzt Wirklichkeit geworden.
Wie so oft im Leben wäre es uns allein nicht möglich gewesen, dieses Projekt auf die Welt zu bringen. Viele Menschen, im Diesseits und im Jenseits, haben uns dabei unterstützt. All diesen „Energien" gilt unser Dank.

Zuallererst möchte ich mich bei meiner wunderbaren Frau für ihr Sein bedanken. Deine Idee hat es erst möglich gemacht, das Projekt Buch überhaupt anzudenken. Die Freude, das Glitzern in deinen Augen hat eine eigene Magie, die mich immer wieder fesselt. Ohne deinen Impuls, ein Buch zum Tod unserer Tochter zu schreiben, säße ich heute mit leeren Händen hier. Auch, dass wir das Buch gemeinsam schreiben, wo ich doch Bücher in meiner Jugend fast gehasst habe, ist maßgeblich auf deinem Mist gewachsen. Also hier und jetzt nochmals in aller Form: DANKE! Du bist und bleibst die Liebe meines Lebens.

Robert, als ich dich das erste Mal gesehen habe, war es um mich geschehen. Wir haben so viele Höhen und Tiefen in unserem Leben gemeistert und unsere Beziehung ist heute intensiver und glücklicher als am Anfang unserer Tage. Ich freue mich, dass du meine kühne Idee, ein Buch zu schreiben, gleich aufgegriffen hast. Du hast durch dieses Projekt auch das Trauma aus deiner Schulzeit aufgearbeitet, dass du laut deinen Lehrern nicht gut in Deutsch bist. Ich danke dir für deine gefühlvolle Art, Texte zu verfassen, für dein Talent, Meditationen aus der Geistigen Welt „abzurufen", und gleichzeitig für deine analytische Herangehensweise. Ich liebe dich und freue mich auf unsere gemeinsame Zukunft.

Nina – unsere „Große", dir möchten wir für deine vielen Impulse, deine Erinnerungen an Details, die in unserem Bewusstsein schon verschwunden waren, herzlich danken. Dass deine peinlichen Eltern immer mit so komischen Fragen und Ideen deine Ruhe und deine Erholung gestört haben, bitten wir dich zu verzeihen. Du bist die Stütze in unserem Leben, hast uns vor vielen Jahren „zur Familie gemacht" und bist auch dafür verantwortlich, dass es diese Familie nach den Zeiten der höchsten Not noch gibt. Ein aufrichtiges und ehrliches DANKE an dich. Mehr dürfen wir jetzt gar nicht mehr schreiben, denn sonst wird die Angelegenheit noch peinlicher, als sie ohnehin schon für dich sein wird.

Felix, unser Nach-Nachzügler, du hast den Teil des großen Loches aufgefüllt, der durch Emilias Tod entstanden ist, und dieser Teil ist das Körperliche. Unser kleines Baby in den Arm zu nehmen, es zu riechen, es zu fühlen, all diese „Teile" hast du geheilt. Auch wissen wir aus der Geistigen Welt, dass dein „Erscheinen" in unserer Familie mit Emilia abgemacht ist und du mit ihr viel im Kontakt bist und uns Prüfungen auferlegst, die deine mittlere Schwester mit dir ausheckt. Du bist natürlich ein eigenständiger Mensch und trittst niemals an die Stelle von Emilia, auch das ist mit Emilia „besprochen". Danke für dein „Sein" in unserer Familie, auch wenn du diese Zeilen erst in ein paar Jahren lesen kannst.

Unseren Eltern, die uns viele Stunden lang unseren Sohnemann Felix „abgenommen" haben, damit wir an unserem Projekt arbeiten können. Auch dass ihr immer für eure Enkelkinder da seid. Herzlichen Dank dafür! Dass ihr es ausgehalten habt, wenn es uns sichtlich nicht gut gegangen ist und wir im Moment nichts dazu sagen konnten oder wollten. Auch für euer Verständnis im Nachhinein, dass wir euch so lange Emilias Diagnose, Trisomie 21, verschwiegen haben. Wir taten dies in bestem Wissen und Gewissen, um es für uns und für Emilia leichter zu machen. Nochmals herzlichen Dank für euren so wichtigen Beitrag.

Birgit, Ullas Schwester und Roberts Schwägerin. Du warst von der ersten Minute an dabei, hast uns schon damals den Rücken frei gehalten, damit wir bei Emilia sein konnten, und hast dich in unserer größten Not um Nina gekümmert. Auf dich konnten und können wir immer zählen, wenn es irgendwo eng wird. Auch der rege Austausch mit dir über die Zeit mit Emilia, deine Sichtweise zu verschiedenen Dingen und Begebenheiten hat uns immer geholfen, die Dinge besser zu verstehen oder sogar annehmen zu können. Danke, dass du immer da bist, wenn wir dich brauchen, und deine eigenen Interessen zurückstellst, um uns zu unterstützen.

Susanne, Ullas Schwägerin und Roberts Schwester. Du konntest unseren Verlust genauso wenig begreifen wie wir und trotzdem hast du Kontakt zu uns gehalten. Auch wenn wir am Telefon gemeinsam nur geheult und geschluchzt haben, so war und ist da diese Verbindung, die man mit Worten nicht erklären kann (und es ist aus unserer Sicht auch nicht notwendig). Danke dir, für die vielen Momente des gemeinsamen Weinens und des gemeinsamen Verzweifeltseins. Es war in diesen Momenten das Beste für uns. No more words needed. Und natürlich auch für deine lustigen Spiele mit unseren Kindern. Es ist immer schön, sie lachen zu hören.

Unserer Antreiberin, unserer Kraftgeberin, Fitore Brahimi. Du warst „aus heiterem Himmel" da, wir haben uns niemals Gedanken gemacht, wer diesen so wichtigen und entscheidenden Teil in diesem „Puzzle-Buch" übernehmen soll. Du hast für uns immer die richtigen Worte gefunden, uns angefeuert, uns den Weg gezeigt, warst für uns da, wenn es mal wieder nicht so gelaufen ist wie besprochen. Und vor allem für deine Geduld mit uns, aus unseren Augen eine der wichtigsten Eigenschaften von dir. Da warst und du bist eben „das Herz & Hirn" für unser Buchprojekt. Herzlichsten Dank an dich.

Danke auch an Anke Rega, durch deine Gestaltung des Covers und der Bilder im Inneren des Buches hast du unserem „Baby" das perfekte Kleid gegeben. Und das in einer Phase, die bei dir selbst gerade sehr schwierig war. Deine Gestaltung drückt genau das aus, was wir mit unseren Worten nicht beschreiben könnten.

Andrea Langenbacher, unserer Lektorin. Durch deine Anregungen, deine Sichtweise und deine Korrekturen hast du unserem Buch den richtigen Schliff gegeben. Ohne dein Wirken könnte man wahrscheinlich einen großen Teil gar nicht richtig verstehen, denn unser „Oberösterreichisch" ist nicht jedermanns Sache. Danke dafür, dass du unser Buch in den passenden Rahmen gebracht hast.

Außerdem möchten wir uns bei den folgenden Freunden und Bekannten herzlich bedanken, die uns auf unserem Weg begleitet haben. Dazu gehören unter anderem:
Constanze, Marta, Uschi W., Uschi B., Elisabeth, Helmut, Karin, Stefan P., Stefan S., Marco, Wolfgang, Martin, Michael, Franz, Andi, Larisa, Barbara, Doris, Monika B., Julia, Daniel, Manfred, Johann, Alexandra, Sissy, Aleksandra, Eva, Monika S., Dieter, Astrid, Janette ...

Und natürlich du, liebe Leserin und lieber Leser, dir gebührt Dank für dein Vertrauen in unser Buch, denn wir wissen, du hast es gerade nicht leicht. Du bist auf einem Weg, der, wenn du ihn Schritt für Schritt weitergehst, ebenfalls ein Geschenk für dich bereithält. Was dieses Geschenk ist, wissen wir nicht. Was wir aber zu 100 Prozent wissen: Es wird dich wieder zurück ins Bunte führen.

Zum Schluss dir, liebe Emilia, herzlichen Dank für dein Erdenleben im Kreis unserer Familie. Mit deiner Geburt hast du uns eine Sehnsucht erfüllt, wir sind durch dich noch einmal Mama und Papa geworden. Dass wir heute da stehen, wo wir sind, ist maßgeblich durch dich geschehen. Nach langer Zeit des Schmerzes und der Dunkelheit können wir auch mithilfe dieses Buches wieder ein buntes und ein besseres Leben führen, als wir es uns nach deinem Tod jemals haben vorstellen können. Du bist immer an unserer Seite und dafür danken wir dir aus tiefstem Herzen.
Until we meet again!

Zugangsdaten zum Downloadbereich

Auf unserer Homepage findest du weitere Informationen, wie zum Beispiel die von Ulla und Robert gesprochenen Meditationen oder die Vordrucke für die Übungen.

www.von-grau-zu-bunt.com/downloads

Passwort: Regenbogen

Wir danken Mechthild Schroeter-Rupieper für die Erlaubnis, das Trauerlabyrinth und ihr Zitat abzudrucken.

Literaturverzeichnis

Achenbach, T., Männer trauern anders, Patmos 2019

Kachler, R. & Majer-Kachler, C., Gemeinsam trauern – gemeinsam weiter lieben, Kreuz Verlag 2013

Kast, V., Trauern, Kreuz Verlag 2020

Laub, A., Du bleibst in meinem Herzen, Independently published 2020

Meier-Braun, A. & Schlüter, C., Die gewandelte Trauer, Claudius Verlag 2017

Meuter, C., Wenn Eltern um ihr Kind trauern, Vandenhoeck & Ruprecht 2019

Onnasch, K. & Gast, U., Trauern mit Leib und Seele, Klett-Cotta 2020

Paul, C., Schuld I Macht I Sinn, Gütersloher Verlagshaus 2019

Schroeter-Rupieper, M., In deiner Trauer getragen, bene! 2020

Schroeter-Rupieper, M., Praxisbuch Trauercafé, Patmos 2018

Schroeter-Rupieper, M., Für immer anders, Patmos 2020

Terhorst, E. & Wenz, T., Kinder in der Trauer, Herder 2020

Van Praagh, J., Im Himmel zu Hause, Heyne 2014

Voggenhuber, P., Kinder in der Geistigen Welt, Giger 2015

Walsch, N. D., Ich bin das Licht, Edition Sternenprinz 2016

Worden, J.W., Beratung und Therapie in Trauerfällen. Ein Handbuch, hogrefe 2018

Printed by Amazon Italia Logistica S.r.l.
Torrazza Piemonte (TO), Italy

41019877R00180